소버린 마인드
투자록

소버린 마인드
투자록 ②

ⓒ 김용현, 2025

초판 1쇄 발행 2025년 11월 28일

지은이	김용현
펴낸이	이기봉
편집	좋은땅 편집팀
펴낸곳	도서출판 좋은땅
주소	서울특별시 마포구 양화로12길 26 지월드빌딩 (서교동 395-7)
전화	02)374-8616~7
팩스	02)374-8614
이메일	gworldbook@naver.com
홈페이지	www.g-world.co.kr

ISBN 979-11-388-5018-6 (04320)
        979-11-388-5012-4 (세트)

세계관이 만든 질서 속에서
기회를 찾다

소버린 마인드
투자록 ②

김용현 지음

좋은땅

목차

Part 3

그럼에도 우리가
투자를 해야 하는 이유

들어가며

인간의 진화는 생존을 가장 우선시하면서 이루어졌다. 우리가 가진 본능적 감각과 뇌의 구조는 수십만 년 동안 맹수와 기근, 불확실한 환경에서 살아남기 위해 길러진 것이다. 위험을 피하고, 무리를 따라가며, 눈앞의 이익을 먼저 취하는 것이 생존에 유리했다. 그러나 이런 생존 친화적인 특성은 자본주의 시장, 특히 주식 시장에서는 오히려 마이너스 요소로 작용한다. 투자 시장은 생존 본능과 정면으로 충돌한다. 가격이 떨어질 때 인간의 본능은 달아나고 싶어 하고, 가격이 오를 때 본능은 군중과 함께 뛰어들고 싶어 한다. 하지만 시장에서 이 행동은 곧 손실과 퇴장을 의미한다. 냉정하게 보면, 인간의 진화는 투자라는 게임에 최적화되지 않았다. 우리는 금융인들을 우상화한다. 반듯한 양복, 반짝이는 시계, 고급 자동차, 여러 대의 모니터 앞에서 과학적이고 기술적인 분석을 하는 모습. 언론은 그들이 거둬들인 막대한 수익을 부각시키고, 사람들은 그들을 '시장 위의 신'처럼 떠받든다. 하지만 정작 데이터가 보여 주는 것은 냉혹하다. 그들의 예측 정확성은 침팬치가 다트를 던져 선택한 주식과 크게 다르지 않다. 멋진 외양과 세련된 말투 뒤에 감춰진 것은 결국 인간 본능의 한계다. 투자 시장은 낙관을 팔지만, 그 안은 불확실성과 절망으로 가득 차 있다. 역사는 반복적으로 참가자들을 갈아 넣었고, 대다수는 시장에서 퇴출당했다. 소수만 살아남아 성공담을 남겼지만, 그조차도 운과 확률의 장난에 불과한 경우가 많았다. 주식 시장은 오징어게임처럼 냉혹한 곳이다. 수많은 이들이 '이번에는 다르다'는 환상을 좇아 뛰어들지만, 대부분은 도중에 쓰러지고 소수만이 다음 라운드로 간다.

이 잔혹한 시장에 왜 우리는 발을 들여놓아야 하는가? 도대체 왜 스스로를 불확실성과 공포의 무대 위에 올려놓아야 하는가? 차라리 안전하게 저축하고, 본능이 요구하는 길을 따르는 것이 더 나은 선택이 아닐까? 우리가 왜 투자를 해야 하는가? 이 질문에 답하기 위해 가장 먼저 이야기해야 할 주제는 이외로 경제사다. 투자라는 구체적 행위에 앞서, 우리가 살아가는 환경이 어떻게 만들어졌는지를 이해하는 것이 출발점이기 때문이다. 어떤 이는 이렇게 반문할지 모른다. "투자를 해야 하는 이유를 묻는데 왜 갑자기 경제사 이야기인가?" 하지만 이것은 단순한 과거사 회고가 아니다. 역사를 잊은 투자자에게 미래가 없다는 식의 교훈을 되새기려는 것도 아니다. 핵심은 세계관이다. 우리가 매일 숨 쉬듯 살아가는 이 경제적 현실, 그리고 그것이 전제하는 질서와 규칙은 저절로 생겨난 것이 아니다. 그것은 오랜 시간에 걸친 누적된 사건, 권력의 이동, 제도의 형성, 기술의 진보, 그리고 그 속에서 살아남은 사람들의 선택이 모여 만들어낸 결과물이다. 다시 말해, 지금 우리가 마주한 경제 질서는 '게임 속 무대'처럼 주어진 것이 아니라, 과거와 현재, 그리고 미래를 잇는 가교로 존재한다.

앞서 다룬 파트1에서 우리는 자연인처럼 생각하지 않기로 했다. 즉, 단순히 본능이나 직관에 따라 움직이는 것이 아니라, 인위적으로 설계된 세계 속에서 살아가는 존재임을 자각하기로 했다. 그리고 파트2에서는 왜 세계관을 반드시 이해해야 하는지 배웠다. 세계관은 개인의 선택을 둘러싼 조건이자, 사고의 한계를 규정하는 틀이다. 그것을 모른 채 투자하는 것은 맹목적인 참여일 뿐이다. 바로 이 지점에서 경제사가 필요하다. 경제사는 과거를 들여다보는 것이 아니라 현재의 세계를 이해하기 위한 창이다. 우리가 왜 자본주의 질서 안에 살고 있는지, 왜 돈이 이토록 강력한 지배력을 갖게 되었는지, 왜 시장이라는 무대가 인간의 삶을 지배하게 되었는지를 설명한다. 경제사를 통해 우리는 지금의 세계관이 어떤 토대 위에 세워졌는지를 깨닫는다. 그리고 그 깨달음을 통해 앞으로 다가올 세상에 대비할 수 있다. 따라서 투자는 단순히 돈을 벌기 위한 기술이 아니다. 투자는 세계관 속에서 생존하기 위한 선택이다. 세계관은 바뀌지 않는 듯 보이지만 끊임없이 진화하며, 그 진화의 흐름을 읽을 수 있는 이들만이 탈락하지 않는다. 그렇기에 우리는 경제사를 통해 세상을 이해해야 하고, 그 이해를 통해 왜 우리가 투자를 해야 하는지 비로소 알 수 있다.

11장

제국주의 세계관

제국주의의 자본주의와 세계화

강자는 약자를 지배하는 것이 자연의 법칙이다.

-투키디데스-

제국주의는 힘의 논리가 지배하던 시대의 자연스러운 모습이었다. 힘을 가진 국가는 다른 나라에 강제적인 영향력을 행사할 수 있었고, 그 배경에는 언제나 자국의 정치적·경제적 이익이 자리했다. 그러나 제국주의는 단순히 어느 한 시대에만 나타난 현상이 아니다. 그것은 한정된 자원을 두고 벌이는 인간의 생존 본능과 깊이 맞닿아 있다. 국가라는 정치 단위가 형성되기 이전으로 거슬러 올라가 보자. 원시시대 사람들은 사냥과 채집으로 생존을 이어 갔다. 어떤 집단은 4명, 어떤 집단은 10명이었다. 인원이 많은 집단일수록 생존에 유리했다. 사냥감이 풍부한 땅, 채집할 식량이 많은 영역은 자연스럽게 힘센 집단이 차지했다. 힘은 곧 생존이었다. 정착이 시작되면서 이 논리는 더욱 강화되었다. 인구가 많은 집단은 더 많은 병력과 노동력을 확보했고, 이는 곧 주변 지역에 대한 지배력으로 이어졌다. 그러나 자연은 무한한 생산력을 제공하지 않는다. 땅과 자원은 유한하며, 부족은 언제나 갈등의 뿌리가 되었다. 결국 다른 집단의 자원을 빼앗아야만 생존할 수 있는 상황이 반복되었다.

　제국주의는 이러한 원시적 구조의 연장선상에 있다. 본질적으로 자원의 한계를 극복하기 위한 경제적 전략이었다. 그래서 제국주의를 단순히 정치학이나 사회학으로는 온전히 이해하기 어렵다. 영국의 사상가 존 홉슨이 지적했듯, 제국주의의 가장 근본적인 원인은 문화나 사회가 아니라 경제였다. 18세기 맬서스*는 인류의 운명을 어둡게 전망했다. 인구는 기하급수적으로 증가하는 반면 식량과 자원은 산술급수적으로만 증가하기 때문에, 언젠가 대다수는 빈곤에 시달릴 수밖에 없다는 경고였다. 그의 주장은 단순한 이론적 추측이 아니라, 당시 유럽 사회가 이미 겪고 있던 현실과 맞닿아 있었다. 대부분의 국가는 자국 내 자원만으로 경제를 유지하려 했으나, 한정된 자원의 벽은 쉽게 드러났다. 농업 생산력은 인구의 속도를 따라가지 못했고, 인구는 끊임없이 불어났다. 따라서 그 한계를 넘기 위한 가장 직접적이고도 현실적인 방법은 타국의 땅과 자원을 차지하는 것이었다. 한편 데이비드 리카도는 비교우위론**을 통해 다른 길

---

*　토머스 로버트 맬서스(Thomas Robert Malthus, 1766~1834)는 영국의 경제학자이자 인구학자로, 인구론에서 인구는 기하급수적으로 증가하는 반면 식량 생산은 산술급수적으로 증가한다고 주장했다. 그는 이 불균형이 결국 빈곤, 기아, 질병, 전쟁과 같은 '인구의 자연적 제약'으로 이어진다고 보았다. 맬서스의 이론은 당시 큰 논쟁을 불러일으켰지만, 이후 인구정책, 경제학, 생태학 논의에 깊은 영향을 주었다.

**　데이비드 리카도(David Ricardo, 1772~1823)는 영국의 고전파 경제학자로, 정치경제학과 과세의 원리에서 비교우위론을 제시했다. 이는 한 나라가 모든 재화를 더 효율적으로 생산

을 제시했다. 각국이 자신이 가장 잘할 수 있는 분야에 집중하고, 서로 자원을 교환하면 모두가 이익을 볼 수 있다는 것이었다. 이론적으로는 아름다운 조화였다. 그러나 문제는 이 이상이 현실의 권력 관계를 반영하지 못한다는 점이었다. 강대국이 약소국과 공정하게 교환을 할 이유가 있을까? 힘을 가진 쪽은 단순한 교환을 넘어, 침략과 정복을 통해 더 많은 이익을 확보하려 했다.

　오늘날 우리가 익숙한 세계관 속에서 보면, 제국주의는 야만적이고 부도덕하게 보인다. 평등과 인권, 자유무역이라는 가치를 기준으로 삼는 현대의 시각에서는 제국주의가 범죄적 제도처럼 비춰지는 것이 당연하다. 하지만 인간 본성의 차원에서 보자면 제국주의는 오히려 더 본능적이고 자연스러운 선택이었다. 한정된 자원을 두고 끊임없이 경쟁해야 했던 인류의 역사 속에서, 더 강한 집단이 약한 집단을 지배하고 자원을 탈취하는 행위는 일종의 생존 전략이었다. 우리가 제국주의를 옳지 못하다고 여기는 이유, 바로 그 지점이 중요하다. 그것은 우리가 다른 세계관, 즉 인류 보편의 생존 본능이 아니라, 근대 이후 형성된 자유·평등·도덕이라는 새로운 기준 위에 서 있기 때문이다. 제국주의를 단순한 과거의 오류가 아니라, 인간 본성과 현대 가치 사이의 충돌로 바라볼 때 비로소 오늘의 세계관을 이해할 수 있다. 그리고 이 장에서 내가 이야기하고자 하는 부분이 현대의 세계관과 제국주의 세계관의 차이를 이해하는 것이다. 그래야 앞으로의 세계관을 이해할 수 있기 때문이다. 정리하자면 제

할 수 있다 해도, 상대적으로 더 잘하는 분야(기회비용이 낮은 분야)에 특화하고 다른 재화는 교역을 통해 얻는 것이 양쪽 모두에게 이익이 된다는 이론이다. 이 비교우위 개념은 오늘날까지 국제무역 이론의 기초가 되고 있다.

국주의는 도덕적 결핍의 산물이 아니라, 제한된 자원과 불균형한 권력 구조가 낳은 경제적 전략이었다.

1870년 이후 제국주의는 더욱 가속화된다. 산업혁명을 통해 기술 발전이 폭발적으로 이루어지면서, 맬서스의 예측은 보기 좋게 빗나갔다. 인류는 기근으로 멸망하지 않았다. 그러나 아이러니하게도 기술은 제국주의를 억제하기보다는 오히려 전 세계로 확산시키는 도구가 되었다. 교통과 통신의 비약적 발전은 먼 지역까지의 이동과 통치를 가능하게 했고, 자본은 이를 기반으로 새로운 식민지를 개척하고 수탈하는 데 몰두했다. 문제는 자본주의의 구조적 순환에도 있었다. 한 국가가 번영하기 위해서는 생산과 소비의 균형이 필요하다. 생산이 늘면 기업은 돈을 벌고 고용을 늘린다. 고용된 사람들은 임금을 받아 다시 소비에 나서며, 이 과정에서 자본주의의 선순환은 유지된다. 그러나 이 순환은 무한히 지속될 수 없다. 자원이 고갈되거나 가격이 상승하면 생산 비용이 늘고, 소비가 위축된다. 소비 감소는 다시 생산 위축과 고용 감소로 이어지고, 이는 악순환을 형성한다. 이 악순환을 끊기 위해 선택된 방식이 바로 제국주의였다. 타국을 침략해 자원과 노동력을 헐값에 조달하고, 정복한 식민지에 생산품을 강제로 판매하여 수요를 유지하는 구조. 이는 단순한 정치적 지배가 아니라, 철저히 경제적 논리에 기초한 구조적 폭력이었다. 제국주의는 힘센 국가의 일시적 횡포가 아니라, 생존과 성장을 지속하기 위한 체계적이고 냉철한 계산의 결과였다. 존 로크가 말했던 것처럼 자원이 무한하다면 인류는 결국 풍요 속에서 유토피아를 맞이했어야 한다. 하지만 현실은 정반대였다. 자원은 언제나 한정되어 있었고, 이를 둘러싼 경쟁은 끊임없는 갈등과 착취를 낳았다. 로크의 낙관적 가정은 빗나갔고,

인류에게 찾아온 것은 유토피아가 아니라 제국주의라는 냉혹한 현실이었다.

　오늘날 우리는 세계화라는 말을 너무도 당연하게 받아들인다. 세계화의 장단점을 떠나서 실제 우리 삶과 매우 밀접하게 연결되어 있기 때문이다. 자본은 실시간으로 국경을 넘나들고, 노동과 소비의 주체는 지구 반대편에서도 연결된다. 그러나 이 같은 세계화의 기원을 묻는다면 대부분은 냉전 이후 신자유주의의 확산을 떠올린다. 하지만 경제사학자 브래드퍼드 들롱은 전혀 다른 시점을 지목한다. 그의 통찰에 따르면, 세계화의 진정한 시작은 훨씬 이전, 1870년 이후 제국주의의 전성기였다.[1] 기술이 발전함에 따라 사람들은 증기선과 철도를 타고 국경을 넘어 이동했고, 전신망과 금융 네트워크를 통해 자원과 자본은 이전보다 훨씬 광범위하게 세계 곳곳으로 흘러갔다. 이 시기부터 인류는 사실상 하나의 경제망 안에서 호흡하기 시작했다. 산업혁명 2기의 기술 혁신, 자본주의의 팽창 압력, 그리고 제국주의적 팽창이 동시에 맞물리면서, 오늘날 우리가 세계화라고 부르는 구조가 이미 형성되기 시작한 것이다. 결국 우리가 익숙하게 사용하는 세계화란 용어는, 자유롭고 평등한 교류보다 제국주의적 확장의 산물로 시작됐다. 그 시작점에 피와 약탈, 강제와 불평등이 자리하고 있었다는 사실을 알게 되면 세계화라는 개념이 낯설게 다가온다. 그렇다면 제국주의를 세계화라 부를 수 있을까? 폭력과 강제를 앞세운 세계화였지만, 그것 역시 분명 세계화였다. 오늘날의 세계화가 자유무역과 상호이익, 다자주의의 언어로 포장된다면, 당시의 세계화는 총과 칼, 함대와 군대, 그리고 식민 행정체계와 함께 움직였다. 그것은 교류가 아니라 침략이었고, 교환이 아니라 약탈이었다. 자국의 이익을 위해 타국의 주권을 짓밟는 일방적 연결, 그것이 제국주의적 세계화였다. 아이러니하게도, 그 폭력적 연결이 인류 최초의 '글로벌 시스템'을 구축하는 데 결정적이었다. 인도에서 면화를 가져와 영국에서 옷을 만들고, 아프리카에서 고무를 채취해 유럽의 산업에 투입하며, 아시아의 노동자가 아메리카 대륙으로 건너가 철도와 농장을 건설했다. 이 모든 것은 하나의 글로벌 가치사슬로 묶여 있었다. 지금 우리가 당연하게 받아들이는 세계화와 본질적으로 다르지 않은 구조였다. 다만 차이가 있다면, 오늘의 세계화가 제도와 규범을 통해 자발적 교환으로 작동하려는 것처럼 보인다면, 당시의 세계화는 노골적인 강제와 억압으로 유지되었다는 점뿐이다.

오늘날 우리는 세계화를 선택 가능한 교류로 이해한다. 자유롭게 무역을 하고, 자발적으로 국경을 넘어 이동하며, 상호이익을 추구하는 과정으로 생각한다. 그러나 19세기 후반의 세계화는 전혀 달랐다. 그것은 '선택의 여지가 없는 편입'이었다. 강대국이 길을 뚫고, 항구를 만들고, 철도를 깔았으며, 그 길을 따라 자본과 상품, 군대와 이념이 흘러 들어갔다. 들롱이 지적한 이동은 표면적으로는 교류와 이주의 모습이었지만, 그 이면에는 경제적 종속과 강제의 그림자가 짙게 드리워져 있었다. 결국, 1870년 이후의 제국주의는 단순한 정복의 연장이 아니었다. 그것은 세계화를 통해 강대국의 이익을 극대화하는 구조적 시스템이었다. 오늘날 우리가 살아가는 세계 경제의 뿌리, 글로벌 네트워크의 원형은 바로 이 시기에 형성되었다. 지금의 세계화가 자유와 평등, 상호이익이라는 이상을 표방하지만, 그 출발점이 제국주의라는 폭력 위에 있었다는 점은 불편한 진실이다. 세계화란 단순히 자본과 사람이 오가는 흐름이 아니다. 더 중요한 질문은 '누가 그 흐름의 주도권을 쥐고 있었는가'이다. 제국주의는 힘으로 주도권을 장악했고, 세계는 바로 그 힘의 논리 속에서 연결되었다.

그렇다면 이처럼 자국의 이익을 본능적으로 추구하며 전 세계를 지배했던 제국주의적 세계관은 어떻게 무너졌을까? 역사의 무대에서 제국주의는 영원할 것처럼 보였지만, 결국 그 거대한 체제는 몰락했다. 무엇이 그 균열을 만들었으며, 어떤 사건들이 제국주의의 퇴장을 이끌어 냈을까? 그리고 더 중요한 질문은 이것이다. 제국주의가 정말로 사라진 것인가, 아니면 다른 모습으로 변주되어 여전히 우리 곁에 존재하는가? 혹은 새로운 시대에 새롭게 다시 등장하게 될까? 이제 우리는 제국주의가 붕괴해 간 과정을 하나하나 살펴볼 차례다.

1차대전과 왕국의 몰락

나는 서구 문명이 절정에 다다른 순간, 그것이 자기 손으로 자멸하는 것을 보았다.

-제이슨 츠바이크-

　1914년 사라예보의 총성은 단순한 암살 사건이 아니었다. 그것은 유럽의 오래된 갈등과 새롭게 떠오르는 힘들이 한꺼번에 폭발하는 신호탄이었다. 표면적으로는 오스트리아-헝가리 제국 황태자에 대한 보복이었지만, 실상은 각국이 저마다의 이해관계를 걸고 뛰어든 거대한 투쟁의 서막이었다. 오스트리아-헝가리 제국에게 이 전쟁은 명예와 권력의 문제였다. 발칸반도에서 확산되는 민족주의 운동은 제국의 존속 자체를 위협하는 불씨였다. 사라예보의 총성은 황실 후계자를 앗아간 비극이자, 제국의 권위에 대한 도전이었다. 오스트리아는 이를 단호한 군사 행동으로 진압할 수 있다고 믿었고, 전쟁이 장기전으로 번질 것이라곤 상상하지 못했다. 독일의 계산은 달랐다. 통일 이후 비스마르크 시대에 경험한 승리는 독일의 기억 속에 강하게 남아 있었다. 이제 독일은 다시 한번 전쟁을 통해 힘을 과시하고, 유럽의 패권에 도전하려 했다. 그래서 오스트리아를 무조건적으로 지지했으며, 역시 짧은 전쟁을 원했지만 불길은 그들의 의도와 달리 걷잡을 수 없이 번져 갔다. 러시아는 슬라브 민족의 맏형을 자처하며 발칸의 민족주의를 지원했다. 이는 단순한 동족애가 아니라, 동유럽에서 영향력을 확대하고 오스만 제국과 오스트리아를 압박하려는 전략적 선택이었다. 러시아의 개입은 곧 동맹망 전체를 자극했고, 전쟁의 불길을 키우는 도화선이 되었다. 프랑스는 이미 오래전부터 한 가지 집념을 품어 왔다. 1871년 보불전쟁에서 빼앗긴 알자스-로렌을 되찾는 것이다. 그 굴욕은 프랑스 사회 전체를 사로잡은 집단적 기억이었고, 독일과의 전쟁은 언젠가 반드시 치러야 할 숙명이었다. 사라예보 사건은 그 기회를 가져다주었다. 프랑스는 주저하지 않고 참전했고, 지난 패배의 치욕을 씻고자 했다. 마지막으로 영국은 유럽의 균형을 지켜 온 섬나라 전통의 전략을 고수했다. 무엇보다 영국을 자극한 것은 독일의 해군력이었다. 산업혁명을 바탕으로 세계 바다를 장악했던 영국에게, 독일의 해군 증강은 제국의 심장을 위협하는 직접적 도전이었다. 영국은 독일을 견제하지 않을 수 없었고, 결국 이 거대한 전쟁의 소용돌이에 휘말려 들어갔다. 각국은 서로 다른 이유로 칼을 뽑았지만, 공통된 오산이 있었다. 누구도 전쟁이 4년을 넘기고, 유럽 전체를 잿더미로 만들리라고는 믿지 않았다. 모두가 짧고 영광스러운 승리를 꿈꿨으나, 현실은 참혹한 장기전이었다. 이해관계가 맞부딪힌 순간, 유럽은 스스로 파멸의 길로 걸어 들어가고 있었다.[2]

유럽의 국가들이 저마다 이익을 추구하며 충돌했지만, 그 갈등의 밑바닥에는 더 근본적인 요인이 있었다. 19세기 산업혁명은 단순히 기계와 공장의 등장을 넘어 사회의 권력 지형을 송두리째 바꿔 놓았다. 이전까지 유럽 사회를 지탱하던 질서는 태생적 신분이었다. 왕족과 귀족은 땅과 혈통을 바탕으로 지위를 누렸고, 정치와 군사에서 자연스레 권력을 장악했다. 그들의 권위는 물려받은 것에 있었다. 태어날 때부터 보장된 지위, 토지에서 나오는 수입, 혈통의 정통성이 곧 힘의 근거였다. 그러나 산업혁명이 몰고 온 변화는 이 구도를 무너뜨렸다. 증기기관과 철도, 석탄과 철강, 은행과 자본시장은 새로운 권력의 원천이 되었다. 힘은 더 이상 땅에서 나오지 않았다. 자본이 권력의 척도가 되었고, 귀족의 전통적 권위는 점점 뒷방으로 밀려났다. 새로운 부와 영향력을 쥔 것은 산업과 금융을 장악한 신흥 자본가 계급이었다. 과거 왕족과 귀족이 궁전과 사냥터, 살롱에서 권위를 과시했다면, 이제 세상의 주도권은 증권거래소와 공장 굴뚝에서 결정되었다. 왕족과 귀족은 자신의 몰락을 본능적으로 감지했다. 태생적 신분만으로 사회를 지배할 수 있는 시대가 끝나 가고 있었다. 그렇다면 그들이 마지막으로 선택할 수 있는 길은 무엇이었을까? 바로 전쟁이었다. 전쟁은 여전히 왕족과 귀족의 무대였고, 장군직은 그들의 특권이었다. 전쟁은 국가의 명예를 지키는 동시에, 사라져 가는 권위를 재확인할 수 있는 수단이었다. 1914년, 사라예보의 총성은 그들에게 기회처럼 보였다. 명분은 충분했고, 힘을 과시할 수 있을 만큼의 전쟁이라면 권위를 되살릴 수 있다고 믿었다. 그러나 전쟁은 그들이 기대한 방식으로 흘러가지 않았다. 산업혁명이 만들어 낸 새로운 힘과 구시대적 권위가 정면으로 충돌한 1차 세계대전은, 왕정 체제를 몰락으로 몰고 갔다. 독일의 카이저, 오스트리아의 합스부르크, 러시아의 로마노프 왕조가 차례로 붕괴한 것은 결코 우연이 아니었다. 산업과 자본이 지배하는 새로운 세계에서, 왕정은 더 이상 설 자리가 없었다.

왕족과 귀족은 전쟁을 통해 권위를 지키고자 했지만, 제1차 세계대전이 끝난 뒤 그들을 기다린 것은 영광이 아니라 몰락이었다. 전쟁의 대가는 참혹했다. 오스트리아-헝가리 제국은 해체되었고, 그 거대한 영토는 체코슬로바키아, 유고슬라비아, 헝가리, 오스트리아, 폴란드 등 수많은 신생국가로 갈라졌다. 한때 유럽의 중심에 군림했던 합스부르크 왕조는 더 이상 역사 속에 존재하지 않았다. 러시아 제국의 니콜라이 2세는 혁명으로 퇴위한 뒤 가족과 함께 총살당했고, 수백 년 이어 온 제정 러시아는 볼셰비키 혁명 속에서 무너졌다. 독일 제국의 빌헬름 2세 역시 퇴위 후 네덜란드로 망명했고, 제국은 붕괴된 뒤 공화국으로 전환되었다. 오스만 제국 또한 패전의 대가를 피하지 못했다. 제국은 해체되었고, 술탄제는 무스타파 케말의 민족해방운동 속에서 종말을 맞이했다. 이처럼 제1차 세계대전은 단순한 영토 분쟁이나 민족 갈등의 충돌이 아니었다. 그것은 구시대와 신시대의 충돌이었고, 왕정의 몰락을 알리는 거대한 무대였다. 산업혁명이 가져온 변화는 이미 왕과 귀족을 뒷방으로 밀어냈고, 그들의 마지막 무대였던 전쟁조차 패배와 몰락만을 안겨 주었다. 전쟁이 끝난 자리에는 더 이상 황제의 권위도, 왕족의 혈통도 힘을 발휘할 수 없었다. 대신 자본이 새로운 권력으로 자리 잡았고, 민중과 민주주의가 정치의 새로운 주인공으로 등장했다. 1차 세계대전은 수천만 명의 목숨을 앗아간 파괴의 전쟁이었지만, 동시에 인류가 구시대의 지배 질서에서 벗어나 새로운 질서를 향해 나아가는 분수령이었다. 산업과 자본, 민중과 민주주의가 새로운 세계의 주인이 되었고, 왕정의 시대는 그 막을 내렸다.

제국주의의 종말

제국은 언제나 영원할 것처럼 보이지만, 역사는 그 어떤 제국
도 영원하지 않았음을 보여 준다.

-폴 케네디-

왕정이 무너진 자리를 대신한 것은 공화국과 민족주의였다. 독일은 바이마르 공화국으로 전환되었고, 오스트리아와 헝가리는 각각 독립된 공화국으로 재편되었으며, 체코슬로바키아와 유고슬라비아 같은 신생국가가 새로 등장했다. 그러나 이러한 체제 전환은 곧바로 안정적인 국가 운영으로 이어지지 못했다. 패전국 독일은 막대한 전쟁 배상금과 경제적 부담 속에서 정치적 혼란을 겪었고, 바이마르 공화국은 극좌와 극우 세력의 격렬한 대립 속에 국민들의 삶을 안정시키지 못했다. 오스트리아와 헝가리 역시 경제적 어려움과 소수민족 문제에 시달리며 불안정했다. 러시아는 잠시 공화정을 시도했으나 곧 볼셰비키가 권력을 장악하며 소비에트 연방이 수립되었다. 이처럼 전통적 권위가 무너진 자리를 공화국과 민족주의 국가가 대신했지만, 그것은 새로운 안정 질서를 세우기에는 역부족이었다. 정치적 불안정과 경제적 위기는 오히려 왕정 체제가 무너지며 남긴 공백을 더욱 선명하게 드러냈다. 제1차 세계대전은 왕정을 종식시켰지만, 동시에 유럽을 장기간의 혼란과 불안정 속으로 밀어 넣은 전쟁이었다.

제1차 세계대전은 전례 없는 경제적 충격을 남겼다. 전쟁을 치르는 동안 각국은 막대한 전비를 조달하기 위해 화폐를 남발했고, 전쟁이 끝난

뒤 그 부채는 국가 재정을 짓눌렀다. 독일은 여기에 전쟁배상금까지 떠안으며 극심한 재정 압박에 시달렸고, 다른 유럽 국가들 역시 전쟁에서 살아남은 국민을 부양하기 위한 복지 지출로 부담이 가중되었다. 결과는 단순한 물가 상승이 아니었다. 사회 기반을 흔드는 수준의 인플레이션이었다. 독일의 물가는 불과 몇 년 만에 1조 배 이상 치솟았고, 오스트리아도 1만 배가 넘는 물가 상승률을 기록했다. 프랑스는 상대적으로 완만했지만, 7년간 평균 20%의 물가 상승률을 겪으며 불안정을 피하지 못했다. 1870년 이후 유럽의 성장을 이끌던 산업과 금융은 전쟁으로 파괴되었고, 경제는 거대한 제동에 들어갔다. 이 전쟁은 왕정의 몰락을 불러왔지만, 그 공백을 메운 것은 혈통이 아니라 경제였다. 정치의 언어가 바뀐 것이다. 금본위제를 재도입해 통화 신뢰를 회복하려는 시도가 이어졌고, 국가 재정과 통화 정책을 설계하는 경제학자들이 새로운 권위자로 떠올랐다. 왕과 귀족이 통치의 정당성을 잃은 것처럼, 이제 각국 정부는 경제를 안정시키지 못하면 국민의 신뢰를 얻을 수 없었다.

경제적 균열은 곧 세계 체제의 균열로 이어졌다. 역사학자 찰스 킨들버거가 지적했듯, 제1차 세계대전 이후 세계는 패권국을 잃었다. 영국은 전쟁의 상처로 지쳐 패권을 유지할 힘을 잃었고, 미국은 세계의 리더가 되기를 거부한 채 고립주의와 보호무역으로 돌아갔다. 패권의 공백 속에서 각국은 협력 대신 자국의 이익을 우선시했고, 불신이 국제 관계의 기본 질서가 되었다. 이 상황에서 베르사유 조약은 독일에 과도한 배상금을 부과하며 불안정의 불씨를 남겼다. 당시 경제학자 존 메이너드 케인스는 이러한 결정이 독일 사회를 파탄으로 몰아넣고, 장차 더 큰 파국을 불러

올 것이라고 경고했지만 그의 목소리는 무시되었다.[*] 결국 유럽은 왕정을 잃은 공백을 공화정과 경제학으로 채웠지만, 경제적 혼란과 패권의 붕괴, 그리고 불합리한 베르사유 체제가 결합하면서 또 다른 전쟁의 그림자를 키워 갔다. 제1차 세계대전은 왕정의 종말만을 가져온 것이 아니라, 20세기 국제 질서를 불안정하게 만드는 출발점이기도 했다. 제1차 세계대전은 왕정의 몰락과 함께 기존 권위 체제를 붕괴시켰다.

1929년 미국에서 시작된 대공황은 제1차 세계대전 이후 불안정하게 유지되던 세계 질서를 근본부터 흔들었다. 1920년대 미국은 전쟁으로 지친 유럽을 대신해 세계 경제의 중심으로 부상했다. 헨리 포드가 도입한 컨베이어 벨트식 대량생산 체계는 생산성을 폭발적으로 끌어올렸고, 자동차와 가전제품 같은 신흥 산업은 소비사회를 이끌었다. 주식시장도 끝없이 치솟으며 번영의 상징처럼 보였다. 그러나 그 성장은 실질적 생산력과 소득 증가를 초과한 금융적 거품이었다. 신용 대출로 주식을 매입하는 마진 거래가 과열되면서 자산 가격은 실물경제와 괴리되었고, 마침내 1929년 10월 월가의 붕괴로 거품은 터져 버렸다. 대공황은 곧 전 세계로 번졌다. 미국은 세계 최대 채권국이자 교역국이었기에 뉴욕에서 시작된 금융 위기는 유럽과 아시아로 순식간에 확산되었다. 전쟁 배상금과 부채에 이미 허덕이던 유럽 국가들은 미국 자본이 빠져나가자 더 큰 충격을 받았다. 산업 생산은 급격히 위축되었고, 실업자는 거리로 쏟아져 나왔

---

[*] 존 메이너드 케인스는 1919년 《평화의 경제적 결과》에서 베르사유 조약이 독일에 지나치게 가혹한 배상 의무를 부과했다고 강력히 비판했다. 그는 독일 경제가 "징벌적 배상금으로 질식할 것"이라 경고하며, 이러한 조치가 유럽 경제 전체의 회복을 방해하고 결국 더 큰 정치적 불안을 초래할 것이라고 내다봤다. 실제로 그는 "정복자들이 패배한 독일에 부과한 조건은 과거의 역사에서 그 어떤 평화 조약보다도 더 잔혹하다"고 말했다.

다. 1933년 미국의 실업률은 25%에 달했으며, 독일·오스트리아·영국 등도 두 자릿수 실업률에 시달렸다. 이 과정에서 결정적 역할을 한 것이 금본위제였다. 19세기부터 국제 통화 질서의 안정장치로 여겨졌던 금본위제는 대공황 시기에는 오히려 족쇄가 되었다. 금본위제를 고수한 국가는 통화량을 확대할 수 없었기 때문에, 침체에 대응하는 확장적 재정·통화 정책을 쓰지 못했다. 결과적으로 긴축만을 반복하며 경제 상황을 더 악화시켰다. 미국도 대표적 사례였다. 대공황 초기에 연방준비제도는 금본위제 방어에 매달리며 통화량을 축소했고, 이는 은행 파산과 신용 경색을 심화시켜 공황을 더욱 깊게 만들었다. 반면 금본위제를 가장 먼저 벗어난 국가들이 가장 빨리 회복했다. 1931년 영국은 금본위제를 이탈하며 파운드화를 평가절하했고, 이는 수출 경쟁력을 높여 회복을 촉진했다. 스웨덴을 비롯한 북유럽 국가들도 같은 길을 택해 비교적 빠른 회복을 경험했다. 미국은 1933년 프랭클린 루스벨트가 집권한 뒤에야 금본위제를 사실상 포기했고, 뉴딜 정책을 통해 본격적인 회복을 시작할 수 있었다. 안정의 제도라 믿었던 금본위제는 위기의 순간 오히려 위기 극복을 가로막는 족쇄였던 셈이다.

대공황은 단순한 경제 위기가 아니었다. 그것은 정치 질서까지 뒤흔드는 파급력을 지녔다. 실업과 빈곤, 인플레이션이 겹치자 사람들은 자유보다 질서와 안정을 갈망했다. 이 갈망은 민주주의를 약화시키고, 극단적 정치 세력이 성장할 토양이 되었다. 이 시기 독일의 나치즘, 이탈리아의 파시즘, 일본의 군국주의가 경제적 위기를 발판 삼아 세력을 확장한 것은 결코 우연이 아니었다. 대공황은 단순한 금융위기가 아니라, 제2차 세계대전이라는 파국을 잉태한 역사적 분기점이었다.

이탈리아는 전승국이었지만 전후 처리 과정에서 기대한 영토를 얻지 못했다. 승리 속의 패배라는 좌절이 국민적 불만으로 이어졌고, 경제적 혼란과 사회적 불안이 무솔리니에게 기회를 주었다. 그는 질서와 국가적 위대함을 내세워 파시즘 체제를 구축했다. 독일은 베르사유 조약의 굴욕 위에 하이퍼인플레이션과 대공황이 겹치며 국민적 절망이 극에 달했다. 히틀러와 나치당은 민족 공동체라는 구호로 대중을 결집시키고, 유대인과 공산주의자를 희생양으로 삼았다. 결국 히틀러는 1933년 총리에 올라 독재 체제를 확립했다. 일본은 승전국이었지만 국제연맹에서 인종차별 철폐안이 거부되며 국민의 자존심에 깊은 상처를 입었다. 이어 대공황이 경제를 강타하자, 군부는 해법을 군수산업 확대와 대륙 침략에서 찾았다. 만주사변을 계기로 일본은 급격히 군국주의로 전환했고, 민간 정치인들은 이를 막지 못했다. 대공황의 충격은 한 국가의 경제 위기에 그치지 않고, 대중의 심리를 흔들고 정치 질서를 바꾸는 도화선이 되었다. 경제적 절망은 사람들을 합리적 정책보다 감정적 구호와 강력한 리더십에 끌리게 했다. 자유를 지키지 못한 자리는 질서와 안정이라는 이름의 독재가 대신했다. 이 구조를 이해하지 못하면, 우리는 단순히 경제와 정치가 분리된 영역이라 착각하게 된다. 그러나 역사는 보여 준다. 경제의 붕괴는 언제든 민주주의의 균열로 이어질 수 있고, 불안한 대중은 언제든 새로운 권위를 따를 준비가 되어 있다는 사실을.

세 나라의 공통점은 민족주의였다. 이탈리아는 로마 제국의 영광을, 독일은 게르만 민족의 우월성을, 일본은 아시아에서의 지도적 역할을 강조했다. 민족주의는 전쟁과 경제 위기로 흔들리던 대중에게 강력한 정체성과 결속을 제공했고, 개인의 불안을 국가와 민족의 위대함 속에 흡수시켰다. 그렇게 전체주의와 제국주의는 정당성을 얻었다. 왕정의 몰락 뒤 민주주의가 안정적으로 자리 잡지 못하자, 대중은 강력한 지도자와 국가 권력을 선택했다.* 파시즘, 나치즘, 군국주의는 바로 그 선택의 산물이었고, 이는 다시 제2차 세계대전이라는 더 큰 파국으로 이어졌다. 2차 세계대전은 인류 역사상 가장 거대한 이데올로기 전쟁이었다. 과거 전쟁이 종교나 기득권 수호를 명분으로 벌어졌다면, 이번 전쟁은 파시즘·나치즘·군국주의·공산주의·민주주의라는 체제가 정면으로 충돌했다. 그것은 단순한 정치 체제를 넘어, 인간이 어떤 세계를 만들어야 하는가에 대한 비전의 충돌이었다. 그리고 그 비전은 언제나 모두가 잘 사는 사회를 약속했다. 문제는 그 약속을 실현하기 위해 어떠한 폭력도 정당화할 수 있다고 믿었다는 점이다. 솔제니친이 지적했듯, 이데올로기는 유토피아의 환상을 보여 주지만 그 길 위의 학살과 전쟁조차 정당화한다. 그러나 역사의 실체는 언제나 더 단순하다. 제2차 세계대전도 이데올로기의 포장 아래에서 벌어진, 본질적으로는 경제적 이해관계의 충돌이었다.

무솔리니의 파시즘은 기존의 사회주의와 계급투쟁을 거부하고 대신 민족주의를 앞세웠다. 그는 사회를 계급으로 나누어 대립시키는 것보다, 민족이라는 단일한 집단으로 대중을 선동하는 것이 훨씬 강력하다는 사실을 꿰뚫었다. 파시즘은 국민 모두를 하나의 운명 공동체로 묶어 내는 정치적 언어였고, 무솔리니는 그 속에서 대중의 열광을 조직하는 데 성공했다. 히틀러 역시 같은 원리를 따랐지만, 그의 사상적 기반은 훨씬 더 극단적이었다. 그는 맬서스의 인구론을 진지하게 받아들였다. 인구 증가

---

* 귀스타브 르봉은 군중심리에서 역사적으로 군중이 온후한 지도자에게 동조한 적은 없었다고 말했다. 오히려 자신들을 강력히 억압한 압제자에게 동조하는 것이 군중의 특성이다.

속도가 식량 생산 속도를 초과하면 사회는 필연적으로 기근과 파국에 직면한다는 논리였다. 히틀러는 독일 민족의 생존을 바로 이 맥락에서 바라보았다. 좁은 국토와 한정된 자원으로는 아리아 민족이 살아남을 수 없으며, 따라서 영토 확장은 선택이 아닌 필연이었다. 다른 민족을 희생시키는 것도 잔혹한 범죄가 아니라, 오히려 자연의 법칙을 따르는 일이라고 그는 확신했다.[3] 전쟁의 원인을 하나로 특정하기는 어렵다. 그것은 지도자들의 오판일 수도 있고, 당시를 지배하던 세계관이 빚어낸 필연일 수도 있다. 그러나 분명한 것은, 몇몇 결정적 선택이 전쟁의 향방을 근본적으로 바꾸었다는 점이다. 히틀러의 러시아 침공은 그 대표적 사례였다. 이 선택은 결과적으로 독일을 파멸로 몰아넣었지만, 히틀러의 입장에서는 생존을 위한 필연적 결단이었다. 아리아 민족이 맬서스의 악마를 극복하기 위해서는 넓은 영토와 풍부한 식량 자원이 필요했고, 유럽에서 그 조건을 갖춘 곳은 러시아뿐이었다. 히틀러는 이를 단순한 전략적 계산이 아니라 역사와 자연이 부여한 운명으로 받아들였다. 결국 파시즘과 나치즘, 그리고 일본의 군국주의는 단순히 지도자 개인의 독단이 아니었다. 그것은 경제적 절망과 사회적 불안, 그리고 시대를 지배한 사상적 세계관이 결합해 만들어 낸 산물이었다. 그들의 선택은 파국으로 이어졌지만, 당시 대중에게는 혼란과 불안을 넘어설 수 있는 유일한 질서이자 해답처럼 보였다.

　일본이 진주만을 공격하기까지의 과정은 단순한 군사적 모험이 아니라, 경제적 제약과 전략적 계산이 밀어붙인 결과였다. 1931년 만주사변을 계기로 일본은 팽창주의 노선을 본격화했고, 만주국을 세우며 대륙 침략을 정당화했다. 이어 1937년 중일전쟁이 전면화되자 일본은 전시경제 체제를 구축하고 군수산업을 확대했지만, 이를 유지하려면 막대한 양의 석유와 원자재가 필요했다. 문제는 일본 석유 소비의 80% 이상이 미국에 의존하고 있었다는 사실이었다. 1939년 미국이 일미통상항해조약을 파기한 뒤, 일본이 인도차이나 북부에 진주하자 항공연료와 철강 수출이 제한되었다. 1941년 일본군이 인도차이나 남부까지 진출하자, 미국은 금융자산을 동결하고 석유 수출을 전면 금지했다. 영국과 네덜란드도 제재에 동참하면서 일본은 사실상 숨통이 끊겼다. 비축유로 버틸 수 있는 시간은 길어야 2년, 일본 지도부는 석유를 확보하지 못하면 국가가 존망의 위기에 빠진다는 절박감에 몰렸다. 출구는 남방에 있었다. 말라야와 네덜란드령 동인도, 브루나이는 풍부한 유전과 전략 자원을 보유하고 있었다. 일본이 생존을 위해 선택할 수 있는 길은 이 지역을 장악하는 것이었고, 이는 곧 미국·영국과의 충돌을 의미했다. 문제는 태평양을 지배하는 미국 해군이었다. 필리핀과 하와이에 주둔한 미군이 남방작전을 저지한다면 일본의 계획은 무산될 수밖에 없었다. 따라서 일본군은 먼저 태평양의 최대 장애물인 진주만의 미 태평양함대를 무력화해야 한다고 판단했다. 이 결정은 무모한 도발이 아니라 시간과 자원의 압박이 강제한 선택이었다. 일본군은 항공모함 여섯 척을 동원해 북태평양을 우회하며 비밀리에 접근했고, 어뢰와 폭격 훈련을 거듭하며 작전을 준비했다. 1941년 12월 7일 아침, 일본 함재기들은 진주만을 기습했다. 단기간에 미국 전함대에 큰 피해를 입히는 데는 성공했지만, 항공모함과 연료 저장 시설을 파괴하지 못해 전략적 성과는 반쪽에 그쳤다. 결과적으로 진주만 공습은 일본에게 승리의 시작이 아니라 패배의 서막이었다. 그러나 당시 맥락에서 보면 이 결정은 무모함이라고 보기보다, 전시경제의 구조적 한계와 자원 확보라는 절대적 필요가 강요한 불가피한 선택이었다. 일본은 석유와 생존을 위해 전쟁을 택했고, 그 전쟁의 첫 장면이 바로 진주만 공습이었다. 아이러니하게도, 이 공격은 미국의 참전을 촉발하는 계기가 되었다. 미국은 오랫동안 고립주의를 고수했지만, 진주만 습격과 독일의 선전포고 이후 공식적으로 제2차 세계대전에 뛰어들었다. 역사학자들은 미국이 진주만 습격이 없었더라도 결국 고립주의를 버리고 세계 패권국으로 나설 수밖에 없었다고 본다. 그러나 일본의 공습이야말로 그 전환을 앞당기고, 미국이 고립주의에서 벗어나는 직접적 계기가 된 것은 분명한 사실이다. 2차 세계대전은 단순한 군사적 충돌이 아니었다. 그것은 이데올로기와 경제가 결합할 때 인간이 얼마나 파괴적인 선택을 할 수 있는지를 드러낸 거대한 실험장이었다. 그리고 그 실험은 실패로 끝났고, 인류는 전쟁이라는 가장 값비싼 대가를 치르고 나서야 교훈을 얻었다. 전쟁의 종결은 곧 제국주의 시대의 완전한 종말을 뜻했다.

그렇다면 왜 투자 이야기를 하면서 제국주의를 언급해야 할까? 이유는 단순하다. 제국주의를 이해해야 미국을 이해할 수 있기 때문이다. 그리고 미국을 이해해야 하는 이유는 더욱 분명하다. 오늘 우리가 살아가는 세계관을 만든 것도, 그것을 유지하며 변화시켜 온 것도 바로 미국이기 때문이다. 진지한 투자자가 되려면 종목이나 차트 이전에, 미국이라는 국가가 어떤 역사적 토대 위에서 세계 질서를 주도하게 되었는지를 먼저 살펴야 한다. 투자는 결국 그 세계관 속에서 벌어지는 게임에 참여하는 일이기 때문이다.

12장

브레튼우즈 세계관

브레튼우즈 협정

우리는 더 나은 세계를 향해 나아가고 있다. 인류의 협력은 이
제 막 새로운 제도를 통해 실질적인 궤도에 들어섰다.

-존 메이너드 케인스,
브레튼우즈 협정에 대한 평가를 남기며-

1944년 7월, 전쟁의 판세가 연합국 쪽으로 기울자 미국은 이미 전쟁 이
후의 세계를 어떻게 설계할지를 고민하고 있었다. 독일과 일본의 패망
이 눈앞에 다가온 순간, 미국에게 남은 과제는 단순한 전쟁 승리가 아니
었다. 전후 세계의 새로운 주도권을 확실히 쥐는 것이었다. 1차 세계대전
이후 국제연맹은 힘을 발휘하지 못했고, 영국과 프랑스는 경제적·군사
적 기반이 약화되어 세계 질서를 유지할 수 없었다. 패권국의 공백이 결
국 제2차 세계대전이라는 파국으로 이어졌다. 미국은 이번만큼은 같은

실수를 반복하지 않으려 고립주의를 탈피했다. 그들의 구상은 단순한 전후 복구가 아니었다. 세계 경제를 하나로 묶고, 무질서한 경쟁과 보호무역주의를 차단하며, 안정적인 국제 금융 질서를 설계하는 일이었다. 전간기*의 세계는 각국이 자국의 이익을 고집하며 금본위제와 보호무역을 남발했고, 그것이 무역 전쟁과 대공황을 불러왔다. 미국은 이 악순환을 끊기 위해 자신들의 압도적인 경제력과 군사력이 절정에 달한 순간을 활용해 제도적 틀을 만들어야 한다고 보았다. 그리하여 미국은 소련을 포함한 44개 연합국과 그 식민지 대표단까지, 총 730명을 뉴햄프셔 주 브레튼우즈의 마운트 워싱턴 호텔로 불러 모았다. 전쟁은 아직 끝나지 않았지만, 전후 세계를 어떻게 운영할 것인지를 둘러싼 협상은 이미 시작된 것이다. 전례 없는 규모의 이 회의에서 각국은 재건을 위한 요구와 조건을 내세웠지만, 실질적인 주도권은 미국과 영국, 그리고 그중에서도 압도적인 경제력을 가진 미국이 틀어쥐고 있었다.

브레튼우즈 회의의 핵심 쟁점은 두 가지였다. 첫째, 국제 통화 체제를 어떻게 안정시킬 것인지, 둘째 전후 세계 경제를 관리할 국제기구를 어떻게 설립할 것인지다. 금본위제는 이미 신뢰를 잃었고, 대공황은 각국이 경쟁적으로 통화를 평가절하하고 무역 장벽을 높이는 방식으로 대응했음을 보여 주었다. 미국은 자신들의 달러를 새로운 세계 질서의 기축 통화로 만들고자 했다. 당시 전 세계 금의 약 3분의 2가 미국에 집중되어 있

---

* 전간기(戰間期)는 제1차 세계대전이 끝난 1918년부터 제2차 세계대전이 시작된 1939년까지의 시기를 가리킨다. 이 시기는 국제연맹이 출범하며 평화를 모색했지만, 베르사유 조약으로 인한 독일의 불만, 세계 대공황(1929)으로 인한 경제 위기, 파시즘과 나치즘의 부상으로 결국 또 다른 전쟁으로 이어졌다. 전간기는 짧지만 20세기 국제질서와 사상의 변화를 결정적으로 형성한 격동의 시대였다.

었기에, 달러를 금과 연결시키고(온스당 35달러), 다른 나라 통화를 달러에 고정하는 방식의 새로운 고정환율 체제가 가능했다. 이렇게 세계 경제의 기준점은 달러가 되었고, 사실상 미국이 세계 금융의 중심에 서게 되었다. 영국 대표 존 메이너드 케인스는 초국가적 통화 방코르*를 기축통화로 삼자고 제안했으나, 미국의 경제력 앞에서 힘을 쓰지 못했다. 이 회의의 또 다른 산물은 오늘날까지 이어지는 국제금융기구였다. 세계은행은 전후 복구와 개발도상국 지원을, IMF는 각국 환율의 안정을 담당하기 위해 창설되었다.

그러나 1944년 브레튼우즈 회의에서 가장 눈에 띄는 전환은 달러 기축통화 결정만이 아니었다. 미국은 두 가지 더 근본적인 약속을 내놓았다. 첫째, 자국의 관세를 인하하고 세계 시장을 개방하겠다는 선언. 둘째, 막강한 해군력을 동원해 전 세계 해상 무역을 보호하겠다는 약속이었다. 이는 단순히 금융 질서를 설계하는 차원을 넘어 세계 질서의 원리를 바꿔 놓는 결정이었다. 역사적으로 강대국은 자국 산업을 보호하고 무역의 과실을 독점하려 했다. 영국 제국 역시 자유무역을 외쳤지만, 그것은 식민지와 군사력이 뒷받침된 제한적 자유였다. 그런데 미국은 압도적 힘을 무기 삼아 오히려 시장을 개방하겠다고 선언했다. 이는 관용이라기보다 전략적 계산이었다. 자국의 경제력을 세계화하는 과정에서 더 큰 이익을

---

* 방코르(Bancor)는 1944년 브레튼우즈 회의에서 영국 경제학자 존 메이너드 케인스가 제안한 국제 결제용 화폐 단위다. 각국 통화를 직접 교환하는 대신, 무역 흑자국과 적자국 모두 방코르라는 공통 단위를 매개로 결제하게 하여 불균형을 줄이고자 했다. 케인스는 이를 통해 미국 달러에 지나치게 의존하지 않는 국제통화질서를 구상했으나, 미국이 달러 중심 체제를 주장하면서 채택되지 못했다. 방코르는 실현되지 않았지만, 오늘날 국제통화 개혁 논의에서 자주 언급되는 선구적 아이디어로 평가된다.

거둘 수 있다는 확신이 있었기 때문이다. 그러나 단기적으로 보자면, 이는 사실상 원조에 가까웠다. 폐허 속에 있던 유럽과 아시아는 미국이라는 거대한 소비시장이 열리면서 다시 일어설 수 있는 발판을 마련했다.

앞에서 제국주의를 길게 설명한 이유가 바로 여기에 있다. 제1차 세계대전에서 왕정이 몰락한 것은 패전과 막대한 피해 때문이었다. 그러나 제2차 세계대전에서 제국주의가 종말을 맞이한 것은 달랐다. 그것은 패전국의 몰락이 아니라, 승전국이자 차기 패권국으로 떠오른 미국의 결단 때문이었다. 물론 이 결단이 무조건적 배려에서 비롯된 것은 아니다. 미국은 더 큰 이익을 얻을 수 있다는 철저한 계산 속에서 행동했다. 그러나 표면적으로 보았을 때, 이 선택은 가장 강력한 국가가 스스로 식민지의 역할까지 떠맡겠다고 선언한 파격적인 결정이었다. 특히 해상 무역 보호의 약속은 혁명적이었다. 미국은 자국의 무역만이 아니라, 자국의 이해관계와 직접 관련 없는 제3국 간의 교역까지 보호하겠다고 선언했다. 과거 영국 해군력이 영국 무역의 이익만을 위해 존재했듯, 해양 패권은 언제나 특정 제국의 사익을 위한 것이었다. 그러나 브레튼우즈에서 미국이 내건 약속은 달랐다. 누가 사고파는 화물이든 관계없이, 세계 바다의 안전을 미국이 보장하겠다는 것이었다. 이는 단순한 힘의 독점이 아니라, 국제 무역 전체를 위한 새로운 질서 제공이었다. 물론 미국의 일방적 희생은 아니었다. 개방된 시장은 미국 산업과 금융 자본이 세계로 뻗어 나가는 발판이 되었고, 해상 무역 보호는 미국 해군이 세계 경찰로 자리 잡는 첫걸음이 되었다. 중요한 것은 이 결정이 기존 국제 질서를 근본적으로 전환했다는 점이다. 과거의 미국 역시 보호무역과 힘의 논리에 따라 움직였고, 그 불균형한 무역 질서와 갈등은 2차 세계대전의 원인 중 하나였다. 브레튼우즈의 합의는 그러한 힘의 시대가 끝났음을 알렸다. 달러를 중심으로 한 국제 통화 체제와, 미국 해군이 보장하는 해상 무역의 안정이라는 두 축은 이후 수십 년간 세계 경제의 기반이 되었다. 나아가 이는 미국식 세계관을 국제 규범으로 제도화한 사건이었다. 힘으로 상대를 억누르던 시대가 지나고, 가장 강한 국가가 질서를 제공하며 세계를 하나의 경제 공간으로 묶어 내는 시대가 열린 것이다. 브레튼우즈의 결정은 단순한 협정이 아니라, 새로운 문명의 출발을 알리는 선언이었다.

제2차 세계대전 이전의 세계는 강대국들이 자국의 시장을 닫고 식민지를 무역 거점으로 삼으며 패권을 다투던 곳이었다. 후발 산업국은 이 구조 속에서 설 자리가 없었고, 독일과 일본은 그 좌절 끝에 전쟁이라는 극단적 수단을 택했다. 일본이 진주만을 기습하게 된 배경에도 미국의 원유 금수 조치가 있었는데, 이는 일본이 국제무역의 구조적 한계를 극복하지 못하고 결국 전쟁으로 내몰린 사정을 잘 보여 준다. 이와 같은 상황에서 미국이 스스로 시장을 개방하고, 나아가 전 세계 해상 무역을 보호하겠다고 나선 것은 기존의 힘의 질서를 완전히 뒤엎는 사건이었다. 역사적으로 바다는 강한 해군력을 가진 나라만이 독점할 수 있는 무대였다. 스페인, 포르투갈, 영국이 해양 패권국으로 군림할 수 있었던 것도 무역선단 뒤에 강력한 함대를 세웠기 때문이다. 그러나 브레튼우즈 체제는 이 패러다임을 근본적으로 바꾸었다. 미국은 자신들의 해군력을 단지 자국의 이익을 위해 쓰지 않고, 국제 무역 전체를 위한 안전망으로 제공하겠다고 선언했다. 힘이 곧 정의였던 국제관계의 법칙을 뒤집은 것이다. 만약 이 체제가 만들어지지 않았다면, 오늘날 원자재 대부분을 수입에 의존하는 대한민국 같은 나라가 어떻게 석유를 들여올 수 있었을지 상상하기초차 어렵다. 우리 역시 해군을 대규모로 양성하거나 강대국의 눈치를 보며 무역을 했어야 할 것이고, 이는 사실상 경제성장의 발목을 잡았을 것이다. 지금 우리가 너무나 당연하게 누리는 자유로운 해상 무역은 사실 미국의 약속 위에서 세워진 질서였다.

물론 미국은 그 대가로 막대한 이익을 챙겼다. 달러는 기축통화가 되었고, 세계 금융의 중심지는 뉴욕으로 이동했으며, 바다를 장악한 군사력은 미국을 세계 경찰로 만들었다. 수많은 동맹국이 브레튼우즈 체제 안으로 편입되었고, 이는 곧 소련 견제에 있어 가장 효율적인 전략적 기반이 되었다. 그리고 소련 붕괴 이후에는 자연스럽게 중국 견제로 이어졌다. 유럽은 더 이상 해군력과 군비 확장에 자원을 소모하지 않고 경제개발에 집중할 수 있었고, 아시아 역시 미국이 보장하는 무역 질서 속에서 성장의 기회를 잡았다. 대한민국이 세계 역사상 유례없는 경제 성장을 이룩할 수 있었던 것도 바로 이 체제의 산물이었다.

브레튼우즈 1기

1945년에 옳았던 것이 오늘날에도 옳을 수는 없습니다.

-사르코지 프랑스 대통령-

브레튼우즈 체제 이후의 세계는 단순히 새로운 경제 질서가 세워진 것이 아니라, 미국이 본격적으로 세계 패권을 구축해 나가는 서막이었다. 전쟁의 상처를 입은 유럽은 폐허 위에서 다시 일어서야 했고, 미국은 그 회복을 단순한 원조 차원이 아니라 전략적 선택으로 바라보았다. 제1차 세계대전 이후 각국이 자국의 이익만을 좇으며 경제적·정치적 소모전을 벌였다면, 제2차 세계대전 이후 유럽은 난관을 함께 극복하기 위해 협력과 타협을 모색하기 시작했다. 그러나 그 협력의 중심에는 언제나 미국의 주도적 개입이 있었다. 그 출발점은 트루먼 독트린이었다. 그리스 내전과 터키 정세 불안을 계기로, 미국은 "자유를 지키려는 나라를 지원한다"는 원칙을 내세우며 소련의 팽창을 막는 봉쇄정책을 공식화했다. 이는 단순한 지역 분쟁 개입이 아니라, 냉전의 시작을 알린 선언이자 동시에 미국이 세계 질서의 수호자로 나서는 신호탄이었다. 이어 추진된 마셜 플랜은 이름만 국무장관 마셜의 것이었을 뿐, 실질적으로는 트루먼 행정부의 전략이었다. 트루먼은 자신의 이름을 걸면 공화당의 반대를 살 것을 우려해 국무장관의 이름을 내세웠을 만큼, 이 계획에 정치적 승부수를 걸었다. 마셜 플랜의 목표는 명확했다. 유럽 경제를 회복시켜 공산주의 확산을 차단하고, 동시에 미국의 무역·투자 파트너를 부활시켜 자국 경제와 맞물리게 하는 것. 그러나 단순히 원조 자금이 흘러들었다는 사실보다 더 중요한 의미는, 미국이 고립주의를 버리고 세계 질서의 전면에 나섰다는 점에 있었다. 그리고 유럽 국가들이 이 리더십에 응답할 수 있었던 배경에는 소련의 압박이 있었다. 역사적 갈등과 이해관계로 쉽게 하나로 뭉치기 힘들었던 유럽은, 공산주의의 확산 앞에서 집단적 공포를 공유했다. 이 위협은 마치 사우론의 공포에 맞서 각 종족(인간, 엘프, 드워프, 호빗)이 반지원정대를 결성했듯 유럽 국가들을 결속시켰다. 서로 다른 배경과 이해관계를 가진 국가들이 소련이라는 절대적 위협에 맞서 정치·경제·군사적으로 힘을 모았던 것이다.[*]

이 흐름은 1949년 북대서양조약기구(NATO)의 창립으로 이어졌다. 체코슬로바키아의 공산화, 그리고 소련이 베를린을 봉쇄하며 연합군의 보급로를 차단했던 사건은 서유럽 국가들에게 군사적 안전 보장이 절실하다는 사실을 각인시켰다. 마셜 플랜이 경제적 재건의 토대였다면, 나토는 그 재건을 군사적으로 지켜 줄 방패였다. 나토의 핵심은 집단방위 조항이었다. 한 나라가 공격받으면 모든 회원국이 공동 대응한다는 원칙은, 미국이 평시에 유럽 안보에 직접 관여하는 최초의 다자안보체제를 의미했다. 이는 유럽 스스로만으로는 소련의 군사적 위협에 맞서기 어렵다는 현실을 반영했고, 동시에 미국의 군사력이 서유럽 방위선에 영구히 주둔하는 계기가 되었다. 이로써 세계는 두 개의 뚜렷한 군사 블록으로 나뉘었다. 서유럽과 미국이 주도하는 나토, 그리고 소련이 주도해 1955년 창설한 바

---

[*] 이와 관련된 재미있는 일화가 있다. 벨기에의 지도자 파울-앙리 스파크Paul-Henri Spaak는 유럽연합의 창설자들을 기념하기 위해 동상들을 세우는 것이 좋지 않겠느냐는 질문을 받자 이렇게 답했다. "아주 좋은 생각입니다! 브뤼셀의 베를레이몽(유럽연합 본물 건물 정면에 15미터 높이의 동상)을 세웁시다! 스탈린 동상을!"

-20세기 경제사 중에서-

르샤바 조약기구가 그것이었다. 경제적 대립은 이미 시작되었지만, 나토의 창립으로 냉전은 본격적으로 군사적 블록 대결의 시대로 접어들었다.

미국의 역할은 점차 확대되었다. 브레튼우즈 체제에서 미국이 해상 경찰로서 세계 무역과 금융 질서를 지켰다면, 한국전쟁 이후에는 본격적으로 세계 경찰의 지위를 가지게 되었다. 한국전쟁을 계기로 미국의 군비 지출은 다섯 배 가까이 증가했고, 서독 주둔 미군 역시 대폭 강화되었다. 이제 미국은 단순히 소련의 사회주의 체제에 맞서는 것을 넘어, 동맹국 간의 갈등에도 개입하고 국제 분쟁의 해결자로 나섰다. 그 과정에서 베트남 전쟁 같은 대리전을 치렀고, 쿠바와 이란 등 특정 국가의 정치적 향방에도 직접적으로 개입했다. 브레튼우즈 이후의 세계는 단순한 경제 재건의 시기가 아니라, 미국 중심의 세계 질서가 본격적으로 구축되는 전환기였다. 경제적 지원, 정치적 봉쇄, 군사적 동맹이 서로 맞물리며 냉전 체제가 공고히 자리 잡았고, 미국은 자신이 단순한 한 국가가 아닌 세계 질서를 규율하는 '중심축'임을 행동으로 입증했다. 미국이 만든 이 신세계 질서는 결과적으로 동맹국들에게는 긍정적인 효과를 가져왔다. 그러나 미국의 의도를 순수한 '이타적 배려'로만 해석할 수는 없다. 미국은 분명 자국의 패권적 이익을 극대화하기 위해 이러한 선택을 했고, 실제로 정치적·군사적 우위를 확보하며 막대한 이득을 취했다. 그러나 동시에 큰 대가도 치러야 했다. 무엇보다 뼈아픈 것은 미국의 경제적 부담이었다. 브레튼우즈 체제는 미국이 설계한 신세계질서의 기둥이었다. 달러를 금에 고정시키고, 다른 나라의 통화는 다시 달러에 연결하는 구조 속에서, 미국은 세계 무역의 안전을 보장하며 자국 시장을 개방했다. 이는 단순한 관용이 아니라, 미국 주도의 자유무역 질서를 확립하고 패권을 유지하기 위한 전략적 결정이었다. 마셜 플랜은 이러한 전략의 상징적 출발점이었다. 미국은 유럽과 일본의 회복을 위해 대규모 금융 지원을 아끼지 않았고, 동시에 미국 시장을 활짝 열어 동맹국들의 수출을 받아들였다. 하지만 바로 이 구조가 트리핀 딜레마라는 모순을 불러왔다.

브레튼우즈 체제의 가장 큰 모순은 이른바 트리핀 딜레마였다. 이 개념은 1960년대 벨기에 출신 경제학자 로버트 트리핀이 처음 제기한 것으로, 기축통화국이 반드시 직면할 수밖에 없는 구조적 딜레마를 지적한 것이었다. 세계가 원활히 돌아가려면 충분한 유동성이 필요하다. 국제 무역과 투자를 위해서는 달러가 끊임없이 해외로 흘러 들어가야 한다. 기축통화국인 미국은 필연적으로 무역수지 적자를 감수하면서라도 달러를 공급해야 했고, 실제로 1950~60년대 미국은 무역적자를 통해 전 세계에 달러를 흘러보냈다. 그러나 바로 그 지점에서 문제가 발생한다. 달러가 과도하게 공급되면 해외에 쌓인 달러가 미국이 보유한 금 보유량을 초과하게 되고, 언젠가는 달러와 금의 고정 비율(온스당 35달러)이 붕괴할 수밖에 없다는 점이다. 트리핀의 주장은 단순했다. 미국이 달러를 충분히 공급하면 세계 경제는 돌아가지만, 동시에 달러의 신뢰는 무너진다. 반대로 미국이 달러 공급을 억제해 신뢰를 유지하려 한다면, 세계 경제는 유동성 부족에 빠져 침체를 겪는다. 즉, 기축통화국은 패권을 유지하기 위해 반드시 국제적 요구와 자국 경제의 안정 사이에서 모순에 빠지게 된다는 것이었다. 이 모순은 시간이 지날수록 뚜렷해졌다. 1950년대까지만 해도 달러와 금의 비율은 비교적 안정적으로 유지되었다. 그러나 1960년대 베트남 전쟁으로 인한 막대한 재정 지출, 존슨 행정부의 대규모 복지 정책* 등으로 미국의 재정 적자는 눈덩이처럼 불어났다. 달러는 넘쳐났지만, 금 보유량은 그대로였다. 결국 유럽 각국은 달러에 대한 불신을 키우며 실제로 달러를 금으로 교환해 달라고 요구하기 시작했고, 금은 빠르게 빠져나갔다. 이 불신의 정점에서 1971년 닉슨 대통령은 달러와 금의 교환을 중단하는 닉슨 쇼크를 단행했다. 이는 곧 브레튼우즈 체제의 공식적인 붕괴를 의미했다. 세계는 금에 고정된 달러에서 벗어나 변동환율제 시대로 들어섰다. 패권국이자 기축통화국으로서 미국은 세계가 필요로 하는 유동성을 공급하기 위해 끊임없이 달러를 해외로 흘려보내야 했다. 그러나 달러가 지나치게 많이 공급되면 언젠가는 금과의 고정 교환 비율(온스당 35달러)이 붕괴할 수밖에 없었다. 미국은 패권을 지키려면 달러를 계속 찍어 내야 했고, 달러의 신뢰를 유지하려면 발행을 줄여야 하는 모순에 빠진 것이다. 이는 훗날 브레튼우즈 체제 붕괴와 닉슨 쇼크로 이어지는 근본적 딜레마의 씨앗이 되었다.

브레튼우즈 체제를 무너뜨린 닉슨 쇼크의 배경은 트리핀이 지적한 대로, 달러가 소비와 신용을 동시에 유지할 수 없다는 구조적 모순에 있었다. 미국은 기축통화국으로서 세계에 달러를 끊임없이 공급해야 했지만, 그 과정에서 달러에 대한 신뢰는 점점 약해졌다. 이 모순은 세 가지 구체적 양상으로 드러났다. 첫째, 달러가 국제무역의 기준 통화가 되면서 미국은 세계의 은행 역할을 떠맡게 되었다. 각국 중앙은행은 달러를 안전자

---

* 위대한 사회 정책은(great Society)는 1960년대 미국 대통령 린든 B. 존슨(Lyndon B. Johnson)이 추진한 국내 개혁 프로그램의 이름이다. 빈곤과 인종차별을 종식시키고 더 공정한 사회를 만들겠다는 목표로, 의료보험 제도(메디케어·메디케이드), 교육 투자 확대, 민권법 통과, 환경 보호 정책 등이 포함되었다. 이 정책은 미국 사회복지 제도의 기틀을 마련했지만, 동시에 베트남 전쟁 비용이 급증하면서 재정적 압박과 함께 한계를 드러냈다.

산으로 비축했고, 일본과 유럽은 저환율 정책을 활용해 미국 시장을 파고들었다. 달러는 해외로 쏟아져 나갔고, 미국은 무역적자와 재정적자라는 쌍둥이 적자에 시달리게 되었다. 둘째, 베트남 전쟁은 이 구조를 더욱 악화시켰다. 미국은 공산주의 확산을 막겠다는 명분으로 막대한 전비를 홀로 부담했지만, 동맹국들은 안보 우산에 기대면서 군사적 지원을 거의 내놓지 않았다. 그 결과 달러 유출과 재정적자는 동시에 눈덩이처럼 불어났다. 셋째, 미국이 제공한 안보를 등에 업은 일본과 독일은 국방비를 최소화하는 대신 경제 성장을 우선시했다. 특히 저환율 정책으로 수출 경쟁력을 높이며 미국 제조업을 잠식했다. 달러는 더 쏟아져 나갔고, 금과 달러의 고정 비율은 점점 흔들렸다. 결국 동맹국들은 보유 달러를 실제 금으로 교환해 가며 미국의 부담을 키웠다. 가장 상징적인 장면은 1965년 프랑스였다. 샤를 드골 대통령은 "미국은 종이조각을 내주고 금과 자원을 가져간다"고 직설적으로 비판하며, 해군 군함을 뉴욕에 보내 달러를 금으로 바꿔오게 했다.* 이는 단순한 제스처가 아니라, 달러 중심 체제에 대한 서유럽의 불만을 대변하는 행동이었다. 동맹국조차 달러를 신뢰하지 않게 되자, 미국은 마침내 금태환을 일방적으로 중단하는 길을 택했다. 1971년 닉슨 쇼크와 함께 브레튼우즈 체제는 종식되었고, 달러는 금과 분리된 종이화폐로 남았다. 세계는 변동환율**의 새로운 시대를 맞이하게 되었다.

---

* 1965년 프랑스의 샤를 드골 대통령은 미국이 과도하게 달러를 발행해 세계경제의 부담을 떠넘기고 있다고 비판하며, 달러 대신 금으로 결제하겠다는 방침을 밝혔다. 그는 프랑스 해군 군함을 뉴욕항에 보내 보유 달러를 금으로 바꾸게 했고, 실제로 수백 톤의 금을 파리로 가져왔다. 이 사건은 미국의 금 보유고를 빠르게 잠식시켰고, 달러의 신뢰성에 대한 국제적 의문을 키웠다. 이러한 압박은 결국 1971년 닉슨 대통령이 금태환을 중지하는 '닉슨 쇼크'로 이어지는 중요한 배경이 되었다.

** 변동 환율제는 통화 가치가 금이나 다른 통화에 고정되지 않고, 외환시장에서의 수요와 공

브레튼우즈 2기

1971년 닉슨 쇼크로 금태환이 중단되면서 브레튼우즈 체제는 사실상 붕괴했다. 달러는 더 이상 금으로 뒷받침되지 않는 단순한 신용화폐가 되었고, 미국의 패권은 흔들리는 듯 보였다. 달러의 신뢰가 무너지면 미국이 구축한 세계경제질서 전체가 동요할 수 있었다. 이 위기를 돌파하는 과정에서 전면에 등장한 인물이 바로 헨리 키신저*였다. 1973년 1차 오일쇼크는 닉슨 쇼크 이후의 미국에 또 다른 충격을 던졌다. 욤키푸르 전쟁**과 OPEC의 석유 금수 조치로 석유 가격은 4배 이상 폭등했고, 미국은 인플레이션과 경기침체가 동시에 일어나는 스태그플레이션에 빠졌다. 달러는 금으로도 보장되지 않고, 이제 석유마저 구하기 힘들어지자 세계는 달러의 몰락을 이야기하기 시작했다. 하지만 키신저는 위기 속에서 새로운 질서의 기회를 보았다. 그의 구상은 단순하면서도 전략적이었

급에 따라 결정되는 제도다. 1971년 닉슨 쇼크 이후 달러와 금의 태환이 중지되면서 주요 국가들이 이 제도로 전환했다. 환율은 시장 상황에 따라 매일 변동하기 때문에 무역과 금융 흐름에 민감하게 반응하며, 이는 세계 경제의 불확실성과 기회 모두를 동시에 확대시켰다.

* 헨리 키신저(Henry Kissinger, 1923~2023)는 미국의 외교관이자 정치학자로, 닉슨과 포드 행정부에서 국가안보보좌관과 국무장관을 지냈다. 그는 현실주의적 외교 전략으로 유명하며, 미·중 수교를 성사시켜 냉전 구도에 큰 변화를 일으켰다. 또한 베트남 전쟁 종전을 위한 파리 평화협정 협상에 관여해 노벨평화상을 받았으나, 동시에 라틴아메리카 군사정권 지원, 캄보디아 비밀 폭격 등 논란의 중심에 서기도 했다. 키신저는 20세기 후반 미국 외교를 상징하는 인물로 평가받는다.

** 욤키푸르 전쟁은 1973년 10월 6일, 이집트와 시리아가 이스라엘을 기습 공격하면서 시작된 제4차 중동전쟁이다. 유대인의 최대 명절인 '욤키푸르(속죄일)'에 맞춰 공격이 이뤄져 붙여진 이름이다. 전쟁 초기 아랍군이 우세했지만, 미국의 지원을 받은 이스라엘이 반격에 성공해 결국 휴전이 성립했다. 이 전쟁은 산유국들이 석유를 무기화해 가격을 급등시키는 '오일 쇼크'로 이어지며 전 세계 경제에도 큰 충격을 주었다.

다. 금이 아닌 석유를 달러와 연결시키는 것. 1970년대 중반, 미국은 사우디아라비아와 비밀 협상을 벌여 세 가지 합의를 이끌어 냈다. 첫째, 석유는 반드시 달러로만 거래한다. 둘째, 석유 판매로 축적된 막대한 달러(패트로달러)는 미국 국채와 금융시장에 재투자한다.* 셋째, 미국은 사우디 왕정을 군사적으로 보호한다. 이 협정은 단순한 외교적 거래가 아니라, 새로운 국제통화체제를 세운 사건이었다. OPEC 국가들이 석유를 팔아 얻은 달러를 다시 미국으로 되돌려 국채를 사들이면서, 미국은 적자 재정을 충당할 수 있게 되었고, 달러는 금이 아니라 석유와 미국 채권시장을 기초로 한 새로운 기축통화로 부활했다. 세계가 석유를 사기 위해 달러를 필요로 하는 한, 달러는 결코 무너질 수 없었다. 키신저의 구상은 곧 브레튼우즈 시즌 2였다. 이번에는 금이 아니라 석유와 군사적 보호가 달러의 신뢰를 떠받쳤다. 미국은 세계 경찰로서 산유국을 보호해 주고, 산유국은 달러를 지키는 새로운 기둥이 되었다. 이렇게 패트로달러 체제가 확립되면서, 달러 중심의 세계질서는 다시 안정 궤도에 올랐다.

　1970년대 세계경제는 석유라는 자원과 달러라는 화폐가 얽히며 새로운 질서를 맞이했다. 1979년의 제2차 오일쇼크는 이란 혁명과 이란-이라크 전쟁으로 석유 공급이 급격히 위축되면서 촉발되었다. 국제 유가는 순식간에 두 배 이상 치솟았고, 미국은 이미 경험한 스태그플레이션

---

* 오일쇼크 이후, 사우디아라비아는 막대한 달러 수익을 확보하면서 이 자본을 효과적으로 운용하려 했다. 여러 국가들이 사우디의 자본을 끌어들이려고 했지만, 환전 과정에서 자국 통화가치 유지 문제는 늘 부담이었다. 사우디에게 실제로 유리했던 건 미국 시장이었다. 미국은 사우디가 일반 공개 입찰 과정을 거치지 않고도 국채를 인수할 수 있는 "add-on" 방식 같은 특별 조치를 허용했고, 또한 사우디는 장기간에 걸쳐 대부분의 석유 거래를 사실상 달러로 가격을 책정하고 달러로 결제하는 관행을 유지해 왔다.

을 한층 더 심화해서 겪게 되었다. 물가는 치솟는데 경기는 침체되는, 전후 최대의 경제적 난제가 미국 앞에 놓였다. 이에 대응해 1979년 연준 의장으로 취임한 폴 볼커는 역사상 유례없는 고금리 정책을 단행했다. 1980~1981년, 정책금리는 20%에 육박했고, 이는 인플레이션을 진정시키는 데는 성공했지만, 미국 제조업과 노동계는 깊은 상처를 입었다. 동시에 달러 가치가 급등하면서 유럽과 일본 등 주요 교역국의 수출 경쟁력은 크게 훼손되었다. 이 불균형을 조정하기 위해 1985년 플라자합의*가 체결되었다. 미국, 일본, 서독, 프랑스, 영국은 달러 가치를 인위적으로 절하하고, 엔화와 마르크화를 절상하기로 합의했다. 이는 단순한 환율 합의가 아니었다. 미국의 과도한 소비와 무역적자를 세계가 함께 떠안는 구조였음을 보여 준 사건이었다. 그러나 균형을 회복하기 위한 조치는 또 다른 불안을 낳았다. 강제적인 환율 조정은 금융시장의 불확실성을 키웠고, 그 후폭풍은 1987년 블랙먼데이로 드러났다. 10월 19일, 미국 증시는 하루 만에 22% 폭락했고, 세계 금융시장은 미국 소비와 금융 시스템에 과도하게 의존하고 있다는 사실을 다시 확인했다.

플라자합의 이후 일본은 전례 없는 길을 선택했다. 급격한 엔고로 수출 경쟁력이 약화되자, 일본 정부와 일본은행은 금리를 인하하고 대대적인 완화정책을 펼쳤다. 그 결과 1986년부터 1991년까지 일본은 역사상 가장 뜨거운 버블 경제를 경험했다. 부동산과 주식은 천정부지로 치솟았고,

---

* 플라자합의는 1985년 미국, 일본, 서독, 영국, 프랑스 등 주요 5개국(G5)이 뉴욕 플라자 호텔에 모여 체결한 국제 통화 협정이다. 당시 미국은 막대한 무역적자와 강달러 문제를 겪고 있었는데, 합의를 통해 달러 가치를 인위적으로 낮추고 엔화와 마르크화의 가치를 끌어올리기로 했다. 이 조치로 미국의 적자는 완화되었지만, 일본은 엔고(円高)로 인해 자산 버블이 형성되었다가 1990년대 초 거품 붕괴와 장기 불황으로 이어졌다.

"도쿄 도심의 땅값이 미국 전체보다 비싸다"는 말까지 나올 정도였다. 이른바 일본 모델은 곧 다른 아시아 국가들에게도 영향을 끼쳤다. 한국, 대만, 싱가포르, 홍콩 같은 신흥공업국들은 수출주도형, 저환율 전략을 채택하며 단기간 고도성장을 이뤘다. 그러나 이 모델은 구조적 모순을 안고 있었다. 세계 모든 국가가 수출을 늘리고 소비를 억제한다면, 수요를 떠받칠 누군가가 반드시 필요하다. 이전까지 그 역할은 미국이 맡았다. 구조는 간단했다. 아시아와 유럽은 저환율로 수출을 확대하고, 벌어들인 달러를 다시 미국 국채에 투자했다. 미국은 그 덕분에 완화정책을 유지할 수 있었고, 풀린 돈은 다시 소비로 이어졌다. 세계 자본주의의 성장은 미국 소비라는 불안정한 기둥 위에서 세워진 셈이었다. 자유무역이라는 이상은 사실상 환상에 가까웠고, 현실은 미국의 부채와 소비에 의존하는 불균형 구조였다. 1980년대 말, 그 불균형은 양쪽에서 동시에 흔들리기 시작했다. 먼저 일본의 버블이 꺼졌다. 1989년 닛케이 지수는 38,957포인트라는 정점을 찍었지만, 불과 3년 만에 절반 이하로 폭락했다. 부동산 값은 추락했고, 일본 경제는 잃어버린 10년이라는 긴 침체의 터널에 들어섰다.

거대한 세계의 또 다른 축인 소련 역시 같은 시기에 무너졌다. 고르바초프의 페레스트로이카는 체제를 구하기 위한 마지막 개혁이었지만, 오히려 내부의 모순을 드러내며 동유럽 위성국들의 이탈을 촉발했다. 소련의 붕괴는 정치적, 경제적 관점에서 보았을 때 여전히 가장 미스터리한 사건으로 남아 있다. 미국의 경제학자 폴 크루그먼*은 중국과 소련을

---

* 폴 크루그먼(Paul Krugman, 1953~)은 미국의 경제학자로, 2008년 노벨 경제학상을 수상했다. 그는 국제무역 이론과 경제지리학 연구로 잘 알려져 있으며, '신무역이론'을 통해 규모

비교하며 그 원인을 설명하고자 했다. 두 나라 모두 대기근을 겪었고, 전쟁과 사회적 혼란을 치렀다. 그러나 결과는 극명히 달랐다. 중국은 오늘날 미국과 패권을 다투는 강대국으로 부상했지만, 소련은 과거의 영광을 모두 잃고 역사 속으로 사라졌다. 크루그먼은 이 차이를 아시아 자본주의 국가들의 눈부신 성장에서 찾았다. 한국, 대만, 싱가포르 같은 나라들이 미국이 설계한 세계화의 질서에 편승하면서 오히려 소련보다 더 잘사는 나라로 변모했다는 사실이, 스스로 역사의 편에 있다고 믿었던 소련에 결정적 충격을 준 것이다.[4] 중국은 달랐다. 대기근과 문화대혁명, 천안문 사태까지 겪었음에도 불구하고, 덩샤오핑의 흑묘백묘론이 체제의 유연성을 열었다. "검은 고양이든, 흰 고양이든 쥐만 잘 잡으면 된다." 이 단순한 원칙은 이념보다 실용을 앞세웠고, 중국은 조용히 자본주의적 경제로 발걸음을 옮겼다. 그리고 미국이 만든 세계화에 편승하며 막대한 수혜를 누렸다. 결과적으로 중국은 살아남아 강대국으로 성장했고, 소련은 역사의 무대에서 퇴장했다.* 1991년 12월, 소련은 해체되었고 냉전은 종말을 고했다. 세계는 한쪽에서는 일본식 자본주의의 붕괴, 다른 한쪽에서는 소련식 사회주의의 몰락이라는 이중 충격을 동시에 겪었다. 그리고

의 경제와 시장 불완전 경쟁이 무역 패턴을 형성한다는 점을 밝혀냈다. 또한 대중에게는 뉴욕타임스 칼럼니스트로서 금융위기, 불평등, 글로벌 경제 문제를 날카롭게 비판하는 논객으로도 유명하다.

* 1970~80년대 중국의 개혁개방은 덩샤오핑의 실용주의 노선에서 비롯되었다. 그는 오스트리아 학파 경제학자인 프리드리히 하이에크의 조언을 받아, 중앙집권적 계획경제가 가진 한계를 인정하고 시장 원리를 부분적으로 수용했다. 등소평은 "일부가 먼저 부자가 되는 것(선부론, 先富論)이 나머지를 이끌어 모두가 잘사는 길"이라 주장하며, 농촌의 생산책임제와 경제특구 설치 등 개혁정책을 추진했다. 이러한 조치들은 중국을 폐쇄적 계획경제에서 점차 시장경제로 전환시키는 출발점이 되었고, 이후 세계화 속에서 중국 경제의 급격한 성장을 이끄는 토대가 되었다.

그 공백 위에서 미국은 단일 패권국으로 떠올랐다. 그러나 승리의 대가는 결코 가볍지 않았다. 세계경제는 더 깊은 불균형과 새로운 위기의 씨앗을 안은 채, 미국 중심의 질서로 재편되기 시작했다.

소련 붕괴와 맞물려 세계 경제의 판도는 또 한 번 바뀌었다. 앞서 언급했듯, 1978년 덩샤오핑의 개혁개방 선언 이후 중국은 1990년대 들어 본격적으로 세계경제와 연결되었다. 값싼 노동력과 거대한 생산능력은 중국을 세계의 공장으로 만들었고, 선진국들은 기꺼이 중국을 글로벌 공급망의 핵심에 편입시켰다. 이는 미국 소비와 달러 순환 구조를 더욱 공고히 하는 기반이 되었다. 하지만 동아시아는 곧 다른 위기를 맞았다. 1997년 아시아 외환위기가 그것이다. 태국에서 시작된 위기는 도미노처럼 번졌다. 고정환율제와 외자 의존 위에 세워진 태국 경제는 부동산 거품 붕괴와 달러 부족으로 무너졌고, 바트화 폭락은 투자자들의 공포를 자극했다. 자금은 순식간에 한국, 인도네시아, 말레이시아, 필리핀으로 빠져나갔다. 인도네시아 루피아는 한 해 만에 80% 폭락했고, 정권까지 무너졌다. 한국 역시 외환보유고가 바닥나 IMF 구제금융을 받으며 국가부도라는 치욕을 겪었다. 고도성장은 순식간에 외채 의존의 덫으로 변했다. 한편 중동에서는 또 다른 격랑이 일었다. 1990년 걸프전쟁은 단순한 지역 분쟁이 아니었다. 이라크의 쿠웨이트 침공에 맞서 미국이 주도한 다국적군은 단기간에 전쟁을 끝냈고, 그 과정은 석유 공급선과 패트로달러 체제를 지키려는 미국의 힘을 전 세계에 과시한 사건이었다. 중동 석유는 여전히 달러로만 거래되었고, 달러 패권은 다시 한번 공고히 다져졌다. 1998년에는 러시아가 또 한 번 세계를 흔들었다. 유가 폭락과 경제 침체, 부실한 재정 운영 속에서 러시아는 외채 상환을 중단하며 사실상 모라토리움[*]을 선언했다. 이 사태는 신흥국 전반에 대한 신뢰를 무너뜨렸고, 자본은 다시금 안전자산으로 몰려들었다. 역사의 역동적 사건 속에서 안전자산은 언제나 같았다. 일본의 거품 붕괴로 투자 매력이 사라지고, 소련은 해체되어 사라졌으며, 중국은 아직 미완의 신흥국이었고, 아시아는 외환위기로 휘청거렸다. 러시아조차 모라토리움으로 주저앉자, 전 세계 자금은 결국 미국 금융시장과 달러로 쏠릴 수밖에 없었다. 닉슨 쇼크로 끝난 줄 알았던 브레튼우즈 체제는 사실상 패트로달러 체제라는 새로운 옷을 입고 유지되었고, 소련 붕괴와 동구권 해방은 미국이 세계 경찰로 더 많은 역할을 맡도록 만들었다. 달러는 여전히 세계경제의 중심축이었고, 미국 패권은 위기 속에서 더욱 공고해졌다.

---

* 러시아 모라토리움은 1998년 러시아 정부가 외환위기 속에서 채무 상환을 유예(모라토리움)한다고 선언한 사건을 가리킨다. 당시 러시아는 유가 하락과 재정적자, 루블화 투매로 국가 부도가 현실화되자, 루블화 평가절하와 국채 상환 중단을 발표했다. 이 조치로 금융시장이 큰 충격을 받았고, 미국의 헤지펀드 LTCM 위기로까지 이어졌다. 러시아 모라토리움은 신흥국 금융위기의 대표적 사례로, 국제 자본 이동의 불안정성을 보여 주는 사건이었다.

흔들리는 아메리칸드림

> 부자들의 생활에 부러움과 질투어린 눈길을 던지는 미국인은
> 한 명도 보지 못했다. 또 비록 현재의 삶이 곤궁할지라도 장밋
> 빛 미래를 꿈꾸지 않는 사람도 보지 못했다. … 부자가 되는 것
> 은 이들의 최고 목표이며, 미국을 규정하는 요소이다.
>
> ─알렉시스 토크빌─

브레튼우즈의 1기와 2기를 지나 이제 3기의 문턱에 서 있는 지금, 우리
는 지난 역사를 전지적 미국의 관점에서 되짚어 볼 필요가 있다. 미국의
시선으로 세계사를 읽어야만 오늘날의 질서를 온전히 이해할 수 있다.
미국이 패권국이 된 배경은 단순히 군사력이나 경제력만으로는 설명되
지 않는다. 두 대양으로 둘러싸인 안전한 영토, 풍부한 자원과 내수시장,
발달한 수로망* 같은 지정학적 조건 위에, 미국인 특유의 정신이 결합되
면서 패권의 씨앗이 싹텄다. 그 정신은 희망이었다. 유럽과 달리 미국에
는 왕도, 귀족도, 세습 계급도 존재하지 않았다. 권력과 출세를 상징하는
것은 오직 돈이었고, 돈을 번다면 누구든 개츠비가 될 수 있었다. 미국인
에게 부는 단순한 경제적 성취가 아니라 국가 정체성을 이루는 핵심 가치

---

* 미국의 국력 형성에서 가장 중요한 수로망은 미시시피강을 중심으로 한 내륙 수운 체계다.
미시시피강은 오하이오강·미주리강 등과 연결되어 북미 대륙의 곡창지대와 공업지대를 하
나로 묶었고, 저렴한 물류 비용으로 농산물과 원자재를 멕시코만까지 운송할 수 있게 했다.
이 강과 지류들, 그리고 19세기 건설된 이리 운하와 오대호 수로 체계는 미국이 유럽보다 훨
씬 넓은 영토를 효과적으로 통합하고, 내륙 자원을 세계 시장으로 쉽게 수출할 수 있는 기반
이 되었다. 이러한 수로망은 미국의 경제적 자립과 군사적 이동 능력 모두에 기여하며 국력
을 떠받치는 보이지 않는 토대였다.

였다. 누구나 재산을 가질 수 있고, 재산을 더 많이 가진 사람은 신분 상승에 제한이 없는 나라. 그것은 곧 국가가 사유재산을 인정하고 지켜 준다는 약속이었으며, 자유란 원하는 것을 소유할 권리이자 국가가 그 권리를 보장한다는 확신이었다. 바로 이 토대 위에서 미국은 개척과 독립, 정복과 내전을 거치며 성장했고, 두 차례 세계대전을 지나 마침내 세계 패권을 손에 쥐게 된다. 정확히 말하자면, 원하지 않았지만 마지못해 패권국의 자리를 수락한 것이다.

정리하자면 이렇다. 2차 세계대전이 끝나자 세계 질서는 완전히 새롭게 짜였다. 만약 전쟁 전과 같은 제국주의 체제가 이어졌다면, 미국은 영국처럼 대제국을 다스리는 길을 택했을 것이다. 그러나 미국은 그 길을 거부했다. 대신 달러를 기축통화로 삼아 새로운 국제질서를 설계하고, 해상무역의 자유와 안전을 보장하며 서유럽과 일본을 경제적으로 지원했다. 이는 제국의 지배가 아닌 동맹의 협력이라는 외피를 두른 새로운 패권이었다. 하지만 이 패권은 미국에게 일방적인 승리이자 동시에 무거운 책임이었다. 소련이라는 공동의 적이 존재하는 한 동맹국들은 미국의 보호 아래 묶여 있었지만, 미국이 자랑한 무기는 역설적으로 총과 군함이 아니라 달러였고, 바로 그 달러가 훗날 미국의 발목을 잡게 된다. 동맹국들은 미국의 보호와 지원 속에서 눈부신 경제 성장을 이루었다. 일본, 독일, 한국은 제조업 강국으로 부상했고, 미국의 소비시장은 그들의 제품을 끝없이 흡수했다.

그러나 번영의 그림자는 미국 내부에 불균형을 드리웠다. 공장은 문을 닫았고, 제조업 도시들은 러스트벨트*로 변했다. 학력과 기술이 없어도 누구나 안정된 일자리를 얻을 수 있던 시대는 막을 내렸다. 이때 미국 정부가 택할 수 있는 길은 두 가지였다. 하나는 교육 수준을 높이고 산업 경쟁력을 재건하는 어려운 길, 다른 하나는 금융 완화와 대출 확대, 부동산 공급을 통해 소비를 유지하는 쉬운 길이었다. 미국은 후자를 선택했다. 그 선택은 미국인들에게 당장의 풍요를 허락했지만, 점점 더 빚에 의존하는 허상 위의 번영을 낳았다. 21세기에 들어서면서 그 독은 본격적으로 돌아오기 시작했다. 달러 패권은 여전히 굳건했지만, 동맹국들의 경제력은 이제 미국의 경쟁자가 되었다. 한때 미국이 퍼준 지원은 오히려 그들의 무기가 되어 미국의 산업을 잠식했다. 제조업의 몰락은 단순한 경제 문제가 아니라 자유라는 국가적 토대 자체를 흔드는 균열이었다. 아메리칸 드림은 여전히 존재했지만, 이제 누구나 노력하면 성공할 수 있다는 믿음은 흔들리고 있다. 미국은 출신 성분보다 재산 규모가 신분과 상승을 결정하는 근대적 국가였다. 1830년대 미국을 여행했던 프랑스 귀족 정치학자 알렉시스 토크빌**은 이렇게 기록했다. "부자들의 생활에 부러

---

* 러스트벨트(Rust Belt)는 미국 북동부와 오대호 연안, 중서부 일부 지역을 가리키는 말로, 한때 철강·자동차·중공업의 중심지였으나 1970년대 이후 산업 쇠퇴와 해외 이전으로 몰락한 지역을 뜻한다. '러스트(rust, 녹)'라는 이름은 버려진 공장과 쇠락한 산업 도시의 이미지를 담고 있다. 디트로이트, 클리블랜드, 피츠버그 같은 도시들이 대표적 사례다. 러스트벨트의 몰락은 실업, 인구 유출, 도시 황폐화를 낳았으며, 이후 미국 정치에서 노동자 계층의 불만과 포퓰리즘의 토양이 되었다.

** 알렉시스 드 토크빌(Alexis de Tocqueville, 1805~1859)은 프랑스의 정치사상가이자 역사가로, 저서 《미국의 민주주의》에서 신생 미국 사회를 관찰하고 민주주의의 장점과 위험을 분석했다. 그는 평등을 향한 열망이 근대 사회의 거스를 수 없는 흐름임을 통찰했지만, 동시에 다수의 의견이 소수를 억압하는 '다수의 폭정' 가능성을 경고했다. 토크빌의 사상은 오늘날까지 민주주의의 본질과 한계를 논의할 때 중요한 참조점으로 남아 있다.

움과 질투어린 눈길을 던지는 미국인은 한 명도 보지 못했다. 또 비록 현재의 삶이 곤궁할지라도 장밋빛 미래를 꿈꾸지 않는 사람도 보지 못했다. … 부자가 되는 것은 이들의 최고 목표이며, 미국을 규정하는 요소이다."[5] 그러나 토크빌이 본 미국인의 낙관은 빚과 금융으로 연명하는 소비구조 속에서 점차 왜곡되었다. 자유를 약속하는 국가는 국민에게 빚을 내어 소비할 권리를 보장했지만, 그것은 근본적인 해법이 될 수 없었다. 미국이 택한 쉬운 길은 결국 자국 내부의 양극화와 사회적 불안정을 키웠고, 패권의 기반은 점점 더 취약해지고 있다. 미국의 패권은 두 대양과 풍부한 자원에서 비롯되었지만, 그 진짜 힘은 자유와 돈을 동일시하는 미국인들의 정신에서 나왔다. 그러나 바로 그 정신이 끝없는 경쟁과 소비, 금융 의존으로 이어지며 독이 되어 돌아오고 있다. 세계는 여전히 미국 달러를 기축통화로 쓰고, 미국은 여전히 해상무역의 수호자이지만, 브레튼우즈 3기를 맞이하는 지금, 패권의 기반은 과거보다 훨씬 불안정하다.

분열의 시대

얼마 전 나는 시빌워: 분열의 시대라는 영화를 보았다. 미국이 네 개의 세력으로 갈라져 내전에 빠지는 디스토피아적 상상을 담은 작품이었다. 독재, 이념, 종교라는 깃발 아래 서로가 총부리를 겨누는 모습은 허구이지만, 동시에 현실적인 불안을 자극한다. 만약 실제로 미국에서 내전이 일어난다면 많은 이들은 전통적 백인 보수 세력과 진보주의 성향의 세력이 정면으로 충돌할 것이라 예상할 것이다. 이미 미국은 한 차례 남북전쟁을 치른 경험이 있다. 겉으로는 노예 해방 전쟁처럼 보였지만, 본질은 경제권을 둘러싼 남과 북의 이해관계였다. 인종 갈등이나 정치적 분열역시 언제든 내전의 불씨가 될 수 있다. 그러나 내가 생각하는 미국 내전의 진짜 가능성은 조금 다른 데 있다. 바로 경제적 문제다. 인종이나 정치적 갈등이 트리거가 될 수는 있겠지만, 그 뿌리에는 경제적 불평등이 자리한다. 실제로 1921년 오클라호마 털사에서 벌어진 인종 학살 사건*은 표면상 흑백 갈등이었으나, 실상은 흑인들이 경제적으로 성공하자 백인들의 분노와 질투가 폭발한 빈부 갈등이었다. 오늘날 미국도 크게 다르지 않다. 소득 불평등은 심화되고, 사회 이동성은 점점 더 좁아지고 있다. "노력하면 성공할 수 있다"는 아메리칸 드림은 점점 허상이 되어간다. 부

---

* 1921년 오클라호마주 털사에서는 미국 역사상 가장 참혹한 인종 학살 사건 가운데 하나가 일어났다. 당시 털사의 그린우드 지구는 '블랙 월스트리트'라 불릴 만큼 아프리카계 미국인들이 번영을 이루던 곳이었다. 그러나 백인 폭도들이 흑인 주민들을 공격하며 방화와 약탈을 벌였고, 수천 채의 건물이 불탔으며 수백 명이 사망하거나 실종되었다. 이 사건은 오랫동안 공식 기록에서 축소, 은폐되었지만, 오늘날에는 미국 인종차별의 뼈아픈 역사로 재조명되고 있다.

를 가진 소수가 점점 더 많은 것을 독점하고, 중산층이 몰락하는 과정에서 대중의 분노는 누적된다. 이 불만이 정치적, 인종적 대립과 맞물린다면, 그것이야말로 미국 사회를 분열시킬 가장 현실적인 내전의 불씨가 될수 있다.

20세기 중반까지 미국은 누구나 노력하면 중산층에 오를 수 있다는 '아메리칸 드림'으로 사회적 통합을 유지했다. 그러나 브레튼우즈 체제 아래에서 시작된 제조업의 쇠퇴와, 1970년대 이후 신자유주의와 세계화, 금융화, 그리고 주주이익 극대화의 논리는 안정적 일자리를 무너뜨렸다. 그 자리를 대신한 것은 불안정 노동과 채무 의존이었다. 정부는 대출 확대와 부동산 공급으로 소비를 유지하며 불만을 달래려 했지만, 결과적으로 부채와 자산 격차만 심화시켰다. 자유와 평등을 약속하던 국가는 역설적으로 불평등을 관리하는 체제가 되어 버린 것이다. 이 불평등은 단순한 소득 격차에 그치지 않았다. 정치적 양극화, 문화적 갈등, 인종 갈등과 결합되며 사회 전체를 분열시키는 균열선으로 작동했다. 백인 노동계급은 일자리 상실과 상대적 박탈감에 분노했고, 유색인종 공동체는 구조적 차별에 지쳤다. 보수와 진보의 격렬한 대립, 인종 문제라는 표면적 갈등 뒤에는 경제적 불평등이라는 동일한 균열이 자리하고 있었다. 이 지점을 다시 강조하는 이유는 단순하다. 미국의 현재를 이해하려면, 그 출발점이 된 브레튼우즈 체제를 반드시 짚어야 하기 때문이다. 1944년 브레튼우즈 협정은 단순한 전후 복구 협정이 아니었다. 미국이 세계 소비를 책임지고, 동맹국이 생산을 맡는 구조를 제도화한 것이었다. 유럽과 일본은 이 구조 속에서 재기의 기회를 잡았다. 마셜 플랜과 일본에 대한 전후 지원은 원조가 아니라 역할 분담의 설계였다. 동맹국은 의도적으로 화폐 가치를 낮추고 저임금을 유지해 수출 경쟁력을 극대화했고, 미국 시장은 그들의 상품으로 빠르게 잠식되었다. 일본은 자동차, 철강, 가전에서, 독일은 정밀 기계와 하이테크 제조업에서 두각을 나타냈다. 미국 제조업은 점점 경쟁력을 잃었고, 값비싼 미국산 제품은 설 자리를 잃어 갔다. 선진국이 하이테크 산업으로 이동하자, 단순 제조업은 아시아 신흥국으로 넘어갔다. 한국, 대만, 홍콩은 방직, 봉제, 조립 산업을 바탕으로 수출주도형 경제 모델을 정착시켰다. 결국 '수출 주도형 성장'은 브레튼 우즈 체제가 만들어 낸 세계의 표준 모델이 되었고, 그 대가는 미국 제조업의 쇠퇴와 불평등의 심화였다.

아시아 국가들이 성장하면서 점차 하이테크 산업에 진입하자, 세계 경제는 곧 세계화라는 거대한 물결에 휩싸였다. 1990년대에는 중국이 본격적으로 세계 경제에 편입했고, 동남아시아가 개방되었으며, 소련 붕괴 이후 동구권까지 시장경제로 전환했다. 이로써 미국 제조업은 사실상 전 세계 저임금 국가와의 경쟁에 내몰렸다. 이윤 극대화를 추구한 미국 대기업들은 공장을 해외로 이전했고, 본국 노동자들은 안정된 일자리를 잃었다. 미국 정부는 선택의 기로에 섰다. 교육과 재훈련을 통해 산업 경쟁력을 되살리는 어려운 길을 택할 수도 있었지만, 대신 금융 완화와 대출 확대, 부동산 공급으로 소비를 유지하는 쉬운 길을 선택했다. 달러 패권이라는 무기를 활용해 무제한적으로 돈을 발행하고, 국민들에게 부채를 통한 소비 권리를 부여한 것이다. 그 결과 미국 중산층은 점점 빚에 의존해 생활을 유지하는 구조로 전락했다. 서브프라임 모기지 사태는 그 구조가 어떤 허상 위에 세워져 있었는지를 드러낸 상징적 사건이었다. 정부와 금융 시스템은 집을 소유하는 것이 곧 희망이라 설득했지만,[*] 그것은 거품 위의 꿈에 불과했다. 브레튼우즈 체제의 1기는 유럽과 일본에 혜택을 안겨 주었다. 미국의 시장 개방과 지원 덕분에 그들은 빠르게 회복하고 성장할 수 있었다. 그러나 2기, 즉 닉슨 쇼크 이후 달러가 금본위제를 벗어난 시대에는 세계화와 신자유주의의 혜택이 아시아로 이동했다. 한국, 대만, 싱가포르 같은 신흥국들은 수출 지향 전략으로 고도 성장을 이뤘고, 중국은 WTO 가입 이후 세계의 공장으로 부상했다. 문제는, 세계가 얻은 혜택만큼 미국 내부의 균열은 깊어졌다는 점이었다.

　그러나 가장 큰 피해자는 미국의 중산층이었다. 이들은 임금 협상력을 잃었고, 안정된 제조업 일자리를 잃었다. 세계화 덕분에 값싼 소비재는 넘쳐났고 물가는 낮게 유지되었지만, 정작 일자리와 임금은 줄어들었다. 정부는 화폐 발행과 복지 정책으로 불만을 달래려 했으나, 그 대가는 점점 더 커져 갔다. 양극화는 단순한 소득 격차의 문제가 아니었다. 상위 1%는 전체 주식의 40%를, 상위 10%는 80%를 소유했다. 이들은 주주 이익 극대화의 가장 큰 수혜자였고, 미국 기업들은 단기 이익을 주주에게 돌려주는 구조에 매몰되었다. 그 결과 설비 투자와 제조업 기반 강화는 뒷전으로 밀리며, 미국 산업은 점점 더 취약해졌다. 자원은 무한하지 않다. 소수가 자원의 큰 몫을 차지하면 다수는 남은 몫을 두고 경쟁해야 한다. 그 과정에서 다수의 삶은 분열되고, 사회적 갈등은 증폭된다. 물론

---

[*] "국민 여러분이 무엇인가를 소유하게 된다면, 여러분은 우리나라 미래에 중요한 한 부분을 소유하게 되는 것이나 마찬가지입니다. 미국 국민의 주택 보유가 더 증대하면, 미국의 활기도 더 증대될 것이고, 더 많은 국민이 우리나라 미래의 중요한 부분을 함께 공유할 수 있게 될 것입니다."

-조지부시 대통령-

다수의 미국인들은 과거보다 더 많은 소비재를 누리며 물질적 풍요를 경험하고 있다. 그러나 그것은 진정한 유토피아가 아니었다. 무엇보다 중요한 것은 희망이었다. 아메리칸 드림, 즉 누구나 노력하면 성공할 수 있다는 믿음이 무너진 것이다. 바로 이 정신적 기반의 붕괴야말로 미국 사회가 직면한 가장 큰 위기였다. 불평등이 일정 수준을 넘어설 경우, 그것은 단순한 경제 문제가 아니라 국가 정체성의 붕괴로 이어진다. 이미 미국은 정치적으로 극단적 양극화에 빠졌고, 인종 갈등은 끊임없이 표출되고 있다. 그러나 이러한 갈등은 가면에 불과하다. 그 밑바닥에는 경제적 불평등이라는 뿌리가 놓여 있다. 이 균열이 극한으로 치닫게 되면, 폭동은 일상화되고 정치적 분열은 내전으로 발전할 수도 있다. 실제로 미국의 부자들은 이 위험을 직감하고 있다. 그들은 핵전쟁 대비라는 명분으로 벙커를 짓고, 뉴질랜드 같은 나라에 토지를 매입하며 시민권을 확보한다. 이는 단순한 과잉 대비가 아니다. 내부 갈등이 국가의 존립 자체를 흔들 수 있다는 사실을, 그들 스스로가 가장 잘 알고 있기 때문이다.

브레튼우즈 체제는 세계 경제를 구했지만, 동시에 미국의 제조업을 갉아먹고 중산층을 붕괴시켰다. 세계화와 신자유주의는 아시아의 번영을 가져왔으나, 미국 내부에는 불평등이라는 폭탄을 남겼다. 이제 미국은 더 이상 과거처럼 자신감 있는 패권국이 아니다. 경제적 양극화와 사회적 분열은 패권의 토대를 약화시키고, 최악의 경우 내전이라는 시나리오로 이어질 수도 있다. 미국의 진짜 힘은 두 대양과 풍부한 자원에서 비롯된 것이 아니라, 아메리칸 드림이라는 정신적 기반에서 나왔다. 그러나 그 토대가 흔들리고 있다. 자유와 기회의 나라라는 정체성이 무너지는 순간, 미국은 더 이상 특별한 국가가 아니라 단순한 강대국 중 하나로 전락할 것이다. 브레튼우즈 체제는 세계의 번영을 설계했지만, 동시에 미국 몰락의 씨앗을 함께 뿌려 두었다. 우리가 지켜봐야 할 것은, 그 씨앗이 언젠가 내전이라는 결실을 맺을 것인가, 아니면 또 다른 새로운 질서로 전환될 것인가 하는 점이다.

13장

미국주의 세계관

브레튼우즈 3기의 서막

> 투자는 단순히 오늘의 이익을 위한 것이 아니라, 내일의 불확
> 실성에 맞서 생존하기 위한 것이다.
>
> −벤저민 그레이엄−

그럼에도 우리가 투자를 해야 하는 이유. 지금까지는 정작 이 질문에
직접적으로 답하지 않았다. 대신 나는 역사와 미국의 이야기로 멀리 돌
아왔다. 그러나 이는 의도적인 선택이었다. 단순히 몇 가지 이유를 목록
처럼 나열하는 방식으로는 결코 충분하지 않다고 생각했기 때문이다. 투
자가 왜 필요한가라는 문제는 단순한 실용적 선택지가 아니라, 한 사람
의 세계관과 태도에 닿아 있는 본질적 질문이다. 그래서 나는 내가 어떻
게 전업투자가 되었는지, 그리고 설령 전업이 아니더라도 왜 투자를 결코
놓아서는 안 된다고 생각하는지를 '과정'으로 보여 주려 했다. 사실 투자

를 해야 하는 이유 자체는 이미 수없이 많다. 나보다 더 설득력 있게 정리한 책과 강연도 넘쳐난다. 오히려 나의 이야기는 덜 공감될지도 모른다. 그럼에도 불구하고 나는 내 과정을 이야기해야 한다고 느낀다. 왜냐하면 나를 투자자로 만든 힘은 단 하나의 결정적 계기나 사건이 아니라, 오랜 시간 동안 겹겹이 쌓여 온 경험과 사고, 그리고 그 과정에서 얻은 통찰이기 때문이다. 퍼즐을 맞출 때 처음에는 그림이 보이지 않는다. 흩어진 조각들은 그저 제각각의 색과 모양일 뿐이다. 그러나 어느 순간부터 조각들이 제자리를 찾고, 윤곽이 드러나며, 마침내 하나의 그림이 완성된다. 나의 투자 여정도 그와 같았다. 어린 시절의 작은 원망, 사회 구조에 대한 문제의식, 책에서 배운 사유의 흔적, 시장에서 맞닥뜨린 두려움과 의심, 그리고 실패와 반성까지. 이 모든 것들이 맞물려 지금의 세계관을 형성했고, 그것이 곧 투자자로서의 나를 만들었다. 따라서 이 장에서 내가 하고 싶은 이야기는 단순한 교훈이나 정답이 아니다. 오히려 나는 지금껏 돌아온 긴 여정을 통해, 독자와 함께 "왜 우리는 반드시 투자해야 하는가"라는 질문에 다가가고자 한다. 서론은 충분히 길었다. 이제부터, 그 본론을 시작하려 한다.

　2017년 1월 20일, 도널드 트럼프가 미국 대통령에 취임했다. 그의 첫 임기를 규정한 두 가지 핵심 의제는 불법 이민 문제와 중국과의 무역전쟁이었다. 겉으로는 별개처럼 보이지만, 그 뿌리는 같았다. 트럼프는 값싼 노동력을 제공하는 불법 체류자와 이민자들이 미국인의 일자리를 빼앗고 있다고 믿었다. 범죄 문제는 부차적 논점이었을 뿐이다. 마찬가지로 무역전쟁 역시 같은 맥락에서 출발했다. 그는 오래전부터 미국이 자유무역이라는 이름 아래 불공정한 교환을 강요받았다고 주장했고, 그 최대 수혜자가 중국이라고 확신했다. 따라서 대통령이 된 그는 미국 내 일자리 보호와 무역 질서 재편에 총력을 기울였다. 그러나 팬데믹과 국내외 변수가 겹치며 그의 계획은 완전히 추진되지 못했다. 결국 트럼프는 재선에 실패했지만, 2025년 1월 20일 다시 백악관에 입성했다. 이번에는 1기에서 멈추었던 정책들을 더 노골적이고 극단적인 형태로 밀어붙였다. 그 결과만 본다면 재앙처럼 보이고, 아무런 맥락 없이 사건만 접한 사람에게는 충격적으로 다가온다. 하지만 그의 태도 자체는 변한 것이 아니었다. 트럼프는 일관되게 미국 내 일자리 보호와 불공정 무역 시정이라는 자신의 세계관을 밀고 나갔다. 물론 그가 선택한 방법은 권위주의적이고 민주주의적 절차와 자주 충돌한다. 나는 대한민국 국민으로서 그의 정책을 지지하기 어렵다. 그러나 최소한 왜 그런 정책들이 쏟아져 나오는지, 그 내적 근거만큼은 이해할 수 있다. 그것은 단순한 돌발적 변덕이 아니라, 처음부터 끝까지 이어진 그의 세계관의 표현이었다.

트럼프의 정책은 단순한 포퓰리즘이나 개인의 정치적 구호가 아니다. 그것은 미국이 20세기 중반부터 유지해 온 국제 질서, 곧 브레튼우즈 체제의 손익 계산서를 다시 쓰려는 시도였다. 브레튼우즈 1기와 2기 동안 미국은 패권국으로서 시장을 개방하고 동맹국을 지원하며 해상 무역로를 지키는 등 세계 안정의 책임을 떠안았다. 그 대가로 달러 패권이라는 특혜를 누렸지만 동시에 제조업 기반은 유럽과 아시아에 잠식되었고 중산층은 일자리를 잃었다. 트럼프가 되돌리고자 한 것은 바로 이 손해였다. 미국 내부가 점점 썩어 가고 있다는 자각, 불평등과 양극화가 사회를 분열시키고 있다는 위기의식이 트럼프즘의 토양이 되었다. 아이러니하게도 트럼프 자신은 양극화 시대의 최대 수혜자 중 한 명이었다. 그러나 그가 본질적으로 걱정한 것은 소수가 부를 독점하는 현실이 아니라, 그로 인해 미국 사회 전체가 붕괴할 수 있다는 점이었다. 그래서 그는 단순한 결론을 내렸다. 미국은 더 이상 세계의 경찰이 될 필요가 없으며, 패권국으로서 손해를 감수하며 동맹국을 지원할 이유도 없다. 권위와 특혜는 유지하되 비용은 동맹국이 지불해야 한다는 것이다.

그가 관세를 무기로 삼은 것도 단순한 협상 전술이 아니었다. 미국 제조업을 무너뜨린 진짜 원인, 즉 해외 국가들의 낮은 임금과 저환율 정책, 그리고 하이테크 기술 집중을 무너뜨리기 위한 압박이었다. 자유무역이라는 이름 아래 고착된 불공정 구조를 바로잡는 것이 목적이었다. 그는 수출 지향 국가들에게 선택을 강요했다. 미국에 직접 투자해 공장을 세우거나, 그렇지 않으면 관세 부담으로 제품 가격이 올라가도록 만들겠다는 것이다. 안보 또한 그의 중요한 카드였다. 유럽과 아시아 국가는 미국의 군사력에 의존해 왔고, 특히 해상 무역로의 보호는 미국만이 제공할 수 있는 치명적인 지렛대였다. 만약 미국이 바다를 지켜 주지 않는다면, 수출 의존 국가들은 자국 해군에 막대한 비용을 들여야 하고, 이는 수출 구조 자체를 흔드는 결과를 낳는다. 트럼프는 이 현실을 활용해 "보호는 제공하되 비용은 지불하라"고 요구했다. 쌍둥이 적자는 기축통화국의 숙명으로 여겨졌지만, 트럼프의 논리는 달랐다. 특혜는 유지하되 손해는 외부로 전가할 수 있다는 것이었다.

사실 트럼프의 이러한 세계관은 즉흥적인 것이 아니었다. 이미 1980년대부터 그는 일본과 독일이 미국 시장을 잠식하는 현실을 비판했고, 무역 구조의 불공정을 공론화했다. 대통령이 된 그는 그 오랜 문제의식을 현실 정책으로 밀어붙인 것이다. 따라서 트럼프의 정책은 단순한 국내 포풀리즘이 아니라 브레튼우즈 3기의 서막이었다. 이 새로운 체제에서 미국은 브레튼우즈 1·2기에서 얻은 특혜를 유지하면서도, 그동안 감내했던 손실을 외부로 되돌리려 한다. 제국주의적 세계관과 미국주의적 세계관이 결합해, 미국은 자국 이익을 최우선에 두면서도 패권의 지위를 지켜내려는 것이다. 다른 나라들이 힘을 합쳐 미국을 몰아낼 수 있을까? 트럼프는 이에 대해 단호하게 반문한다. "팔려고만 하는 나라들끼리 힘을 합쳐서 무엇을 하겠는가." 수출 지향 국가들은 미국 시장에 의존하고 있으며, 이해관계가 충돌하기 때문에 미국을 위협할 연합을 만들기 어렵다. 결국 트럼프의 정책은 불평등과 양극화로 흔들리는 미국을 다시 세우려는 시도이자, 세계 질서를 근본적으로 재편하려는 선언이었다. 브레튼우즈 1·2기가 미국 패권을 공고히 했지만 내부 손실을 낳았다면, 브레튼우즈 3기는 그 손실을 외부로 전가하는 과정이었다.

물론 트럼프의 과감한 정책이 앞으로도 이어질지, 아니면 다음 정부에서 사라질지는 아직 알 수 없다. 그만큼 그의 행보는 논란도 많고 급진적이다. 그러나 분명한 점은, 트럼프 정부가 드러낸 미국의 방향에서 우리가 얻어야 할 교훈이다. 세상에 당연한 것도, 영원한 것도 없다는 사실이다. 과거에 우리를 성장시켰던 방법이 언젠가는 우리 발목을 잡을 수 있고, 더 이상 성장도 발전도 없는 세계관이 닥쳐올 수도 있다. 해방 이후 대한민국의 경제발전사가 미국의 직접적·간접적 영향 아래 이루어진 것은 부정할 수 없다. 그러나 그렇다고 해서 미국을 무조건적으로 찬양할 필요는 없다. 미국은 언제나 자국의 이익을 최우선에 두었고, 우리는 단지 그 세계관에 편승해 혜택을 누렸을 뿐이다. 문제는 이제 그 방식이 더 이상 통하지 않을 수도 있다는 점이다. 우리는 지난 세대 동안 삶의 질이 비약적으로 향상된 시대를 살았다. 그러나 인간은 본능적으로 안주하지 못하고 끝없는 발전을 추구한다. 만약 그 발전이 멈춰버린다면 어떻게 될까? 우리 세대는 역설적으로 '가장 평화로운 시대'를 살았던 세대로 기억될지도 모른다. 휴전 상태의 분단국가에 살면서도, 수차례의 도발과 지정학적 위협 속에서도 우리는 평화를 당연하게 여겼다. 하지만 이 평화는 영원할 수 없다. 다음 세대는 우리가 누린 평화를 당연한 것으로 여기지 않을 것이다. 우리가 당연하다고 믿는 많은 것들이, 그들에게는 당연하지 않게 될 수도 있다. 바로 그 지점에서, 우리가 그럼에도 불구하고 투자를 해야 하는 이유가 드러난다. 투자란 단순히 돈을 불리는 기술이 아니라, 변화와 불확실성 속에서 스스로를 지키는 태도이기 때문이다.

세계관 편승

인플레이션은 국민을 속이는 가장 교묘한 세금이다.

-밀턴 프리드먼-

어릴 적 나는 온갖 음모론에 심취해 있었다. 외계인이나 지구공동설, 심지어는 인간 지배층이 사실은 파충류 인간이라는 랩틸리언 같은 이야기까지, 세상에 존재하는 기묘한 상상들에 빠져들었다. 그 관심은 단순한 괴담에서 그치지 않고 정치와 경제로까지 확장되었다. 그중에서도 특히 마음을 사로잡은 것은 그림자 정부 음모론이었다. 세상 뒤편에서 보이지 않는 손이 세계를 지배한다는 서사, 그것은 이미 널리 알려진 이야기였고 나 역시 빠져들지 않을 수 없었다. 그 연장선에서 접한 것이 로스차일드 가문에 얽힌 이야기였다. 이 가문에 대한 음모론은 단순한 허구라기보다, 실제 역사적 사실 위에 허구가 덧칠된 형태였다. 유럽 금융의 근간을 장악했다는 서사, 영국 국채를 장악했다는 이야기, 세계의 부를 보이지 않게 조종한다는 전설 같은 이야기들. 나는 막연히 '나도 저 가문의 일원이 되고 싶다'고 생각하기까지 했다. 터무니없는 망상처럼 보였지만, 그 생각이 전혀 허무맹랑한 것만은 아니라는 사실을 세계관을 인지하면서 깨달았다.

역사 속 부호들의 성공을 돌아보면, 개인적 능력과 선택도 있었지만 더 근본적으로는 시대적 배경과 우연, 그리고 생존자 편향이 작동했다. 수많은 실패자들의 이야기는 사라지고, 극소수의 성공만이 영웅담처럼 남은 것이다. 그러나 내가 주목한 것은 화려한 성공담 자체가 아니었다. 그 밑

바탕에 깔린 변하지 않는 구조, 곧 '부가 끊임없이 불어날 수밖에 없었던 조건'이었다. 로스차일드 가문이 채권 시장과 은행 시스템을 장악했다는 사실보다, 그러한 금융 구조 자체가 부를 자기증식하게 만들었다는 점에 관심이 갔다. 시대가 원하는 경제사상은 계속 변해 왔다. 애덤 스미스는 개인의 이익 추구가 사회 전체의 부로 이어질 수 있다고 보았고, 리카도 는 비교우위를 통해 국제 무역의 상호 이익을 정당화했다. 마르크스는 자 본주의의 구조적 모순을 지적하며 계급투쟁과 공산주의를 대안으로 제시 했다. 케인즈는 대공황 속에서 정부의 적극적 개입을 주장했고, 하이에크 는 오히려 정부 개입이 시장을 왜곡한다며 자유주의를 옹호했다. 이처럼 스미스에서 하이에크까지, 시대마다 다른 해법이 등장했지만 공통적으로 드러난 사실이 있다. 어떤 사상 아래에서도 변하지 않는 법칙이 있었다.

그것은 바로 물가상승이다. 물가가 오른다는 것은 곧 화폐 가치가 하락 한다는 뜻이고, 이 현상은 왕정이든 공화정이든, 자본주의든 사회주의든, 심지어 독재 체제든 예외 없이 반복되었다. 화폐는 시간이 흐르며 가치 를 잃었고, 반대로 자산은 시간이 흐를수록 가치를 불려 왔다. 로스차일 드 가문이 간파한 것은 바로 이 단순하면서도 절대적인 진리였다. 사람 들은 은행가라 하면 곧 돈, 즉 화폐를 떠올리지만, 금융가는 사실상 화폐 를 쌓아 두지 않는다. 법이 정한 지급준비금*을 제외하면, 끊임없이 화폐 를 자산으로 전환한다.

---

* 지급준비금은 은행이 고객의 예금 인출 요구에 대비해 반드시 보유해야 하는 자금이다. 이 돈은 현금 형태로 은행 금고에 두거나, 중앙은행에 예치해 둔다. 지급준비금은 은행의 건전 성과 금융시스템 안정성을 지키는 안전판 역할을 하며, 지급준비율(예금 대비 의무 비율)에 따라 규모가 결정된다. 예를 들어 지급준비율이 10%라면, 은행은 100억 원 예금을 받았을 때 최소 10억 원을 지급준비금으로 보유해야 한다.

이해하기 쉽게 풀자면 다음 이야기가 도움이 된다. 흥부가 제비의 다리를 고쳐 주고 얻은 박 속에는 두 가지 보물이 들어 있었다. 하나는 당시 유통되던 주화인 상평통보가 가득 담긴 박이었고, 다른 하나는 기름진 땅이었다. 놀부는 흥부의 성공을 부러워 제비의 다리를 일부러 부러뜨려 억지로 박을 얻었지만, 그 안에서는 도깨비가 튀어나와 가진 것을 모두 빼앗아 버렸다. 가진 것을 잃고 난 뒤 흥부가 제안했다. "형님, 내가 얻은 두 개의 박 중 하나를 드리리다." 놀부는 고민 끝에 당장 쓸 수 있는 주화를 선택했고, 흥부는 땅을 택했다. 이후의 삶은 크게 달라졌다. 놀부는 얻은 돈을 펑펑 쓰며 호화롭게 살았지만, 화폐는 시간이 흐르며 가치가 떨어졌고 결국 아무 쓸모없는 금속 조각이 되고 말았다. 그의 후손은 가난에 허덕였다. 반면 흥부는 땅에서 농사를 지어 곡식을 거두고, 그 땅을 후손에게 물려주었다. 세월이 흐를수록 땅의 가치는 더욱 높아졌고, 흥부의 후손은 안정적인 삶을 누릴 수 있었다. 이 이야기 속 교훈은 단순하다. 화폐는 시간이 지나면 반드시 가치가 하락한다. 이것이 바로 인플레이션의 법칙이다. 반면 자산, 특히 땅과 같은 실체 자산은 희소성과 필요성 덕분에 시간이 흐를수록 가치가 상승한다. 로스차일드와 같은 금융 명가가 대대로 부를 유지할 수 있었던 비밀도 여기에 있었다. 그들은 화폐를 단순히 쌓아 두지 않았고, 끊임없이 자산으로 전환했다. 반대로 몰락한 부호들의 특징은 자산을 화폐로 바꾸는 데 있었다. 자산을 팔아 사치품과 소비재를 샀고, 감가상각과 낭비가 부를 소멸시켰다. 반면 여전히 권력을 유지하는 가문은 화폐를 자산으로 바꾸는 행위를 반복했다. 결국 우리는 로스차일드 가문의 일원이 될 수는 없지만, 그들이 보여 준 부의 증식 방식은 따라할 수 있다.

우리의 삶은 대부분 돈을 버는 데 집중되어 있다. 출근 시간을 기준으로 생활 리듬을 조정하고, 직장에 나가 노동을 바친다. 그러나 아무리 열심히 일해도 돈은 계속 사라진다. 물가상승이 눈에 보이지 않게 우리의 지갑을 갉아먹기 때문이다. 이 흐름을 막는 유일한 방법은 돈을 물가상승이 훔쳐갈 수 없는 자산으로 바꾸는 것이다. 투자는 화폐를 자산으로 전환하는 단순한 수단일 뿐이다. 하지만 많은 사람들은 그 반대로 생각한다. 투자를 돈을 만드는 도구로 여기고, 자산을 다시 돈으로 바꾸려 한다. 몰락한 부호와 여전히 세력을 유지하는 가문이 갈라지는 차이는 바로 여기에서 비롯된다. 이제 왜 브레튼우즈 3기의 이야기를 하다가 물가상승을 언급하는지 설명할 차례다. 내가 로스차일드 가문을 부러워하며 결국 발견한 것이 '화폐는 반드시 가치가 떨어진다'는 물가상승의 법칙이었듯이, 미국이 기존의 정책에서 벗어나 제국주의적 태도로 움직인다면 우리는 그 흐름에 대응할 방법을 찾아야 한다. 로스차일드와 내가 직접적으로 연결된 것은 없지만, 그들이 인플레이션이라는 불변의 조건 속에서 부를 증식했다면 나 역시 같은 조건을 활용할 수 있다. 마찬가지로, 미국이 자국의 이익을 위해 새로운 전략을 취한다면, 대한민국 국민으로서 나는 불리한 위치에 놓일 수밖에 없다. 그러나 동시에, 미국이 어떻게 이익을 챙기는지 이해할 수 있다면 그 이익의 일부를 공유할 길도 찾을 수 있다. 로스차일드의 방식이 그랬던 것처럼, 미국의 선택 속에서도 기회가 숨어 있다.

오늘날 미국은 쌍둥이 적자, 즉 재정적자와 무역적자를 해결하기 위해 다시 제국주의적 태도로 회귀하려 하고 있다. 그렇다면 기축통화국으로서 감당해야 한다고 여겨졌던 적자 문제에 왜 갑자기 민감해진 것일까?

단순히 국가 부채 때문이라고 보기에는 부족하다. 부채를 줄이는 과정에서 직접적인 이익을 얻는 사람은 많지 않기 때문이다. 근본적인 이유는 다른 곳에 있다. 트럼프가 왜 미국 무역을 불공정하다고 보고 이를 바로잡으려 했는지를 살펴보면 단서가 보인다. 그는 억만장자이자 기득권층에 속했지만, 동시에 양극화가 사회를 무너뜨린다는 위기의식을 품었다. 사실 오늘날의 불평등은 1980년대보다 훨씬 심각하다. 미국 정신의 핵심이었던 '아메리칸 드림'이 더 이상 작동하지 않는다는 불안이 커지고 있다. 억만장자들이 두려워하는 것은 자신의 부가 줄어드는 것이 아니라, 사회적 기반 자체가 붕괴되는 것이다. 부를 유지하기 위해서는 일정 부분 나눌 수밖에 없다. 화폐 가치의 관점에서 본다면, 자산 가격을 부양하거나 달러 패권을 유지하는 방식으로 분배를 연출하는 것은 비교적 쉬운 선택일 수 있다. 그러나 동시에 그들의 수익 구조만큼은 반드시 보호되어야 한다. 이 지점에서 미국은 다시 힘을 동원해 세계 질서를 재편하고, 내부 안정을 회복하려 한다. 미국이 안정을 유지한다면 돈만 있으면 계층 이동이 가능하다는 아메리칸 드림은 유지될 수 있고, 이는 곧 기득권층의 수익 구조를 지켜 주는 기반이 된다.

투자자 제임스 몬티어는 양극화의 근본 원인을 극단적인 주주 친화 정책에서 찾으며, 고객이자 기득권층을 향해 이렇게 직설적으로 말했다. "불평등이 심화되는 이유는 당신들과 같은 특정 개인들이 주가 상승을 통해 과도한 이익을 가져가고 있기 때문이다."

주가 상승이 양극화를 어떻게 심화시켰는지를 이해하기 위해서는 먼저 미국 자본주의의 구조적 변화를 살펴야 한다. 브레튼우즈 체제를 통해 달러가 기축통화로 자리 잡자 각국은 수출 주도 성장을 택했고, 벌어들인 달러를 비축하거나 미국 국채에 투자했다. 그 달러는 다시 미국으로 흘러 들어왔고, 저금리·디플레이션 기조 속에서 상대적으로 높은 수익률을 제공하는 미국 주식시장으로 쏠렸다. 이 과정에서 미국 대기업들은 생산기지를 해외로 이전해 값싼 노동력과 효율적인 공급망을 활용해 이윤을 극대화했다. 그러나 이는 본국 내 투자나 고용으로 이어지지 않았고, 벌어들인 이익은 자사주 매입과 배당 확대, 즉 주주가치 제고에 집중되었다. 노동자들의 몫은 줄어들고 자본 소득은 주주에게 집중되었다. 특히 상위 10%가 전체 주식의 90% 가까이를 보유한 구조 속에서, 주가 상승은 곧 부의 쏠림을 가속화했다. 하위 50%는 주식시장에 거의 참여하지 못했기에 주가 상승은 통계상의 번영일 뿐 삶의 개선으로 체감되지 않았다. 결과적으로 중산층은 붕괴하기 시작했다. 글로벌 노동력 유입으로 임금 협상력은 약화되었고, 임금은 수년째 정체됐다. 임금만으로는 계층 상승이 불가능하다는 좌절이 퍼지며 아메리칸 드림은 흔들렸다. 노력과 근면으로 성공할 수 있다는 믿음이 사라지자 사회적 분열과 정치적 극단주의가 고개를 들었다.

주가 상승은 불평등을 완화하기는커녕 오히려 심화시켰다. 달러 패권 체제가 만든 글로벌 자본 순환, 대기업의 주주 중심 경영, 그리고 불균등한 자산 보유 구조가 맞물리며 부의 집중 현상은 더 빠르게 진행됐다. 돈이 돈을 버는 구조 속에서 자산을 가진 소수는 기하급수적으로 부유해지고, 다수는 상대적으로 더 가난해졌다. 바로 이 지점에서 억만장자들이 느낀 공포가 드러난다. 그들의 두려움은 단순한 불평등이 아니라, 자신들의 부를 정당화하던 사회적 합의, 즉 아메리칸 드림의 붕괴였다. 따라서 미국은 쌍둥이 적자를 이유로 다시 제국주의적 태도를 취하며 세계 질서를 재편하고자 한다. 이는 단순한 변화가 아니라, 기득권층의 수익 구조를 지키기 위한 근본적 선택이다. 물론 한 국가의 경제 현상을 단순한 인과로만 설명할 수는 없다. 세계화, 기술 혁신, 정치적 선택 등 다양한 요인이 얽혀 있다. 그러나 주주 친화적인 주가 부양 정책이 양극화를 가속화했다는 사실만큼은 부정할 수 없다. 여기에서 나는 나름의 해법을 찾았다. 미국이 격변을 감수하는 이유는 아이러니하게도 현상 유지다. 겉으로는 변화와 혼란처럼 보이지만, 실제로는 자신들이 만든 금융자본주의 시스템을 지키기 위한 선택일 뿐이다. 그렇다면 우리 역시 자본의 흐름에 주목해야 한다. 가장 좋은 방법은 직접 미국에서 사업을 하는 것이겠지만, 현실적으로 이는 쉽지 않다. 많은 이들이 미국을 기회의 땅이라 말하며 스타트업을 꿈꾸지만, 이미 그 배후에는 대기업의 자본과 벤처캐피털이 촘촘히 자리 잡고 있다. 새로운 기업의 성공은 더 이상 부의 재편이 아니라 기존 자본의 자기증식 구조 속에서 작동한다. 이런 상황에서 우리가 택할 수 있는 길은 명확하다. 로스차일드 가문이 인플레이션이라는 불변의 법칙을 무기로 부를 축적했듯, 우리도 자본의 흐름에 올라타야 한다. 세계관을 인정한다면, 다음 단계는 선택이다. 혁명을 택할 것인가, 아니면 편승할 것인가? 나는 후자를 선택한다. 미국이 지키고자 하는 것이 금융자본주의라면, 우리는 그 시스템에 반드시 참여해야 한다. 다행히 지금은 국경의 장벽이 낮아진 시대다. 한국에 살더라도 클릭 몇 번이면 미국 기업에 투자할 수 있다. 따라서 미국 주식에 투자한다는 것은 단순히 돈을 벌기 위한 수단이 아니다. 그것은 세계관에 편승해 자산을 증식하는 생존 전략이다. 역사가 보여 주듯 흐름을 놓치는 자는 낙오한다. 우리가 그럼에도 불구하고 투자를 해야 하는 이유는 바로 여기에 있다. 물론 투자 대상이 반드시 미국 주식일 필요는 없다. 국내 기업이나 미국 이외의 국가 기업 주식도 자산이다. 중요한 것은 자산이 화폐와 다르다는 점이다. 소비나 화폐는 시간이 지나며 가치를 잃지만, 자산은 물가상승에도 불구하고 가치를 유지하거나 오히려 불려 나갈 수 있다. 결국 핵심은 자산을 보유하느냐의 문제다.

인플레이션 망령

> 부자와 가난한 사람들의 철학은 이렇다. 부자들은 돈을 투자하
> 고 남은 것을 쓴다. 가난한 사람들은 그들의 돈을 쓰고 남은 것
> 을 투자한다.
>
> −로버트 기요사키−

다시 로스차일드로 돌아가 보자. 그들에게서 배운 교훈은 단순했다. 화폐를 그대로 쥐고 있지 말고, 인플레이션이라는 흐름에 올라타라는 것이다. 이 원리는 특정 가문에만 적용되는 비밀이 아니라, 누구에게나 열려 있는 불변의 법칙이다. 그런데 앞서 나는 지난 30년간 세계가 디플레이션 기조에 있었다고 말한 바 있다. 인플레이션은 불변인데, 디플레이션이 동시에 존재했다는 말은 모순처럼 보인다. 사실 이는 '디플레이션'의 개념을 혼동해서 생긴 오해다. 지난 30년간의 디플레이션 기조란 물가가 실제로 하락했다는 뜻이 아니라, 물가 상승이 억제되어 상대적으로 낮게 유지되었다는 의미다. 다시 말해 인플레이션이 멈춘 것이 아니라, 단지 속도가 느려졌던 것이다. 문제는 앞으로다. 앞으로는 인플레이션이 더 가속화될 수 있다는 전망이 힘을 얻고 있다. 이를 이해하려면 왜 지난 30년간 물가가 억제될 수 있었는지부터 살펴야 한다. 경제학자 찰스 굿하트는 여기에 대해 설득력 있는 분석을 제시한다.

첫째, 신자유주의 정책의 확산이다. 규제 완화, 민영화, 노동 유연화가 동시에 진행되며 기업은 생산기지를 자유롭게 옮길 수 있었고, 노동조합의 교섭력은 약화되었다. 그 결과 임금 상승 압력은 크게 줄어들었다. 둘

째, 세계화의 본격화다. 관세 장벽이 낮아지고 공급망이 전 지구적으로 확장되면서 동일한 품질의 제품을 더 저렴하게 조달할 수 있었다. 가격 경쟁이 치열해지며 물가 상승은 억제되었다. 셋째, 중국의 WTO 가입이다. 수억 명의 값싼 노동력이 세계 경제에 편입되며 서방의 제조업이 대규모로 중국으로 이전했다. 이른바 '중국 충격'은 사실상 전 세계에 수입 물가 디플레를 공급했다. 넷째, 소련 붕괴와 동구권 개방이다. 구공산권의 자원과 노동력이 시장에 유입되면서 공급 측면이 더욱 두터워졌다. 다섯째, 여성의 노동시장 참여 확대다. 가계당 노동 공급이 늘어나며 임금 협상력이 약화되고, 총노동공급 증가는 물가 억제 요인으로 작용했다. 여섯째, 경상흑자 국가들의 달러 재투자다. 중국·일본·독일·한국 등은 벌어들인 달러를 미국 국채에 투자했고, 이는 장기금리를 낮추어 저금리 기조를 유지하게 했다. 저금리는 기업의 자본비용을 낮추고 가계의 금융 부담을 줄여 물가 상승 압력을 억제했다. 일곱째, 기술 혁신이다. IT 혁신과 전자상거래의 발달은 유통비용을 낮추고 가격 투명성을 강화해 기술 디플레라는 새로운 저물가 요인을 더했다.[6]

지난 30년간의 저물가는 단순한 우연이 아니었다. 세계화, 제도, 인구, 기술 혁신이 맞물리며 경제가 성장해도 물가는 낮게 유지될 수 있었다. 값싼 노동, 풍부한 자본, 낮은 금리, 효율적인 기술의 조합이 이를 가능하게 했다. 그러나 이것은 물가 상승을 멈춘 것이 아니라 단지 속도를 늦춘 것일 뿐이었다. 생활 속에서 체감은 분명했다. 1990년대에 몇백 원이던 자장면 값, 과자와 아이스크림 값은 꾸준히 올라 오늘날 몇 배가 되었다. 우리가 경험한 것은 저물가 시대였지, 결코 물가가 오르지 않는 시대가 아니었다. 찰스 굿하트[*]가 지적했듯, 앞으로의 30년은 정반대의 환경에 놓일 가능성이 크다. 고령화로 인한 인구부양비 악화는 노동인구를 줄이고, 임금 협상력을 높이며, 복지 지출을 늘린다. 이는 개인 저축률을 낮추고 공공 재정을 압박하며 구조적 인플레이션을 일으킨다. 동시에 중국은 더 이상 값싼 노동력을 세계에 공급할 수 없다. 지정학적 갈등과 신냉전 구도, 보호무역 강화로 서방은 중국을 글로벌 공장으로 의존하기 어렵게 되었고, 중국은 이미 기술과 인프라를 바탕으로 거대한 경쟁자가 되었다. 인도와 동남아, 아프리카가 대체지로 거론되지만, 인프라·정치·사회적 제약 때문에 중국을 완벽히 대체하기는 힘들다. 결과적으로 세계화의 역행, 공급망 재편, 인구 구조 변화는 물가를 끌어올리는 힘으로 작동할 것이다.

그렇다면 투자자에게 인플레이션은 무엇을 의미할까? 단면적으로 보면 중앙은행의 금리 인상으로 자산 가격을 압박하는 요인이다. 그러나 본질적으로 인플레이션은 자산을 가진 자에게 부의 증식 수단이 된다. 현금 가치는 매년 2~3%씩 떨어지지만 부동산, 주식, 원자재 같은 자산은 장기적으로 물가상승률을 초과해 오른다. 반대로 자산이 없는 노동자와 빈곤층은 실질임금이 줄어 삶의 질이 악화된다. 부채조차도 인플레이션 시대에는 일정 부분 유리하게 작용한다. 화폐가치가 하락하는 만큼 빚의 실질 부담이 줄어들기 때문이다. 다만 금리 상승으로 이자 비용이 늘 수

---

[*] 찰스 굿하트(Charles Goodhart, 1936~)는 영국의 경제학자이자 런던정경대(LSE) 명예교수로, 중앙은행과 통화정책 연구의 권위자다. 그는 특히 "지표가 목표가 되는 순간 그 지표는 유효성을 잃는다"는 굿하트의 법칙(Goodhart's Law)으로 유명하다. 최근에는 인구 구조 변화가 장기 저금리·저물가 시대를 끝내고 다시 인플레이션 압력을 높일 것이라는 주장을 펴며 주목받았다.

있으므로 균형 있는 관리가 필요하다.

결국 인플레이션은 불변의 법칙에 가깝다. 지난 30년간 세계화와 값싼 노동력이 그 속도를 늦추었을 뿐, 물가는 꾸준히 올라왔다. 자장면 값, 과자 값, 아이스크림 값이 증명하듯 우리의 삶은 이미 화폐가치 하락의 누적 위에 놓여 있다. 앞으로는 그 압력이 더욱 강해질 가능성이 크다. 인플레이션을 이해하는 자는 자산을 보유해 부를 지키고 늘리지만, 이해하지 못하는 자는 현금가치 하락에 갇힌다. 음모론 속 흑막으로 그려졌던 거대한 부자들이 사실상 인플레이션의 수혜자였다는 사실은 이를 설명한다. 투자자라면 같은 깨달음을 가져야 한다. 인플레이션은 두려움이 아니라 반드시 이용해야 할 흐름이다. 다가올 고질적 인플레이션의 시대, 자산에 올라타는 것이 유일한 대비책이다.

Part 4

투자 이야기

들어가며

  워렌 버핏은 종종 이런 비유를 든다. 당신이 원하는 차를 하나 고를 수 있는 기회가 주어진다. 단, 그 차는 평생 타야 한다는 조건이 붙는다면 어떻게 하겠는가? 누구나 오래 고민하고, 가능한 한 철저히 알아본 뒤에야 결정을 내릴 것이다. 버핏이 전하려는 메시지는 단순하다. 투자도 마찬가지라는 것이다. 만약 평생 단 열 개의 주식만 살 수 있다면, 우리는 지금 매수하려는 종목을 과연 그 명단에 올릴 수 있을지, 이미 보유한 주식을 끝까지 가져갈 수 있을지 스스로에게 진지하게 물어보게 된다.

  5장 아우라의 몰락에서 언급했듯, 거래의 편리함은 수익률을 보장하지 않는다. 오히려 쉽게 사고팔 수 있는 환경은 회전율을 높였고, 회전율이 높을수록 수익률은 낮아지는 결과로 이어졌다. 나는 1년에 다섯 종목도 거래하지 않는다. 내가 특별해서가 아니다. 많은 종목을 잘 알지도 못할 뿐더러, 회의주의적 관점에서 바라보면 매수할 만한 주식이 그리 많지 않기 때문이다. 지나고 보면 매수하지 않아 놓친 종목이 크게 오르는 경우가 훨씬 많았다. 그러나 주식투자에서 중요한 것은 열 번의 이익보다 단한 번의 실패를 막는 일이다. 성공할 때 크게 벌고, 실패할 때는 적게 잃는 것, 그것이 내가 추구하는 비아 네가티바의 철학이다. 서문에서도 말했지만 내가 가진 무기는 단순하다. 남들이 가지 않는 길을 가는 것. 그렇다고 무조건 반대로만 움직이는 청개구리식 투자는 아니다. 다수가 이기는 시기라면 기꺼이 다수에 속한다. 그러나 그런 시기는 짧고, 대부분의 경우 다수가 같은 방식으로 움직일수록 평균적인 수익률은 더 나빠진다. 그래서 나는 대중과 다른 길을 택한다.

이를 가능하게 하는 첫 번째 태도가 바로 '소버린 마인드'다. 스스로 생각하지 않은 투자는 실패해도 남는 것이 없다. 어디가 잘못됐는지 알 수 없기 때문이다. 다수를 따라가면 안 된다는 교훈은 얻을 수 있지만, 그것이 전부다. 반대로 스스로 생각하기 시작하면 시장을 보는 눈도 달라진다. 과거에는 남들이 좋다고 말하는 종목을 무의식적으로 따라 샀다가 근거 없는 매매로 이어지는 경우가 많았다. 그러나 직접 판단하기 시작하면서 거래 회전율은 눈에 띄게 줄었다. 물론 그만큼 많은 종목을 놓쳤지만, 비아 네가티바를 우선한다면 그 정도 손해는 반드시 감수해야 한다. 아니, 감수하지 않으면 안 된다.

소버린 마인드를 장착하기 위한 과정, 그리고 그것을 무기화하는 과정을 이 파트에서 소개하고자 한다. 꽤나 진지한 이야기가 되겠지만 어디까지나 정답이 아닌, 내가 시장에서 살아남는 과정에서 체득한 하나의 태도에 불과하다는 사실을 전제하고 읽어 주기를 바란다. 즉 이 글을 자신의 생각으로 읽어야 한다는 이야기다.

14장

불확실성 속 투자

우주를 바라보는 인간

"그래도 지구는 돈다."

−갈릴레오 갈릴레이−

밤하늘의 별을 처음 올려다본 것은 누구였을까? 선사시대 인류는 이미 머리 위에 펼쳐진 우주를 경이의 눈으로 바라보며, 그 신비한 움직임을 벽화에 새기기 시작했다. 별자리와 달, 태양의 흐름이 동굴의 바위에 정교하게 새겨졌다. 기원전 3천 년경 수메르 문명에서는 점토판 위에 행성과 별자리를 기록한 흔적이 발견되었고, 고대 중국과 이집트에서도 유사한 천체 관측의 기록들이 꾸준히 드러난다.[*] 기록이 남아 있지 않은 더

---

[*] 고대 중국과 이집트는 인류 역사상 가장 이른 시기의 천체 관측 기록을 남긴 문명으로 알려져 있다. 중국에서는 기원전 14세기 상(商) 왕조의 갑골문에 초신성, 일식, 혜성 등의 관측 기록이 남아 있으며, 특히 기원전 1054년에 폭발한 초신성은 송나라 시기의 상세한 기록으로도 전해진다. 이집트에서는 기원전 2000년경의 벽화와 파피루스 문서에 행성, 별자리, 특

먼 과거의 원시 인류조차도, 밤하늘을 바라보며 우주를 신성하고 불가사의한 존재로 인식했을 것이다. 인류가 이토록 오랫동안 밤하늘을 관측하고 기록해 온 이유는 단지 아름다운 풍경에 대한 호기심 때문만은 아니었다. 그 행위는 본질적으로, 예측할 수 없는 자연 속에서 살아남기 위한 생존의 본능에서 비롯된 필연적인 시도였다. 밤하늘의 움직임에서 계절의 변화나, 홍수와 가뭄 같은 자연재해의 징조를 읽어 내려는 노력은 초기 인류가 목숨을 걸고 감행한 치열한 생존 전략이기도 했다. 이러한 시도는 수렵에 의존하던 인류가 농경과 정착으로 나아가는 데 결정적인 전환점을 마련해 주었다. 그러나 자연은 언제나 불확실했고, 예측이 실패했을 때의 피해는 치명적이었다. 그로 인해 인류는 불확실성 속에서 생존을 시도하는 존재로 자리매김하게 되었으며, 이 불확실성과의 싸움은 이후 점성술, 종교, 과학 등으로 분화되어 계속된다. 하지만 인류는 이 불확실성 앞에서 결코 좌절하거나 물러서지 않았다. 오히려 더 정교한 관측과 분석을 통해, 자연의 법칙을 파악하고자 하는 노력을 이어 왔다. 기원전 6세기경, 그리스 철학자 탈레스는 최초로 일식을 예측함으로써 자연 현상도 일정한 패턴과 논리에 따라 움직일 수 있음을 시사했다. 피타고라스는 우주가 수학적 조화를 기반으로 구성되어 있다고 보았으며, 이는 후대의 과학적 우주관에 결정적인 영향을 미쳤다. 아리스토텔레스는 천동설을 통해 인간 중심적 세계관을 철학적으로 정립했고, 히파르코스*는 하늘의 별들을 하나하나 목록에 담으며, 밤하늘을 단순한 신화의 무대가 아닌 측정

히 시리우스의 주기적 출현을 중심으로 한 태양력 및 나일강 범람 주기 예측 기록이 남아 있다. 이러한 초기 천문학은 종교의식, 농경 주기, 왕조 통치와 밀접히 연결되었으며, 과학 이전의 과학으로서 인류 문명의 시간 개념과 우주 인식의 출발점이 되었다.

* 히파르코스(Hipparchus, 기원전 190년경~기원전 120년경)는 고대 그리스의 천문학자이자

과 분류의 대상으로 바꾸어 놓았다.

밤하늘을 향한 인류의 시선은, 르네상스라는 격동의 시기를 거치며 새로운 차원으로 도약했다. 코페르니쿠스는 《천구의 회전에 관하여》를 통해 지동설을 주장하며, 천동설 중심의 세계관을 비판적으로 재구성하였다. 이후 갈릴레오 갈릴레이는 인류 최초로 망원경*을 통해 천체를 직접 관측함으로써 과학적 방법론에 기초한 관측의 시대를 열었다. 그는 코페르니쿠스설을 지지하고, 목성의 위성과 달의 표면 등 다양한 천체 현상을 밝혀냈다. 그의 업적은 우주에 대한 인류의 이해를 확장시켰을 뿐 아니라, 자연 현상을 관찰과 증거에 기반하여 해석할 수 있다는 과학혁명의 시작을 알리는 신호탄이었다. 인류가 우주를 이해하고자 한 궁극의 동기는 지식에 대한 순수한 열망이 아니라, 예측 불가능한 세계 속에서 안정성을 확보하고자 하는 인간 본성에 있었다. 고대의 점성가는 별의 배열에서 운명을 읽어 내려 했고, 근대의 과학자는 그 별의 운동을 수학적 언어로 설

수학자로, 고대 천문학의 아버지로 불린다. 그는 최초로 별의 밝기를 1등급부터 6등급까지 체계화한 별자리 목록을 작성했고, 태양과 달의 운동을 정밀하게 분석하여 1년의 길이를 매우 정확하게 계산했다. 특히 그는 춘분점의 세차 운동을 발견한 인물로, 이는 지구 자전축이 아주 느리게 흔들리며 약 26,000년 주기로 회전한다는 사실을 의미한다. 히파르코스의 관측과 계산은 훗날 프톨레마이오스의 《알마게스트》에 결정적인 영향을 주었고, 중세 이슬람과 근대 유럽 천문학의 기초 자료로 활용되었다.

* 갈릴레오 갈릴레이(1564~1642)는 1609년, 네덜란드에서 발명된 초기 망원경의 원리를 바탕으로 이를 직접 개량하여 천체 관측용 망원경을 제작하였다. 이 망원경은 오늘날 "갈릴레이식 망원경" 또는 "굴절 망원경"으로 불리며, 볼록렌즈(대물렌즈)와 오목렌즈(접안렌즈)를 조합하여 멀리 있는 물체를 확대하는 방식이다. 갈릴레이는 이 망원경으로 달의 표면이 울퉁불퉁하다는 사실, 목성의 위성들(갈릴레이 위성), 금성의 위상 변화, 태양의 흑점 등을 관측했고, 이로써 당시 지배적이던 지구 중심 우주관(천동설)을 뒤흔드는 관측 증거를 제시했다. 그의 망원경은 과학사에서 관측 중심 과학 혁명의 서막을 열었다는 점에서 매우 중요한 의미를 가진다.

명하고 예측하려 했다. 형식은 달랐지만, 그 이면에는 불확실성의 세계를 통제 가능하게 만들고자 하는 인간의 본능적인 불안이 자리하고 있었다.

인간이 불확실성을 통제하려는 욕망은, 마침내 뉴턴의 고전 물리학에서 눈부신 결실을 맺는다. 뉴턴은 만유인력과 운동법칙*을 통해, 우주의 움직임이 수학으로 완벽하게 예측 가능하다는 사실을 증명했다. 이 순간, 오랫동안 인간을 괴롭혀 온 불확실성은 마침내 정복된 듯 보였다. 뉴턴이 묘사한 우주는 정교하게 조율된 톱니바퀴처럼 돌아가는 기계였고, 그는 이로써 기계론적 세계관의 문을 완전히 열어젖혔다. 뉴턴 이후의 시대, 자연뿐 아니라 인간 역시 일정한 조건에서 동일한 반응을 보이는 존재로 간주되기 시작했다. 만물이 법칙에 따라 움직인다면, 인간의 행동 또한 충분히 예측 가능하다고 여긴 것이다. 이처럼 인간마저 기계적 법칙의 지배를 받는 존재로 이해되던 시기, 사회의 핵심 가치는 '예측'과 '통제'로 수렴되었다. 예측 가능성은 곧 통제 가능성으로 이어졌고, 통제 가능성은 효율과 질서를 전제로 한 사회 운영의 전제조건이 되었다. 기계론적 세계관 속에서 가장 중요한 것은 언제나 예측이었다. 예측이 가능한 세계만이, 인간이 안심하고 살아갈 수 있는 세계였기 때문이며, 통치하고 체제를 유지하기에도 가장 알맞기 때문이다.

---

* 아이작 뉴턴(1643~1727)은 《프린키피아》(1687)에서 제시한 세 가지 운동법칙과 만유인력 법칙을 통해, 자연 현상이 일정한 수학적 법칙에 따라 움직인다는 세계관을 정립했다. 제1 법칙은 외부 힘이 작용하지 않는 한 물체는 정지하거나 등속도로 운동을 계속한다는 관성의 법칙, 제2법칙은 물체의 가속도가 힘에 비례하고 질량에 반비례한다는 F=ma의 법칙, 제3법칙은 모든 작용에는 크기와 방향이 같은 반작용이 따른다는 작용-반작용의 법칙이다. 이세 법칙은 세계를 예측 가능한 기계로 인식하게 만들었고, 기계론적 결정론의 철학적 기반이 되었다. 이후 자연과학뿐 아니라 경제학, 심리학, 사회학 등에도 영향을 주어 인간의 행동조차 법칙과 계산으로 설명할 수 있다는 믿음을 강화시켰다.

이해와 해석

> 교육의 목적은 순응이 아니라 자유로운 탐구다.
>
> -노엄 촘스키-

현대 교육은 기존의 체제를 유지하는 데는 매우 적합하다. 표준화된 평가 방식, 일률적인 교과 과정은 체제에 순응하며 질서 있게 작동하는 인재를 길러 내기에 효율적이다. 그러나 이러한 교육 방식은 인간으로 하여금 스스로 사유할 수 있는 능력을 약화시킨다. 체제를 위한 인재는 만들어질지 몰라도, 스스로 생각하는 인간은 점점 사라진다. 우리는 지금 무엇을 배우고 있는가? 지식과 지혜는 어떻게 다르며, 우리는 정말로 공부하는 법을 배우고 있는가? 가르치는 자는 이해를 말하지만, 시험은 외우는 자를 선별한다. 스스로 학습하는 법을 가르친다고 말하지만, 실제로는 정보를 주입하고 암기하도록 훈련하는 것이다. 자율학습이라 불리는 것도 대부분은 외형적인 자율에 불과하다. 진정한 자율학습은 단순한 암기를 넘어, 스스로 이해하고 해석할 수 있어야 한다.

지두 크리슈나무르티는 현대 교육제도가 우리를 순종적인 존재로 길러 내고 있다고 비판한다. 그는 이 제도가 외형적으로는 지식을 가르치지만, 실제로는 깊이 사고하지 못하는 기계적인 인간을 만든다고 지적한다. 이러한 교육은 우리 안에 불안함을 남기고, 창조적인 삶을 방해한다. 그는 진정한 교육이란, 개인이 두려움을 극복하고 자기 자신을 온전히 이해할 수 있도록 도와야 한다고 강조한다. 여기서 말하는 자기 이해란, 단지 자신을 관찰하는 수준이 아니라, 자신의 심리적 과정을 전체적으로 알아차리는 깊은 인식의 상태를 뜻한다. 크리슈나무르티는 자기 이해는 외부로부터의 단편적 지식이 아니라, 자기 자신에 대한 근원적인 성찰에서 비롯된다고 말하며, 모든 개인에게 가장 중요하고 시급한 과제는 바로 '삶을 통합적으로 이해하는 것'이라고 덧붙인다.[7]

자기 자신에 대해서 이해하기 위해서는 자신이 알고 있는 것이 어디에서 오는지 알 필요가 있는데 이때 중요한 개념이 2장에서 살펴봤던 전이해다. 읽기, 이해, 해석은 각각의 단계로 나뉘며, 이들 사이에는 분명한 차이가 존재한다. 같은 맥락에서, 공부했다와 이해했다는 사이에도 본질적인 간극이 있다. 안다는 것과 그것을 다룰 수 있다는 것은 다르다. 진짜 이해는 연결을 전제로 한다. 정보는 고립되면 아무 의미가 없다. 맥락 속에 놓이지 않은 지식은 모래 위에 쌓은 탑과 같다. 연결되지 않은 지식은 쓸모없고, 구조화되지 않은 지식은 유지되지 않는다. 이 차이를 가늠하는 좋은 방법은 다음과 같은 질문이다. "당신은 그 내용을 자유롭게 다룰 수 있는가?" 학습을 통한 정보의 습득은 흔한 일이다. 우리는 다양한 매체를 통해 매일 새로운 정보를 접한다. 하지만 정보를 알고 있다는 것과 그것을 설명하거나 재구성할 수 있다는 것은 다르다. 진정한 이해는 정보를 단순히 저장하는 것이 아니라, 그것을 맥락 안에 놓고, 다른 지식과 연결하며, 구조화된 사고 속에 통합하는 것이다. 연결되지 않은 지식은 쉽게 사라지고, 구조 없는 정보는 오래 머물지 않는다.

기억도 조각이 아니라 상호 연결된 네트워크다. 따라서 기존의 전이해가 많을수록, 새로운 정보는 더 많은 경로로 연결되며, 결과적으로 더 강한 신경회로가 형성된다. 반대로 고립된 정보는 쉽게 망각된다. 이런 관점에서 교육은 지식을 단순히 전달하는 것이 아니라, 기존 기억과 연결되도록 돕는 과정이어야 한다. 그러나 현대 교육은 여전히 정보의 양에 집중하며, 연결과 해석, 분류 능력을 충분히 길러 주지 못하고 있다. 지금의 교육은 여전히 얼마나 많이 알고 있는가에 집중한다. 그래서 우리는 많은 정보를 기억하지만, 그것을 분류하거나 해석하는 데는 익숙하지 않다. 이건 개인의 문제가 아니라, 시스템의 설계에서 비롯된 구조적 결과다. 교육은 정보를 전달하는 것이 아니다. 의미 있게 연결시키는 것이다. 연결 없는 기억은, 아무 의미가 없다. 기억은 맥락과의 상호작용 속에서 작동한다. 어떤 정보든 고립된 채 저장되지 않으며, 기존의 다양한 기억과 함께 연결되어 위치하게 된다. 이때 기억은 독립적인 데이터가 아니라, 다른 기억들과 동시에 활성화되는 네트워크 구조를 갖는다. 따라서 학습한 내용을 주제나 개념에 따라 적절히 분류하지 못한다면, 그 기억은 잘못된 맥락 속에 저장되고, 결국 소멸될 가능성이 높다. 이는 뉴런의 작동 방식과도 관련된다. 뉴런은 자주 활성화될수록 강화되며, 사용되지 않으면 약화되고 점차 사라진다. 따라서 적절한 연결이 이루어지지 않은 기억은 다시 호출될 기회를 상실하고, 기억 속에서 점차 흐려지고 침묵한다. 학습의 효과를 높이기 위해서는, 단순히 정보를 입력하는 것을 넘어, 그 정보를 적절한 위치에 배치하는 분류 작업이 필수적이다.

　진정으로 이해한 사람은 지식을 단순히 기억하는 데 그치지 않는다. 그는 배운 내용을 적절한 주제와 개념에 따라 분류하고, 유사한 개념들과 비교해 가며 정확한 위치에 놓는다. 이 과정이 뒤따를 때 비로소 이해했다는 말이 가능해진다. 더 나아가 그것을 타인에게 설명하거나 가르칠 수 있다면, 그 지식은 이제 해석된 것이 된다. 물리학자 리처드 파인만[*]은 이 과정을 네 단계로 정리했다. 첫째, 배우고자 하는 개념을 고른다. 둘째, 그것을 열두 살짜리 아이에게 설명한다. 셋째, 설명에서 부족한 부분을 찾아 다듬고 더 간결하게 만든다. 넷째, 그 내용을 정리해 자신의 기억 속에 저장한다. 이 네 단계는 단순한 암기를 넘어, 진정한 이해를 점검하는 도구였다. 아인슈타인 역시 "어린아이가 이해하지 못하는 이론은 무의미하다"고 말했다. 이해란 정보를 간단하고 명확하게 재구성할 수 있는 능력이다. 이 원칙은 과학뿐 아니라 투자에도 동일하게 적용된다. 마젤란 펀드를 운용했던 피터 린치는 "어린아이에게 설명할 수 없는 회사는 사지 말라"고 말했다. 복잡한 비즈니스는 이해의 적이며, 설명할 수 없다는 건 이해하지 못했다는 뜻이다.

　결국 투자란 이해의 영역이며, 이해란 곧 설명의 능력이다. 무언가를 남에게 가르칠 수 있다는 것은 단순히 지식을 전달하는 것이 아니다. 그것은 해당 내용을 자신의 생각으로 재해석해 냈다는 의미다. 여기서 말하는 자신의 생각이란 앞서 언급했던 전이해를 의미한다. 전이해는 단지 배경지식이 아니라, 새롭게 들어온 정보와 융합되어 그것을 분류하고 의미 있게 재구성하는 힘이다. 자신의 언어로 바꾸어 설명할 수 있는 사람만이 진짜 이해한 사람이다. 그리고 그렇게 재구성된 언어는 누군가에게 전달될 수 있을 때 비로소 지식은 살아 움직이기 시작한다.

---

[*] 리처드 파인만(Richard P. Feynman, 1918~1988)은 미국의 물리학자로, 양자전기역학을 발전시킨 공로로 1965년 노벨 물리학상을 수상했다. 복잡한 과학을 직관적이고 생생하게 설명하는 능력으로도 유명했으며, 《파인만의 물리학 강의》, 《파인만 씨, 농담도 잘하시네!》 같은 저서를 통해 대중과 활발히 소통했다. 맨해튼 프로젝트에도 참여했고, 챌린저호 폭발 원인 조사 위원으로 활약하는 등 20세기 과학사의 상징적 인물로 평가된다.

이러한 관점은 니콜라스 게오르게스쿠가 제시한 지식체계 이론과도 자연스럽게 이어진다. 그는 다양한 인류 공동체가 지식을 단순한 정보가 아닌 생존의 도구로 인식했다는 점에 주목했다. 지식은 환경을 이해하고 통제하는 수단이었고, 직접 겪지 않아도 타인의 경험을 배우는 방식이 훨씬 경제적이라는 사실을 인류는 직관적으로 깨달아 왔다. 시간도 없고 자원도 없는데, 경험으로만 배운다는 건 바보짓이다. 이는 곧 지식체계를 갖추지 못한 공동체는 생존에서 도태되었다는 의미다. 생존이라는 본능적 목표가 지식의 체계화를 강제했고, 결국 가장 먼저 체계를 갖춘 집단이 더 오래 살아남는 구조를 만들어 냈다. 게오르게스쿠는 지식의 기원을 기억에서 찾았다. 어떤 공동체든 누군가의 경험이 쌓여 지식이 되고, 그것은 우선 말과 기억을 통해 다음 세대로 전달된다. 기억력이 탁월한 이는 더 많은 지식을 보유하고, 그만큼 영향력도 커진다. 하지만 지식은 시간이 지날수록 늘어나기 마련이고, 결국 한 사람의 기억에 의존하는 데 한계가 드러난다. 이때 인류는 기억을 넘어서기 위한 도구를 만든다. 기록이다. 기록은 곧 문명의 시작이었고, 기록을 다루는 사람은 지식인의 자리를 차지한다. 그러나 기록은 축적만으로는 무의미하다. 아무리 많은 정보를 갖고 있어도, 필요할 때 꺼내지 못하면 그것은 죽은 지식이다. 결국 진짜 지식이란, 정보를 저장하는 능력이 아니라, 적절한 순간에 그것을 꺼내어 활용하는 힘이다.[8]

여기서 등장하는 것이 바로 분류다. 정보가 기록되고 축적되면서, 그것을 질서 있게 정리하고 필요할 때 정확히 찾아낼 수 있는 능력이 중요해졌다. 이때 분류는 단순한 정리 기술이 아니라, 정보를 조직하고 맥락에 따라 배치하는 지적 활동이 되었다. 지식인은 이제 단순히 많은 것을 아는 사람이 아니라, 아는 것을 제대로 배열하고 해석할 줄 아는 사람으로 정의되기 시작했다. 이해란 결국 분류의 정확성과도 연결된다. 그러나 분류는 영원히 유효하지 않다. 지식은 예측 가능한 선형 구조로 쌓이지 않기 때문이다. 정보의 양은 시간이 지날수록 기하급수적으로 증가하고, 특히 현대에 들어서 정보는 넘쳐 나는 것이 아니라 넘쳐흐르는 상태가 되었다. 인간의 뇌는 이 모든 정보를 감당할 수 없고, 축적만으로는 더 이상 지식이라 부를 수 없다. 이제 중요한 것은 얼마나 쌓았느냐가 아니라, 무엇을 남기고 어떻게 연결할지에 대한 문제다.

　너무 많은 것을 알고 있다는 착각은 언제나 문제가 된다. 지식을 쌓는 건 쉽다. 그러나 거기서 무엇을 버릴지는 아무도 가르쳐 주지 않기 때문이다. 이 지점에서 지식인의 자리를 대체하는 또 다른 능력이 요구된다. 그것은 추론이다. 추론은 단순한 지식의 나열이나 정리와는 전혀 다른 차원의 힘이다. 하나의 정보 A를 접했을 때, 그것을 바탕으로 B부터 Z까지 연쇄적으로 유추해 내는 능력은 지식의 확장을 넘어, 사고의 도약을 가능하게 한다. 암기나 기록, 심지어 잘 정리된 분류조차도 그 자체로는 새로운 지식을 만들어 내지 못한다. 분류는 단지 효율성을 높일 뿐이다. 하지만 추론은 제한된 정보에서 전혀 다른 차원의 통찰을 이끌어 낸다. 적은 것을 보고 많은 것을 아는 힘, 그것이 추론의 본질이며, 정보 과잉의 시대에 진짜 지식인을 결정짓는 기준이 된다. 같은 정보를 보고도 누군가는 미래를 보고, 누군가는 그저 주어진 것만 읽는다. 지식은 많지만 통찰은 적다. 이유는 간단하다. 추론이 사라졌기 때문이다. 한병철 철학자의 말을 인용하자면 서사의 위기인 셈이다.

　이러한 추론 능력은 앞서 언급한 해석의 단계와도 긴밀히 연결된다. 책을 읽고 해석한다는 것은 단순히 저자의 말을 되풀이하는 것이 아니라, 자신의 전이해와 충돌하고 융합시켜 새로운 의미의 구조를 재구성하는 과정이다. 해석은 곧 추론이고, 추론은 고차원의 사고다. 그렇다면 우리는 물어야 한다. 지금의 교육은 이 수준에 도달하고 있는가? 추론하고 해석하는 힘을 학생들에게 길러 주는가? 아니다. 질문조차 없다. 그저 외우고 맞히는 데 집중한다. 교육과 학습에 대한 정의는 다시 질문 되어야 한다. 교육은 무엇을 위한 것이며, 공부는 어떤 행위인가? 학습이란 암기의 반복이 아니라, 지식을 구조화하고 해석하며 자율적으로 사유하는 능력을 기르는 과정이라면, 우리는 지금의 교육 시스템이 그 본래 목적을 제대로 수행하고 있는지를 점검해야 한다. 이 성찰이 없다면 우리는 넘치는 정보 속에서도 얕은 사고로 살아가게 된다. 정보는 늘었지만 사유는 오히려 줄었다. 표준화된 교육 시스템은 많은 사람에게 같은 교육을 제공할 수는 있어도, 각자의 사유 능력을 키우는 데에는 분명한 한계를 지닌다. 생각하는 힘은 개별적이며 비표준화된 능력이다. 효율성과 통제에 특화된 교육은 그 지점에서 멈춘다. 시스템은 공장을 돌릴 수는 있지만 철학자를 만들지는 못한다. 투자에서 가장 위험한 건 무리와 함께 있는 안도감이다. 시장의 소음에 휩쓸려 다수가 움직이는 방향을 따라가는 것이 아니라, 그 소음 속에서도 멈춰 서서 스스로 사유할 수 있는 능력이다.

인간은 사회를 이루는 하나의 구성원이지만 동시에 독립된 존재다. 그러나 각자의 사유를 상실하면 사람은 쉽게 집단에 기대고 군중 속에서 안정을 찾는다. 귀스타브 르 봉은 혼자 있을 때는 교양인이지만 군중 속에서는 본능에 지배당한다고 말했다.[9] 교육이 사고를 억제하고 개별성을 누르는 방식으로 작동할 때, 우리는 개인으로 존재하기보다 집단의 일부로 전락하게 된다. 오늘날의 교육 시스템은 어쩌면 개인을 위한 것이 아니라 집단을 위한 설계일지도 모른다. 집단은 통제하기 쉬운 단위이며, 기계론적 세계관 속에서는 예측 가능한 존재가 더 바람직하게 여겨진다. 사유를 가르치지 않는 교육, 추론하지 않는 교육은 인간을 사고하는 존재가 아니라 체제의 부속품으로 만든다. 우리가 지금 어떤 지식 단계에 머물러 있는지를 묻는 이유는 여기에 있다. 교육이 단순히 기억과 분류에 멈춰 있는가, 아니면 해석과 추론이라는 고차원적 사고로 나아가고 있는가? 단순히 학습 방식의 문제가 아니라, 우리가 어떤 종류의 인간을, 어떤 사회를 만들고자 하느냐는 더 근본적인 문제임을 인식해야 한다.

물론 그렇다고 해서 현대 교육을 받지 않은 사람이 더 우수하다고 말하려는 것은 아니다. 토머스 에디슨처럼 학교 교육을 거의 받지 못하고도 위대한 발명가가 된 사람도 있고, 헨리 포드처럼 초등학교를 중퇴했지만 산업의 패러다임을 바꾼 인물도 있다. 스티브 잡스는 대학을 자퇴하고 애플과 픽사를 창업했고, 마크 트웨인은 정규 교육 없이도 미국 문학의 아버지라 불릴 만큼 깊은 통찰을 남겼다. 그러나 이들은 어디까지나 예외적인 사례이며, 통계적으로는 생존자 편향에 속한다. 실제로는 정규 교육을 받은 사람이 더 나은 기회를 가질 확률이 높고, 학력 수준과 소득 사이에는 유의미한 상관관계가 존재한다. 즉, 더 많이 배울수록 더 높은 소득을 얻을 가능성이 크다. 중요한 점은 이를 현대 교육시스템을 거부하라는 의미로 받아들이는 것이 아니라, 그 시스템이 가진 구조적 문제를 직시하고 의식적으로 보완해야 한다는 것이다. 특히 투자자라는 존재는 살아남기 위해 반드시 높은 가변성을 추구해야 한다. 정해진 틀만 따르기보다 다양한 가능성에 열려 있어야 하며, 필요하다면 시스템 밖에서 사고할 수 있어야 한다. 물론 이것은 교육 제도만의 문제가 아니다. 깊이 사유하고 논리적으로 추론하는 인간은 언제나 개인의 선택과 노력에서 비롯된다는 사실을 잊어서는 안 된다.

세계관에 저항하는 무기

> 우리가 결정해야 할 모든 것은 그런 순간에 우리가 무엇을 해
> 야 하는지 뿐이란다.
>
> $\qquad\qquad\qquad\qquad$ -간달프, 반지의 제왕 중에서-

기계론적 세계관 아래에서 설계된 현대 교육 시스템의 문제를 먼저 짚
고 넘어간 이유는 단순히 비판하려는 것이 아니다. 그보다는 학교에서
배울 수 없는 것들이 있고, 그걸 채우는 방식에 따라 어떤 투자자가 될지
갈리기 때문이다. 시스템의 한계를 모르면 평생 그 안에 갇힌다. 그래서
먼저 그것을 직시해야 했다. 나는 그 전제를 먼저 설명하기 위한 이야기
를 전개하고자 했다. 세계관의 한계를 초월하는 방식, 즉 인간 개인이 체
제 밖에서 어떻게 사고하고 성장할 수 있는가에 대해서는 앞서 간략히 언
급했지만, 본격적인 논의는 3장에서 이어질 예정이다. 따라서 지금 이 장
에서는 그보다 책을 통한 세계관에 저항하는 이야기를 중점으로 다룬다.
교육 시스템이 놓치고 있는 부분을 우리는 책이라는 도구를 통해 저항하
고 극복할 수 있다. 책을 통해 교육 시스템이 제공하지 못하는 사유의 가
능성을 회복할 수 있다.

이 책 전반에 걸쳐 일관되게 강조되는 주제 중 하나는 전문화된 분야의
전문가에 대한 맹신을 경계하는 태도다. 우리는 보통 전문가라 불리는
이들을 신뢰한다. 그들은 특정 분야에서 오랜 시간 교육을 받았고, 실제
로 능력을 증명해 온 사람들이다. 그러나 문제는 그들의 학습과 경험이
지나치게 세분화된 경로를 따라 이루어진다는 점에 있다. 지두 크리슈나

무르티는 세분화된 교육에 대해서 다음과 같이 말했다. "현대 문명이 우리의 삶을 너무나 많은 분야로 쪼개 놓아서, 특수한 기능이나 전문성을 습득하는 것 외에는 교육이 별로 의미가 없게 되었습니다."[10]

그들의 학문은 깊다. 그러나 깊이를 더할수록 시야는 좁아지고, 전문성은 커질수록 전체를 보는 눈은 약해진다. 결국 우리는 전문가의 말이라면 옳다고 믿지만, 그들이 보고 있는 것은 전체가 아닌 조각이라는 사실을 잊게 된다. 현대 교육시스템은 고학력으로 올라갈수록 더 전문화되고 세세한 분야로 이어진다. 아인슈타인은 이런 현실에 대해 다음과 같이 지적했다. "과학으로 증명된 사실의 영역이 엄청나게 확장되었고, 이론 지식은 모든 과학 분야에서 대단히 심오해졌다. 그러나 인간 지성이 이를 소화하는 능력에는 한계가 있다. 따라서 연구자의 관심은 점점 더 좁은 구역에 갇히게 된다. 더 심각한 것은, 이렇게 한 가지에만 전문화된 결과, 과학을 하나의 전체로서 거칠게나마 파악하면서 발전 속도를 따라잡는 것이 점점 힘들어지고 있다는 사실이다. 이렇게 되면 진정한 연구 정신은 훼손당할 수밖에 없다. 성서에 상징적으로 표현된 바벨탑 이야기와 유사한 상황이 벌어지고 있다."[11] 전문화가 깊어질수록 전체를 보는 능력은 약화된다. 깊게 파는 것은 중요하지만, 넓게 보는 시야 없이는 결국 맥락을 놓치게 된다. 그리고 투자는 언제나 전체적인 맥락을 읽는 싸움이다. 어느 한 분야에 특화된 전문지식만으로는 시장이라는 복잡한 시스템을 온전히 해석하기 어렵다. 주식 전문가도 여기에 포함된다. 그런 점에서, 책은 단일한 학문이나 기술을 넘어 다양한 관점과 논리를 융합해 사고의 폭을 넓혀 주는 가장 강력한 도구다. 따라서 이 장에서는 책이 어떤 방식으로 교육 시스템의 한계를 보완할 수 있는지, 그리고 우리가 어떻게 독서를 통해 전문가 중심의 편향된 시야를 극복할 수 있는지를 살펴볼 예정이다. 중요한 것은 특정 분야의 지식을 얼마나 잘 알고 있는가가 아니라, 다양한 지식과 관점을 어떻게 연결 짓고 통합하느냐는 점이다. 이 연결의 힘이야말로 진짜 투자자가 갖춰야 할 지적 자산이다.

전문화가 깊어질수록 전체를 보는 능력은 점점 약해진다. 한 분야를 깊게 파는 것은 중요하지만, 넓게 조망하는 시야가 없다면 결국 맥락을 놓치게 된다. 그리고 이 책에서 말하고자 함은 학문 그 자체가 아니라 투자라는 점을 잊어서는 안 된다. 투자는 언제나 맥락을 읽는 싸움이다. 시장은 복잡하고, 그 복잡성은 단일한 지식으로는 해석되지 않는다. 특정 분야의 전문성만으로는 시장이라는 유기적 시스템을 완전히 이해하기 어렵고, 당연한 이야기지만 주식 전문가도 이 문제에서 예외는 아니다. 그런 의미에서 책은 단순한 지식의 집합체를 넘는다. 책은 다양한 관점과 논리를 한데 엮어 사고의 지평을 넓혀 주는 가장 강력한 도구다. 이 장에서는 책이 어떻게 현재 교육 시스템의 한계를 보완할 수 있는지를 살펴볼 것이며, 더 나아가 우리가 독서를 통해 어떻게 전문가 중심의 좁은 시야를 넘어설 수 있는지를 이야기할 것이다. 결국 중요한 것은 얼마나 많이 아느냐가 아니라, 서로 다른 지식과 관점을 어떻게 연결하고 해석하느냐이며, 이 연결의 능력이야말로 진짜 투자자가 지녀야 할 본질적인 지적 자산이다.

통섭에 이르다

혹시 아이가 아끼는 장난감을 분해하는 것을 지켜본 적이 있는
가? 그리고는 조각들을 다시 원래대로 결합할 수 없다는 것을
깨닫고 우는 것을 본 적이 있는가? 실은 여기에 우리가 흔히 간
과하고 지나치는 중요한 비밀이 숨어 있다. 우리는 세계를 분
해해 놓고 그것을 어떻게 결합해야 할지 모르고 있는 것이다.
지난 세기 동안 우리는 수조 달러의 연구비를 들여 자연을 분
해해 왔지만 이제 우리가 앞으로 어떤 방향으로 나아가야 하는
것인지에 대해 조그마한 단서조차 갖고 있지 못하다는 것을 인
정해야만 한다. 물론 자연을 더더욱 잘게 분해해 가는 방법에
대해서는 잘 알고 있지만.

-앨버트 라슬로 바라바시, 링크[12] 중에서-

의사였던 에드워드 제너는 1796년, 농촌에 널리 퍼져 있던 한 가지 속
설에 주목했다. 소의 젖을 짜다가 우두*에 걸린 사람은 천연두에 걸리지
않는다는 이야기였다. 제너는 이 전해 내려오던 민간의 지식을 직접 실험
으로 검증하고자 했다. 그는 우두에 감염된 여성의 고름을 여덟 살 소년
의 피부에 주입한 뒤, 이후 천연두 바이러스를 접종했다. 결과는 놀라웠
다. 소년은 천연두에 감염되지 않았다. 이것이 인류 역사상 처음으로 발
견된 백신이었다. 그로부터 정확히 100년이 지난 1880년대, 파스퇴르는

---

* 우두는 소에서 발생하는 바이러스성 감염병으로, 인간에게 전염될 경우 피부에 국소적인 병
변을 유발하지만 비교적 경미하게 지나간다.

콜레라와 탄저병, 그리고 광견병에 대한 백신을 개발했다. 이때 그가 사용한 방식은 다름 아닌 에드워드 제너가 시도했던 방식과 같은 것이었다. 약독화된 병원체를 이용한 백신 개발. 파스퇴르는 제너의 발견에서 한 걸음 더 나아가 이를 체계화하고, 과학적 방식으로 정립했다. 그리고 이 원리는 오늘날까지도 백신 개발의 핵심 방식으로 널리 사용되고 있다.

그렇다면 자연스럽게 질문이 생긴다. 왜 제너가 발견한 이 강력한 방식은 그로부터 무려 100년이 지나서야 다시 사용됐을까? 제너가 이미 답을 보여 줬는데, 왜 누구도 그 방법을 이어받아 실험하거나 응용하지 않았을까? 그 답은 생각보다 단순하다. 당시 의학과 미생물학은 서로 완전히 분리된 분야였기 때문이다. 제너의 실험은 의학의 영역에서 이루어진 것이었고, 파스퇴르의 백신은 미생물학의 성과였다. 두 학문은 마치 서로 다른 대륙처럼 오랜 시간 동안 대화를 나누지 않았다. 지식은 있었지만, 연결이 없었다. 문제는 항상 그 틈에서 발생한다. 결국 이것은 학문 간 단절이 만들어 낸 공백이었다. 서로 다른 분야가 각자의 울타리 안에 머무르며 연결되지 못했고, 그로 인해 이미 존재하던 발견이 다음 단계로 이어지는 데는 무려 한 세기가 걸렸다. 제너의 실험은 정답에 가까웠지만, 그 정답을 해석하고 확장할 언어는 그 시대에 존재하지 않았다. 이 이야기는 단순한 과학사의 에피소드가 아니다. 오늘날에도 수많은 통찰과 가능성이 서로 다른 분야의 벽에 가로막혀, 여전히 연결되지 못한 채 방치되고 있을지 모른다. 그래서 중요한 것은 지식의 깊이만이 아니라 지식 사이의 연결이다. 그리고 이 연결의 힘이야말로 새로운 발견과 혁신을 가능하게 하는 가장 핵심적인 조건이다. 우리 투자자에게 정말 중요한 것은 학문 간의 연결이라는 거창한 담론 자체가 아니다. 중요한 것은 오히러 훨씬 실질적인 질문이다. 다양한 산업과 수많은 분야가 얽혀 있는 투자 환경 속에서, 우리는 이 연결의 문제를 어떻게 해결할 것인가? 그 이야기를 하고 싶다. 지식의 깊이보다 연결의 실천, 그것이 투자자에게 요구되는 사고의 방식이다.

책을 통해 투자에 통섭*을 가장 깊이 있게 녹여 낸 인물은 워렌 버핏의 오랜 파트너이자 스스로도 뛰어난 투자자였던 찰리 멍거다. 통섭이라는 개념은 흔히 학계에서 논의되는 주제지만, 그는 이 개념을 실제 투자 세계에 적용한 대표적인 인물이다. 찰리 멍거는 격자틀 모형**을 통해, 투자의 핵심은 하나의 분야에 갇히지 않고 다양한 지식과 관점을 유기적으로 연결하는 데 있다고 보았다. 그는 시장을 단순한 수치나 기술적 지표가 아닌, 하나의 유기적인 자연 생태계처럼 인식했다. 그래서 투자의 세계 역시 자연을 이해하듯 접근해야 한다고 여겼고, 심리학, 수학, 경제학, 생물학 등 여러 분야의 사고틀을 넘나들며 시장을 해석했다. 그의 관점은 전문성 그 자체보다 그것들을 연결하는 통찰이 투자자에게 더 중요한 자산이라는 사실을 일깨운다.

---

* 통섭(consilience)은 본래 《지식의 도약적 결합》을 의미하는 개념으로, 19세기 과학자 윌리엄 휘웰(William Whewell)이 처음 사용했으며, 이후 생물학자 에드워드 윌슨(E. O. Wilson)이 《통섭: 지식의 대통합》(1998)에서 이 개념을 본격적으로 재정립하였다. 윌슨은 자연과학, 인문학, 사회과학, 예술 등 분절된 학문들을 하나의 통합된 지식 체계로 연결해야 한다고 주장하며, 생물학과 진화론, 신경과학이 인간 문화와 도덕, 예술, 윤리까지 설명할 수 있다고 보았다. 통섭은 학문 간 경계를 넘어 복잡한 현실을 다학제적 시각으로 이해하려는 시도로, 현대 과학철학과 융합 인문학의 중요한 키워드로 자리 잡고 있다.

** 찰리 멍거(Charles T. Munger, 1924~2023)는 워런 버핏과 함께 버크셔 해서웨이를 이끈 투자자로, 격자틀 모형 사고법을 강조했다. 이는 한 가지 관점이나 전공 지식에만 의존하지 말고, 경제학, 심리학, 역사, 수학, 생물학 등 다양한 학문의 핵심 개념들을 격자틀처럼 엮어 사고의 틀을 만들라는 것이다. 멍거는 이렇게 다학제적 사고를 할 때 투자와 의사결정에서 편향을 줄이고 더 나은 통찰을 얻을 수 있다고 보았다.

자연에는 고립된 것이 없다. 모든 것은 연결되어 있으며, 생태계 안의 어떤 존재도 단절된 채로는 이해될 수 없다. 자연주의자 존 뮤어는 "어떤 것이든 따로 가려내려 해도, 결국 우주의 다른 모든 것과 묶여 있음을 알게 된다"고 말했다. 찰리 멍거는 바로 이 연결의 철학을 투자에 적용하려 했다. 그는 세상에 존재하는 수많은 학문과 논리를 서로 연결해 사고하기 위해 격자틀 모형을 적극적으로 활용했다. 그가 말한 모형이란 단 하나의 이론이나 틀이 아니라, 다양한 모형을 함께 갖추는 데 핵심이 있다. 이 개념을 전이해와 연결해 보면 단일한 모형만 가진 사람은 언제나 그 모형을 통해 세상을 해석하고, 결국 그 관점 안에 갇혀 현실을 왜곡하게 된다. 반면 복수의 모형을 갖춘 사람은 연결의 가치를 이해한다. 서로 다른 관점을 넘나들며 비교하고 통합하는 과정에서, 그는 세상을 더 입체적으로 바라보게 되고, 그렇게 스스로 사유할 줄 아는 존재로 성장하게 된다. 서로 다른 모형에서 공통된 맥락을 발견하게 되는 것이다. 하지만 현대 교육은 다르다. 수많은 과목을 배우지만, 그것을 연결하는 방법은 가르치지 않는다. 오히려 공부를 잘하고 학문을 깊이 파고드는 사람일수록, 더 좁은 분야로 들어가도록 설계된 시스템이다. 물론 하나의 분야를 깊이 있게 탐구하는 것은 중요하다. 그러나 투자자의 입장에서는 반드시 그렇지만은 않다는 것이 중요하다.

반도체 업계에 종사하는 전문가라고 해서 반드시 반도체 투자에 유리한 것은 아니다. 건설업에 몸담고 있는 사람이 건설주에 투자한다고 해서 더 나은 수익을 거둘 수 있는 것도 아니다. 투자자는 특정 산업에 대해 전문가 수준으로 알 필요는 없다. 중요한 것은, 그 산업을 어떻게 연결할 것인가다. 예를 들어 반도체에 투자한다고 할 때, 단지 반도체의 구조나 원리를 아는 것만으로는 부족하다. 그 산업의 역사와 과학적 개념, 상업적 활용과 경제적 파급 효과, 생산 과정의 특징과 산업 사이클의 흐름, 정부의 산업 정책과 보조금, 지정학적 리스크, 그리고 투자자 심리와 편향, 시장의 소음을 걸러 낼 수 있는 인지적 통찰까지 모두 하나의 구조 속에서 연결해 바라볼 수 있어야 한다. 이처럼 다양한 차원의 정보를 엮어 내는 능력이 있을 때, 투자자는 비로소 제대로 된 의사결정을 내릴 수 있다. 연결할 수 없는 정보는 결국 소음에 불과하다. 아무리 많은 정보를 알고 있어도, 그것들이 서로 엮이지 않는다면 판단의 기준이 되지 못한다. 그런 점에서 오히려 초심자의 행운이 더 그럴듯하게 보일 때가 있다. 초심자의 행운은 단지 운이 좋아서 이긴 게 아니라, 쓸데없는 정보에 방해받지 않았기 때문일 수도 있기 때문이다. 연결이 없는 지식은 방향 없는 움직임이고, 차라리 아무것도 모른 채 직관에 따른 선택이 더 나은 결과를 낳을 수도 있다는 의미다.

찰리 멍거는 이러한 연결을 가능하게 해 주는 가장 강력한 도구로 독서를 꼽는다. 그는 모든 것을 전문가처럼 알 필요는 없다고 말한다. 오히려 모든 것을 깊이 파고들려 할수록 하나의 모형조차 제대로 세우기 어려워질 수 있다고 경고했다. 각 학문에서 반드시 알아야 할 개념과 사고방식, 기초적인 원리만 익혀도 충분하다는 것이다. 가우탐 바이드*의 말처럼 투자는 여러 학문의 지식이 합쳐지는 종합 교양과목과 같다.[13] 그 기본을 책을 통해 접하고 반복하다 보면, 자연스럽게 지식 간의 연결 능력이 자

---

* 가우탐 바이드(Gautam Baid)는 인도 출신의 투자자이자 가치투자 철학을 전파하는 인물이다. 그는 워런 버핏과 찰리 멍거의 투자 원칙에 깊이 영향을 받아, 장기적 안목·학습·성찰을 통해 복리의 힘을 극대화하는 전략을 강조한다. 단순한 투자 기법을 넘어, 독서·철학·자기계발을 결합한 삶의 총체적 복리를 이야기하는 점에서 많은 투자자들에게 영감을 주고 있다.

라난다. 그리고 이 연결의 힘은 기계론적 세계관에 익숙해진 투자자에게 고착된 수많은 편향을 벗겨 내는 출발점이 된다. 결국 투자는 연결의 기술이다. 단편적인 정보나 단일한 지식은 시장의 복잡성 앞에 쉽게 무너진다. 하지만 서로 다른 영역의 통찰을 엮고 그것을 서사로 확장할 수 있다면, 투자자는 숫자 너머의 세계를 보기 시작한다. 그리고 그 너머에서 진짜 기회를 포착할 수 있게 된다.

찰리 멍거의 복수 모형은 단순함을 추구하지만, 그것은 단순화가 아니라 오히려 복잡성 안에서 단순함을 발견하는 방식에 가깝다. 그가 말한 복수 모형은 의미 없는 지식을 마구 끌어모아 비교하는 개념이 아니다. 필요한 만큼만 깊게, 그러나 그보다 더 중요한 것은 넓게 사고할 수 있는 능력이며, 무엇이 진짜 중요한 지식인가를 선별할 수 있는 분별력이다. 영국의 철학자 오컴은 모든 요소가 동일하다면 가장 단순한 것이 최선이라는 오컴의 면도날 이론*으로 알려져 있다. 이 단순함은 무지나 환원주의의 변명이 아니라, 본질에 도달하기 위한 최소한의 경로다. 오늘날 주식시장은 수많은 정보와 복잡한 지식이 얽힌 공간이고, 우리는 그 안에서 모든 과학기술의 이론을 통달할 수 없다. 우리는 기술을 설계하거나 운용하는 엔지니어가 아니다. 우리는 투자자다. 따라서 복수 모형은 깊이를 포기하는 것이 아니라, 전략적으로 선택된 깊이와 연결된 폭을 통해 본질에 도달하려는 투자자의 사고 도구다.

---

* 오컴의 면도날은 14세기 영국의 철학자 윌리엄 오컴(William of Ockham)이 제시한 원리로, 불필요하게 가정을 늘리지 말라는 뜻이다. 즉, 어떤 현상을 설명할 때는 가능한 한 단순한 설명을 선택하는 것이 합리적이라는 것이다. 과학적 가설 수립에서부터 철학적 사고, 심지어 일상적 판단에 이르기까지 적용되며, 복잡한 설명보다 간결한 설명이 더 신뢰할 만하다는 기준으로 널리 쓰인다.

워렌 버핏은 투자에서 난이도는 중요하지 않다고 말했다. 투자자는 기술을 암기하는 전문가일 필요도, 복잡한 계산을 해내는 수학자일 필요도 없다. 오히려 그는 적절한 확률 감각만 있으면 된다고 강조했다. 버핏이 보기에 투자에서 가장 중요한 것은 장기적인 관점이었고, 그 장기 투자로 가는 길은 복잡한 이론이 아닌 단순함이라고 보았다. 그는 "우리가 성공한 이유는 복잡한 시스템이나 마법 같은 공식을 가졌기 때문이 아니라, 단순함을 지켰기 때문이다"라고 말했다. 이와 유사하게 마법 공식으로 잘 알려진 조엘 그린블라트 역시 단순함의 중요성을 강조했다. 그는 컬럼비아대학 강의에서 "여러분의 선배들이 실패한 이유는 분석 능력의 문제가 아니라, 큰 그림을 보지 못했기 때문입니다. 저는 언제나 큰 그림에 집중합니다. 단순한 공식보다 논리를 먼저 생각해야 합니다"[14] 라고 말했다. 단순함은 무지의 대체물이 아니라, 복잡한 세계를 꿰뚫는 가장 강력한 무기일 수 있다.

깊이 있는 지식은 투자자에게 때로는 플러스가 되기도 하고, 때로는 마이너스가 되기도 한다. 하지만 실제 시장은 우리가 생각하는 것보다 훨씬 단순한 경우가 많다. 평생을 한 분야에 몰두한 학자보다, 아무 생각 없이 꾸준히 적립식으로 장기투자한 일반인의 수익률이 더 높을 수 있는 곳이 바로 시장이다. 나는 투자를 직업으로 삼은 사람으로서 필요한 지식을 얻기 위해 계속 공부하겠지만, 하나의 지식을 얻기 위해 다른 지식을 버리는 실수는 하지 않으려 한다. 정답을 찾겠다는 마음으로 깊은 학문을 추구하려 한다면, 그 순간부터 이미 잘못된 길에 들어선 것이다. 시장에는 애초에 정답이라는 것이 존재하지 않기 때문이다. 워렌 버핏과 찰리 멍거는 하루의 80%를 읽고 쓰는 데 사용한다고 알려져 있다. 그들은 인생에서 현명해지는 방법은 읽고 쓰는 일에 있다고 자신 있게 말한다. 수십억 달러를 굴려 온 이들이 매일같이 반복하는 이 단순한 행위는, 그들 스스로가 가장 확실한 투자라고 여겼던 것이다. 복잡한 전략이 아니라 반복된 독서와 글쓰기를 통해 사고를 단련해 온 그들의 습관은 곧 투자 철학의 기반이 되었다. 투자자 빌 그로스는 "30달러짜리 역사책 한 권에 수십억 달러의 가치가 있다"고 말했다. 과장이 아니다. 인류는 오랜 세월 동안 쌓아 온 지식을 종이라는 매체에 담아 축적해 왔다. 인간은 고작백 년 가까이밖에 살 수 없는 존재고, 그런 구조 안에서는 모든 것을 직접경험하고 배운다는 것이 애초에 불가능하다. 그래서 우리는 책을 통해, 타인의 경험과 시대의 사유를 빌려야 한다. 투자 역시 다르지 않다. 혼자서 모든 것을 겪고 이해할 수 없기에, 우리는 독서를 통해 타인의 판단을 배우고, 과거의 패턴을 읽으며, 지금 이 순간의 결정을 준비한다.

매일같이 시장에서는 크고 작은 변동이 일어난다. 수많은 뉴스가 쏟아지고, 차트는 실시간으로 요동친다. 하지만 그 대부분은 본질적으로 큰의미가 없다. 진짜 의미 있는 움직임은 거리를 두고 보았을 때, 즉 시간이라는 렌즈를 통해 바라볼 때 비로소 드러난다. 한 발 물러서서, 장기적인흐름 속에서 시장을 바라보는 일이 훨씬 더 중요하다. 차트는 과거의 데이터를 정교하게 기록하지만, 그 속에는 당시를 살아간 사람들의 감정과심리, 그리고 그들이 실제로 어떤 생각으로 투자에 참여했는지는 담겨 있지 않다. 차트는 숫자일 뿐이고, 숫자는 사람이 아니다. 읽을 수 없다는것은 곧 공감할 수 없다는 뜻이며, 공감이 없는 분석은 방향을 잃은 독서와 같다.

반면, 책은 다르다. 책은 단지 데이터를 나열하는 것이 아니라, 그 시대의 공기와 감정을 함께 전한다. 책은 독자를 그 당시의 시간 속으로 데려가고, 숫자가 아닌 맥락을 보여 준다. 차트가 단순히 변화를 기록한다면, 책은 변화 속에서 무엇이 흔들렸고, 무엇이 끝까지 견뎠는지를 이야기한다. 그래서 나는 언제나 차트를 보기 전에 책을 먼저 읽는다. 시장은 숫자로 움직이지만, 투자자는 사람이다. 시장은 계산으로 해석될 수 있지만, 사람은 오직 이야기로만 이해된다. 결국 투자란, 사람을 이해하는 일이

데카르트는 책을 읽는 것을 여행과 같다고 표현했다. 그는 책에 대해 다음과 같이 말했다. "모든 양서의 독서는 그 책의 저자인 지난 시대 최고 교양인들과 나누는 대화, 심지어 그들의 생각들 가운데 가장 좋은 것들만 우리에게 보여 주는 정제된 대화와 같다는 것 … 다른 시대 사람들과 대화한다는 것은 여행하는 것과 거의 같기 때문이다. 상이한 민족들의 풍습에 관해 어떤 것을 아는 것은, 우리 풍습을 보다 건전하게 판단하기 위해, 또, 아무것도 보지 못한 이들이 그렇게 하곤 하듯이, 우리 생활양식에 반하는 것은 모두 우스꽝스럽고 이성에 반하는 것으로 생각하지 않기 위해 좋은 일이다."[15]

공감은 생각보다 훨씬 강력한 힘을 가지고 있다. 우리는 어떤 일을 직접 겪지 않아도, 공감을 통해 그 감정을 간접적으로 경험할 수 있다. 전쟁의 참혹함을 몸소 겪지 않았더라도, 그 이야기를 읽고 들으며 우리는 고통과 슬픔을 느낄 수 있다. 사랑 역시 마찬가지다. 공감은 때때로 실제 경험보다 더 깊고 강렬한 감정의 실체를 만들어 낸다. 그것이 바로 독서가 가진 힘이며, 이야기가 사람을 바꾸는 방식이다. 투자자 마이클 배트닉은 "겪어 봐야만 이해할 수 있는 교훈이 있다"[16]고 말했다. 맞는 말이다. 상승장에서 투자를 시작한 사람은, 주식이 하락할까 두려워 손을 내밀지

못하는 사람의 심리를 온전히 이해하지 못한다. 반대로 하락장을 온몸으로 겪은 투자자는 본능적으로 조심스러워지고, 언제든 시장이 무너질 수 있다는 감각을 놓지 않는다. 시장은 늘 이렇게, 새로운 참여자와 생존한 투자자 사이에 세대 차이를 만든다. 하지만 정말 중요한 것은, 이 간극이 존재하더라도 서로를 이해하고 경험을 존중하는 투자자가 시장에서 더 오래 살아남는다는 점이다. 시장은 단지 숫자의 게임이 아니라, 감정과 경험이 충돌하고 축적되는 인간의 무대이기도 하기 때문이다.

이상적으로는 모든 교훈을 직접 경험하며 배우는 것이 가장 확실하다. 그러나 시장은 결코 그렇게 관대하지 않다. 매번의 하락장에서 모든 것을 경험하고 배우기에는, 그 대가가 너무 크다. 한 번의 급락이 지나가고 나면, 그 시기에 과감하게 투자했던 수많은 사람들이 시장을 떠난다. 그리고 그들 중 많은 이들은 다시는 돌아오지 않는다. 경험은 분명 중요하다. 하지만 너무 큰 손실과 함께 찾아오는 경험은 회복이 불가능할 만큼 깊은 상처를 남긴다. 시장은 그런 상처를 주기적으로 반복하며, 마치 어떤 의지를 가진 존재처럼, 일정한 간격으로 사람들을 시험하고 추방한다. 그래서 나는 공감을 중요하게 생각한다. 공감을 통해 타인의 실패에서 배우고, 그들의 상처를 나의 교훈으로 삼는 것. 이것이야말로 시장이라는 주기적인 무대 위에서 직접 다치지 않고 살아남을 수 있는 유일한 간접 경험의 방식이다. 그리고 내가 책을 읽는 이유는 바로 여기에 있다.

물론 책으로 모든 것을 배우지 못한다. 앞서 말했듯, 경험 없이 읽은 책에서 공감을 얻지 못한다면, 그리고 그 공감이 전이해에서 비롯되는 것이라면, 어떤 책도 나에게 깊은 울림을 주지 못할 수 있다. 아무리 훌륭한 문장이 담겨 있어도, 나의 삶과 연결되지 않는다면 그것은 단지 정보로 남는다. 그러나 적절한 경험과 꾸준한 독서가 만나면 이야기는 달라진다. 데카르트 역시 "여행에만 너무 시간을 소비하면, 결국 자기 나라에서 이방인이 되고 만다"고 말했다. 책과 경험은 서로를 보완하며, 내가 직접 겪지 않은 일조차도 마치 내 삶의 일부처럼 받아들이게 해 준다. 그렇게 만들어진 간접 경험은 진짜 경험처럼 작동하고, 그것은 투자자에게 있어 돈으로 환산할 수 없는 자산이 된다. 책은 결국, 다른 사람이 이해한 것을 내 것으로 만드는 가장 좋은 도구다. 단지 지식을 받아 적는 것이 아니라, 내 전이해와 연결되고, 그 과정에서 공감이 발생하며, 그 공감이 새로운 사고 구조로 자리 잡을 때, 책은 비로소 살아 있는 자산이 된다. 경험이 공감을 낳고, 공감이 이해를 만들고, 이해는 판단력을 키운다. 그리고 나는 그 판단력의 출처가 언제나 책이었다고 믿는다.

---

* 데카르트는 양서를 읽는 것을 여행이라고 표현했다. 여기서 말하는 여행에 너무 시간을 소비하는 것은 독서에 너무 치중해 현실을 자각하는 것을 의미한다.

서사에 투자하다

스토리는 서사가 아니다. 스토리, 즉 정보는 끊임없이 등장하는 다음 스토리로 대체되어 사라진다. 반면 서사는 나만의 맥락과 이야기, 삶 그 자체다. 나의 저 먼 과거와 현재, 미래를 연결하기에 방향성을 띤다. 곧 사라져 버릴 정보에 휩쓸려 자신만의 이야기를 잃은 사회, 내 생각과 느낌과 감정을 말하지 못하고 입력한 정보를 앵무새처럼 내뱉는 사회의 끝은 서사 없는 '텅 빈 삶'이다.

-한병철, 서사의 위기[17] 중에서-

존 메이너드 케인스는 경제학자로 널리 알려져 있지만, 그는 동시에 투자자였다.* 그것도 단순한 투자자가 아니라, 실패와 성찰을 통해 자신의 철학을 바꿔 나간 드문 인물이었다. 초기의 그는 시장을 하나의 심리 게임으로 보았다. 신문사에서 주최하는 미인대회처럼, 참가자들은 자신이 가장 아름답다고 생각하는 얼굴이 아니라, 사람들이 가장 많이 선택할 것 같은 얼굴을 고르는 방식으로 움직인다고 봤다. 핵심은 자신의 판단이

---

* 존 메이너드 케인스(John Maynard Keynes, 1883~1946)는 1924~1946년까지 킹스칼리지의 자산을 관리하기 시작했다. 그는 이 기간동안 연평균 수익률 9.1%를 기록했는데 이는 같은 기간 영국 주식시장 대비 8% 높은 수익률이었다. 초기 자본 3만 파운드는 그가 사망하는 시점에 38만 파운드로 증가했다. 본문에서 소개한 것과 같이 1929년 이전까지는 거시경제 예측과 시장 타이밍에 의존하는 투자 방식을 선호했고, 대공황 이후 1930년 부터는 기업의 내재가치에 집중한 투자를 선호했다. 대공황 이전 포트폴리오 회전율이 50%를 넘었지만 이후에는 15% 미만으로 낮아졌다. 케인스는 개인자산 투자도 병행했는데 그가 축적한 자산은 오늘날 가치로 3천만 달러에 달한다. 케인스는 투자에 성공한 몇 안되는 경제학자 중 한 명으로 남게 됐다.

아니라, 다른 사람들이 무엇을 기대할지에 대한 기대였다. 이 관점은 그가 시장을 해석하고 접근하는 방식에 결정적인 영향을 미쳤고, 실제로 그는 한동안 군중 심리에 편승해 인기가 많은 종목을 추종하는 전략을 사용했다.

현대의 투자시장에 대입하자면, 당시 케인스가 선호했던 방식은 단기간에 매수세가 몰려 급등하는 밈 주식이나 테마주에 투자하거나, 급등하는 주식을 따라잡는 추세 추종, 혹은 상한가를 쫓는 방식에 가깝다고 볼 수 있다. 그는 시장의 본질을 군중의 기대에 대한 기대로 보았고, 그 기대가 만들어 내는 흐름에 편승하려 했다. 초기의 케인스는 시장에서 유행을 따르는 것이 가장 합리적인 투자라고 믿었다. 하지만 그 전략은 오래가지 못했다. 1929년 대공황은 케인스에게 치명적인 손실을 안겼고, 그는 예상하지 못한 방식으로 무너졌다. 예측은 어긋났고, 시장은 이성적이지 않았다. 그는 자신이 타인의 심리를 추측하는 데만 몰두한 나머지, 정작 자신이 무엇을 믿고 있었는지를 놓치고 있었다는 사실을 깨달았다. 대중의 뒤를 쫓는 전략이 얼마나 불안정한 기반 위에 세워진 것이었는지를, 그는 뼈아프게 체감했다. 이 실패는 케인스를 근본부터 바꾸었다. 그는 투자 철학을 다시 세웠고, 이제는 군중과 반대되는 길을 걷기로 결심했다. 내재가치를 중심에 두고, 시장의 감정이 기업의 본질을 왜곡할 때마다 그 안에서 기회를 찾으려 했다. 단기 정보와 시장의 소음이 쏟아지는 가운데에서도, 그는 자신이 옳다고 믿는 기업을 장기적으로 보유했고, 대중의 공포가 클수록 더욱 냉정하게 사고하려 애썼다.

"시장은 비이성적 상태를 우리가 지급 능력을 잃을 때보다 더 오래 유지할 수 있다. 투자의 주요 원칙은 대중의 의견과 반대로 가는 것이다. 모두가 가치를 인정하는 투자 대상은 가격이 너무 비싸지기 때문에 매력이 떨어진다" 케인스가 남긴 이 말은 단순한 경고가 아니다. 그것은 과거 자신의 실패에 대한 반성이자, 대중을 예측하는 것이 얼마나 위험한지를 고백하는 문장이다. 오늘날 투자자들 역시 여전히 정보를 좇고, 대중의 흐름에 편승하려는 유혹에 흔들린다. 하지만 케인스의 전환은 우리에게 다른 길을 제시한다. 대중의 뒤를 따르기보다, 대중의 심리가 만들어 낸 착오 속에서 기회를 찾는 길. 그것은 단지 수익률의 문제가 아니라, 나만의 기준을 세우고 지켜 나가는 일이다. 그는 결국 군중을 읽는 자에서, 군중과 반대로 걷는 자가 되었다. 그리고 그 변화는, 단순한 투자 방식의 전환이 아니라, 인간 심리에 대한 깊은 이해와 자기 성찰의 산물이었다.

나는 케인스처럼 경제 전문가 수준의 지식을 갖춘 사람은 아니다. 심지어 내가 몸담고 있는 투자라는 직업에서도 마찬가지다. 금융 상품의 구조나 전략, 손익비 같은 세부적인 요소들을 정밀하게 분석하거나 계산하는 능력은 나에게 없다. 하지만 나는 한 가지 태도만큼은 변함없이 지켜왔다. 가능한 한 남들이 가지 않는 길을 선택하겠다는 것. 그리고 그 태도는 케인스에게서 배운, 군중의 심리를 좇지 않겠다는 다짐과도 닮아 있다. 나를 지금까지 투자자로서 지탱해 준 것은 탁월한 전문성이 아니라, 그 일관된 태도였다. 현대 투자의 시대정신은 단연 속도다. 더 많이, 더 빠르게 매매하는 것이 마치 투자자의 기본 자세인 것처럼 여겨진다. 마치 무엇인가에 중독된 사람들처럼 느껴진다. 실시간으로 쏟아지는 뉴스와 눈 깜짝할 새 바뀌는 차트 속에서, 투자는 점점 더 짧은 호흡을 강요받는다. 하지만 어떤 매매든 성립되려면 반드시 기반이 되는 무언가가 필요하다. 아무리 충동적인 듯 보여도, 사람은 이유 없이 자산을 사고 팔지 않는다. 그 이유는 대부분 정보에 의해서 이뤄진다. 결국 우리는 매매라는 행동을 정당화하기 위해 정보를 찾고, 정보를 따라 움직인다. 속도가 빨라질수록 정보도 따라 빨리 달린다. 시장은 더 많은 정보를 쏟아 내고, 그 정보는 이전보다 훨씬 짧은 시간 안에 생성되고 사라진다. 우리는 정보를 보는 순간 잊는다. 정보는 본질적으로 오래 남지 않는 휘발되는 특성을 가졌다. 기억보다 빠르게 휘발되는 그것은, 단지 다음 매매를 위한 연료처럼 소비된다. 더 많은 매매가 필요해질수록, 더 많은 정보가 공급된다. 그러나 인간의 뇌는 그 속도를 따라가지 못한다. 투자자는 이해하지 못한 채, 소화되지 않은 정보의 파도에 떠밀리듯 매매하게 된다. 나의 투자 철학은 바로 이 지점에서 출발한다. 나는 매번 달라지는 정보가 아니라, 시간이 지나도 휘발되지 않는 서사 위에서 매매하고자 한다. 사람들은 대개 정보의 표면만 본다. 뉴스의 맥락보다는 결론을 궁금해하고, 드라마의 흐름보다는 결말을 먼저 확인한다. 줄거리만 훑어본다고 해서 그 이야기를 이해했다고 말할 수는 없다. 투자가 그렇다. 결론만을 좇는 투자는 결코 진짜 맥락에 도달하지 못한다. 나는 그 맥락을 읽고 싶다. 그리고 그 맥락에서 움직인다.

피터 잭슨 감독의 《반지의 제왕》 3부작은 그런 의미에서 완결된 하나의 서사다. 이 이야기는 줄거리 한두 줄로는 설명되지 않는다. 프로도와 샘이 걸었던 길, 그 여정 속에서 축적된 시간과 감정, 수없이 교차하는 갈등과 선택의 순간들이 이야기를 진짜 이야기로 만든다. 우리는 그 흐름에 함께 흔들리고, 함께 성장하며, 마침내 그 세계에 몰입한다. 줄거리만으로는 절대 도달할 수 없는 감정과 의미가 바로 서사의 힘 안에 담겨 있다. 나는 투자에서도 같은 힘을 믿는다. 시장에도 이야기의 흐름이 있다.

단순한 가격의 등락이 아니라, 그 안에는 언제나 맥락과 배경, 그리고 투자자들의 감정과 선택이 얽혀 있다. 사람들은 그 흐름을 잘라내고 요약하려 들지만, 나는 오히려 그 서사를 따라간다. 서사는 시간이 흐를수록 더 선명해지고 깊어진다. 나는 그 이야기 안에서 내 자리를 찾는다. 결론이 아닌 과정, 속도가 아닌 서사. 그것이 나의 투자 철학이다. 하지만 현대의 투자자는 그런 서사에 집중할 여유가 없다. "반지는 버렸어?", "그래서 이긴 거야?", "누가 죽었고, 누가 살아남았어?" 사람들은 언제나 결말만을 궁금해한다. 그것은 마치 투자에서 수익률이나 손익비만 집착하며, 과정과 맥락을 무시하는 태도와 같다. 그러나 진짜 중요한 건 다르다. 프로도가 왜 그 임무를 맡았는지, 여정 속에서 어떤 유혹과 시련을 견뎠는지를 이해해야 한다. 골룸의 집요한 유혹, 오크와 트롤의 공격, 나즈굴의 추격, 그리고 반지의 속삭임은 단순한 장애물이 아니다. 그것은 끊임없이 주인공의 믿음과 판단을 흔드는 시장의 소음이기도 하다. 서사가 없다면, 프로도는 무너졌을 것이다. 그를 버티게 한 건 결말이 아니라, 그 여정에 나선 이유였다. 바로 그 맥락이다. 시장도 마찬가지다. 골룸처럼 끝없이 유혹하는 종목들이 있고, 오크처럼 갑작스럽게 급락이 덮쳐 오며, 나즈굴처럼 불안을 부추기는 뉴스가 쉴 없이 속삭인다. 이 모든 소음은 투자자의 판단을 흐리게 만든다. 정보만 좇는다면, 누구든 흔들린다. 그래서 중요한 건 나만의 이야기다. 내가 왜 이 종목을 매수했는가, 어떤 철학과 원칙 위에서 그 결정을 내렸는가, 심지어 손실이 발생했을 때도 그 손실이 내 서사 속에서 해석 가능한가? 이 질문에 스스로 대답할 수 있을 때, 투자자는 비로소 나만의 투자철학을 완성할 수 있다.

정보는 늘 새롭지만, 방향을 알려 주지는 않는다. 방향은 언제나 서사에서 나온다. 과거와 현재, 그리고 미래를 하나로 꿰는 이야기. 그 축이 있어야 비로소 투자자는 흔들리지 않는다. 서사를 가진 투자자는 손실에서도 무언가를 건져 낸다. 반면, 정보만 따라다니는 투자자는 수익 속에서도 길을 잃는다. 기준이 없기 때문이다. 그래서 나는 시장을 해석하려 들지 않는다. 대신, 시장이 들려주는 이야기에 귀를 기울인다. 주가의 숫자 뒤에 어떤 사연이 있는지, 그 흐름 속에서 나는 어떤 위치에 있는지를 묻는다. 정보는 스쳐 지나가지만, 서사는 남는다. 오늘도 나는 서사를 따라 투자한다. 그리고 그 서사를 가장 깊이 배울 수 있는 곳은 바로 책이다.

나의 투자는 행동경제학에서 출발했다. 처음엔 그것이 기존 경제학이 설명하지 못한 오류들을 다루는 학문이라 여겼다. 경제학은 내게 유용하지 않았다. 하지만 행동경제학은 달랐다. 무엇을 하지 말아야 할지, 어떤 오류를 경계해야 할지, 투자자에게 필요한 자제력의 언어를 가르쳐 줬다.

그러나 행동경제학도 결국 기존 경제학의 틀 위에 놓인 이론이었다. 양자역학이 아인슈타인의 상대성이론을 기반으로 하고, 상대성 이론이 뉴턴의 고전물리학을 기반으로 하듯, 학문은 사라지는 것이 아니라 축적된다.

그래서 나는 행동경제학을 더 깊이 이해하기 위해, 다시 경제학으로 돌아가야 했다. 그리고 그때 떠오른 것은 과학이었다. 애덤 스미스는 뉴턴의 세계를 보았다. 우주는 질서로 움직인다고 믿었던 그는, 그 질서를 사회와 시장에 적용하고자 했다. 인간은 보이지 않는 손에 따라 움직이고, 시장은 자연스럽게 조화된다는 신념. 그렇게 철학 같던 경제학은 수학의 언어로 환원되고, 인간은 모델이 되었으며, 방정식 속의 요소가 되었다. 이론은. 정책이 되었고, 제도가 되었으며, 우리의 일상에 스며들었다. 그리고 나는 그 모든 출발점이 하나의 서사였다는 사실을 깨달았다. 경제란 결국 인간의 행동이고, 인간의 행동은 맥락 속에서만 제대로 해석된다. 그래서 경제사를 먼저 펼쳤다. 시대의 흐름과 선택의 배경, 그리고 그 선택들이 만들어 낸 결과를 따라가다 보니, 경제를 이해하려면 과학의 원리도 필요하고, 그 둘을 엮어 주는 매개로서의 역사가 반드시 필요하다는 사실을 자연스럽게 깨달았다.

"미래를 보기 위한 투자에서 꼭 과거를 살펴야 할까?" 이 질문은 단순한 호기심이 아니라, 방향을 정하는 나침반과도 같은 고민이다. 우리는 앞을 보며 살아가지만, 걸어온 길을 잊고는 결코 멀리 가지 못한다. 직접 겪을 수 있는 경험은 너무 적고, 시간은 짧고, 세상은 너무 넓다. 역사를 배운다는 것은, 우리가 직접 겪지 못한 경험에서 지혜를 빌리는 일이다. 하지만 그 과거를 바라보는 눈이 오늘의 기준으로 흐려져선 안 된다. 18세기의 선택은 18세기 논리 위에 있다. 그것을 이해하지 못하고 21세기의 잣대로 그들의 결정을 무모하다고 단정짓는 것은 과거에 대한 모욕이자, 현재를 살아가는 우리의 오만이다. 데카르트는 낯선 세계를 여행하듯 타인의 문화와 역사를 바라보아야 한다고 말했다. 그가 말한 '여행'은 단지 공간을 옮기는 것이 아니라, 시선을 바꾸는 경험이었다. 우리의 기준으로 과거를 재단하는 것은 여행을 가서도 현지 음식을 욕하고, 현지 문화를 무시하는 태도와 같다. 그런 이에게 새로운 세계는 단지 낯설고 이상한 것일 뿐이다. 그러나 진짜 여행자는 다르다. 그들은 낯선 언어를 배우고, 그 사회의 맥락 속으로 걸어 들어간다. 그리고 진짜 역사가 보이기 시작한다. 역사는 그렇게 만나는 것이다. 우리가 오늘 내리는 선택 역시 언젠가 누군가의 눈에 비칠 것이다. 우리가 남긴 이야기가 존중받기 위해서는, 우리 또한 과거의 맥락을 존중하는 시선부터 가져야 한다.

지구가 우주의 중심이라 믿었던 그 시대, 지동설을 주장한다는 것은 단지 하나의 새로운 이론을 말하는 일이 아니었다. 그것은 그 시대의 신념을 정면으로 거스르는 일이었고, 때로는 자신의 모든 것을 걸어야 하는 싸움이었다. 오늘날 우리는 그 결과를 알고 있기에, 그 결정을 당연하다고 여긴다. 하지만 정작 그 선택을 했던 사람들에게는 그것이 목숨을 건 도전이자, 고립을 감수해야 하는 고독한 여정이었다. 진실을 향한 길은 언제나 결과로는 간단해 보이지만, 과정 속에서는 모든 것이 위태롭다. 폴 볼커의 금리 인상은 결과적으로 미국 경제를 안정시킨 위대한 결단으로 평가받는다. 하지만 당시 그 선택은 결코 당연한 것도, 쉬운 것도 아니었다. 인플레이션을 잡기 위해 그는 대중의 고통을 감수해야 했고, 경기 침체와 실업률 상승이라는 정치적 비난을 감내해야 했다. 오늘날 우리는 그를 용기 있는 인물로 기억하지만, 정작 그 결정을 내릴 당시 그는 극심한 반대 여론과 맞서 싸워야 했다. 그가 옳았다는 것은 결과를 통해 알게 된 것이지, 그 시대에는 누구도 확신할 수 없었다. 만약 그 선택이 그렇게도 명확하고 옳은 길이었다면, 왜 아서 번스*는 하지 못했을까? 그것은 단지 정치적 입지의 차이가 아니었다. 한 사람은 감당할 수 있는 고통을 선택했고, 다른 한 사람은 그것을 외면했다. 그러나 우리는 결과만으로 번스를 섣불리 단죄해서는 안 된다. 그는 그 나름의 이유와 제약 속에서 행동했을 것이다. 역사란 그런 것이다. 옳고 그름의 문제가 아니라, 무엇

---

* 아서 번스(Arthur F. Burns, 1904~1987)는 미국의 경제학자이자 연방준비제도(Fed) 의장 (1970~1978 재임)이었다. 그는 닉슨 대통령과 가까운 관계였으며, 임기 동안 정치적 압력에 굴복해 통화 긴축 대신 완화적 정책을 펼쳤다는 비판을 받았다. 이로 인해 1970년대의 '스태그플레이션(경기침체와 물가상승의 동시 발생)'을 효과적으로 막지 못했다는 평가가 뒤따른다. 하지만 경기순환 연구와 통계 분석에 기여한 학문적 공로로도 기억된다.

을 감수할 준비가 되어 있었는가의 문제다.

1969년, 닉슨 대통령의 취임과 함께 아서 번스는 백악관 고문으로 임명되고, 곧 연준 의장직에 오른다. 닉슨 쇼크라 불리는 1971년 금본위제 폐지로 달러는 금과의 연결 고리를 끊었고, 연준의 통화정책 자율성은 극대화된다. 번스는 그 어느 때보다 강력한 영향력을 가진 통화 권력자가 되었고, 재선을 노리는 닉슨의 경제 부양책에 발맞춰 금리를 인하한다. 그러나 1972년, 예상치 못한 자연의 반격이 시작된다. 엘니뇨[*]로 플랑크톤이 사라지고, 멸치 떼죽음이 이어지며 가축 사료값이 치솟는다. 식료품 가격이 전 세계적으로 급등하고, 설상가상으로 곡물 작황마저 악화된다. 인플레이션의 파도가 몰려오는 가운데, 번스는 이 모든 물가 상승이 일시적이라 판단한다. 그리고 식료품 가격을 물가지표에서 제외시킨다.[**] 그것은 현실을 외면한 선택이었을까, 아니면 권력과 충성 사이의 고뇌였을까?

이후 1973년, 중동전쟁이 발발하자 OPEC 국가들은 석유 감산에 돌입했다. 유가는 순식간에 폭등했고, 세계는 1차 오일 쇼크라는 충격에 빠져들었다. 아서 번스는 이번에도 이 위기를 일시적인 외부 충격으로 판단

---

[*] 1972년 엘니뇨는 남미 페루 연안에서 발생한 비정상적인 해수 온난화 현상으로, 전 세계 경제와 기후에 심각한 영향을 끼쳤다. 특히 페루 연안의 해류 변화로 멸치 떼가 몰살되며 수산업이 붕괴, 이를 기반으로 한 가축 사료용 어분 수출 산업과 육류 가격이 급등하였다. 이로 인해 국제 곡물 가격과 사료비가 상승했고, 전 세계적으로 식량 인플레이션이 발생했다. 미국에서는 1973년 식품 가격 급등과 함께 소비자물가지수(CPI)가 급격히 상승했고, 이는 당시 연준의 통화정책에도 영향을 주었다. 1972년 엘니뇨는 기후변화가 세계 경제와 식량 체계에 직접적 영향을 미칠 수 있다는 점을 처음으로 강하게 각인시킨 사례로 평가된다.

[**] 근원 물가지표(Core Inflation)는 식료품과 에너지처럼 가격 변동성이 큰 품목을 제외한 물가 상승률을 측정하는 지표로, 일반적으로 소비자물가지수(CPI)나 개인소비지출지수(PCE)에서 해당 항목들을 제거해 산출된다. 이 지표는 일시적인 외생 충격(기후, 지정학, 원자재 가격 등)으로 인한 물가 왜곡을 줄이고, 보다 지속적이고 구조적인 인플레이션 흐름을 파악하기 위한 목적으로 사용된다. 1970년대 초 엘니뇨, 오일쇼크 등 공급 측 요인이 급

했다. 그는 엘니뇨 때와 마찬가지로, 이번에는 물가지표에서 에너지 항목까지 제외했다. 그의 논리는 단순했다. 금리를 인상한다고 해서 기후가 바뀌는 것도, 석유 공급이 늘어나는 것도 아니기 때문이다. 그러나 문제는 명분뿐만이 아니었다. 그에게는 금리 인상을 강행할 정치적 뒷받침도 없었다. 설상가상으로, 치솟는 물가에 맞서 노동자들은 임금 인상을 요구하며 파업과 시위를 벌였고, 사회 전반에 걸쳐 갈등이 고조됐다. 아서 번스는 물가도, 고용도 지켜 내지 못한 채 방황했다. 한편, 1960년대부터 이어진 베트남 전쟁과 위대한 사회정책은 이미 미국의 재정 여력을 고갈시켜 놓은 상태였다. 고금리를 유지할 수 있는 정책적 기반도 없었다. 여기에 자연재해와 지정학적 충격을 넘어서는 사건이 이어졌다. 1974년, 워터게이트 사건이 정점을 찍으며 리처드 닉슨 대통령이 사임하고, 미국 사회는 정치적 불확실성의 소용돌이로 빠져든다. 이 모든 충격은 결국, 고물가와 경기 침체가 동시에 찾아오는 스태그플레이션*이라는 전례 없는 위기로 이어졌다. 그리고 1978년, 아서 번스는 역사의 중심에 섰지만, 방향을 제시하지 못한 채. 연준 의장에서 물러난다.

등하면서 연준은 통화정책 판단에 있어 단기 물가 급등에 휘둘리지 않기 위해 근원 물가 지표의 필요성을 인식했고, 이후 금리 결정과 인플레이션 목표제의 기준 지표로 자리 잡게 되었다.

* 스태그플레이션(Stagflation)은 경제 성장의 정체와 물가 상승이 동시에 발생하는 이례적인 경제 상황을 의미한다. 전통 경제학 이론에서는 경기 침체기에는 수요 감소로 인해 물가도 하락하는 것이 일반적이라 보았으나, 1970년대 초 오일쇼크와 공급 측 충격, 그리고 임금-물가 연동 메커니즘이 복합적으로 작용하면서 고실업과 고물가가 동시에 발생하는 현상이 나타났다. 특히 1973년 제1차 석유파동 이후 미국과 유럽은 스태그플레이션을 겪었고, 이는 케인스주의 정책이 설명하거나 해결하기 어렵다는 점에서 거시경제 이론의 전환점이 되었다. 이후 통화주의와 공급 측 경제학이 대안으로 부상하게 된다.

위대한 학자*로 시작했던 그는, 연준 의장이라는 무게를 감당해야 했던 시대의 인물로 퇴장했다. 금본위제 폐지, 엘니뇨, 오일 쇼크, 워터게이트까지, 그가 마주한 현실은 어느 것 하나 평범하지 않았다. 모든 선택이 예측 불가능한 소용돌이 속에서 이루어졌고, 그는 그 안에서 버티려 했다. 지금은 실패한 의장으로 기록되지만, 그가 내렸던 결정들은 각기 다른 혼란과 갈등을 견뎌 내야 했던 하나의 서사였다. 누군가는 그의 흔들림을 비난하겠지만, 나는 그 서사를 통해 인간의 한계를 본다. 그는 그 시대를 통과한, 그 자체로 하나의 이야기였다. 전문가라 해서 항상 옳은 결정을 내리는 것은 아니다. 첫째, 전문가도 인간이기에 인지 편향에 영향을 받는다. 둘째, 그들이 처한 환경은 우리가 보는 것보다 훨씬 더 복잡하고 다층적이다. 셋째, 정보의 비대칭성이나 정치적 압력 같은 외부 요인이 판단에 개입할 수 있다. 그래서 중요한 건 누가 뭐라 했느냐가 아니라, 그 말이 어떤 맥락에서 나왔고, 그 맥락이 어떻게 흘러가는가다. 서사 없는 믿음은 위험하다. 서사 없는 비판도 마찬가지다.

위대한 학자 출신이었던 그는 실패한 연준 의장이라는 오명을 안고 퇴장했다. 억울한 면도 있었을 것이다. 그가 틀렸다고 말하기엔, 그가 감당해야 했던 시대의 무게가 너무나 컸다. 만약 금본위제 폐지 직후 금리를 인상했다면, 또 다른 혼란이 닥쳤을지도 모른다. 이상기후나 오일 쇼크,

---

* 아서 번스는 연준의장 시절 인플레이션 대응 실패, 정치적 압력에 취약해 연준의 독립성을 약화시켰다는 평가를 받지만, 학문적 성취까지 평가 절하될 수 없다. 전미경제연구소(NBER) 에서 웨슬리 미첼의 제자로서, 미국 경기순환(비즈니스 사이클) 연구를 체계화했다. 경기순 환의 정의, 측정, 원인 분석 등에서 현대 거시경제학의 기초를 닦았고. 그의 연구는 경기확장 과 수축 국면을 엄밀히 구분하는 방법론을 제시하며, 경제정책과 금융정책의 실증적 근거를 제공했다. 그리고 그는 럿거스와 컬럼비아 대학에서 오랜 기간 강의하며 후학을 양성했는데, 밀턴 프리드먼은 아서 번스의 강의를 듣고 경제학자의 길을 걸었다고 밝혔다.

워터게이트 사건이 없었다면 상황이 달라졌을 수도 있다. 지나고 보면 모든 일은 쉬워 보인다. 그러나 정작 그 시기에 그 자리에 있던 사람에게는, 그 모든 결정이 하나의 모험이었고, 하나의 서사였다.

우리는 흔히 결과로 사람을 판단한다. 그러나 진짜 이야기는 그 결정을 내리기까지의 여정에 있다. 아서 번스를 실패한 연준 의장으로 기억하는 건 쉽다. 하지만 그의 결정들이 내려지던 순간순간을 따라가다 보면, 단순한 무능력이라는 말로는 설명할 수 없는 복잡한 맥락이 있었다. 나는 이런 서사를 통해 과거를 읽는다. 그리고 그 서사는 지금의 나를, 그리고 내가 투자자로서 살아가는 방식을 만들어 준다. 책은 그런 서사를 품고 있다. 책을 읽는다는 건 단순히 과거를 아는 것이 아니라, 시간의 벽을 넘어 그 시대 사람들의 마음과 고민을 함께 통과해 보는 일이다. 그래서 나는 언제나 정보보다 책을 읽는다. 책은 서사를 준다. 서사는 나를 만든다.

책을 어떻게 읽어야 할지에 대한 나의 고민은 해석학에서 실마리를 얻었다. 그래서 한스 게오르크 가다머의 사유는 나에게 깊은 인상을 남겼던 것이다. 나는 어느 날 문득, 한 권의 책에서 오래된 이해가 무너지고 새로운 연결이 생겨나는 순간을 경험했다. 그것은 가다머가 말한 해석의 순간이었다 그의 해석학은 단순히 글을 잘 읽는 기술이 아니라, 이해란 무엇인가, 독서란 어떤 행위인가라는 질문에 대한 성찰이었다.

기계에서 사람으로

"우주는 기계가 아니다. 그것은 춤추는 에너지의 흐름이다."

-프릿조프 카프라-

회의주의는 종종 냉소주의나 불신으로 오해된다. 하지만 철학적 의미에서 회의주의는 진리에 이르는 과정이다. 이는 단순히 반대하거나 거부하는 태도가 아니라, 주어진 명제를 검토하고 보류하며, 가설을 지속적으로 점검하는 사고의 구조다. 나는 이 회의주의를 삶에 적용한다. 무엇이 진리인가보다 무엇이 아직 진리가 아닌가를 중심에 둔다. 그러나 이 길이 어려운 이유는 인간이 생물학적으로 확신에 의존하는 존재이기 때문이다. 불확실성을 피하려는 생존 본능은 회의주의적 사고를 본능적으로 거부한다. 그렇기에 회의주의는 일종의 반본능적 사고 방식이며, 훈련을 필요로 한다.

회의주의를 실천하려면, 먼저 인간의 인지구조를 이해해야 한다. 인간의 뇌는 진리를 추구하도록 설계된 것이 아니라, 생존을 우선시하는 방향으로 진화해 왔다. 이 점에서 나는 자연스럽게 진화심리학과 진화생물학으로 관심을 확장했다. 진화는 인간의 판단방식, 편향, 오류의 원인을 설명하는 이론적 기반을 제공한다. 그리고 이러한 이해는 투자에도 그대로 적용된다. 시장에서의 결정 또한 생존과 유사한 구조 속에서 이루어지기 때문이다. 진화를 이해하는 일은 곧 인간을 이해하는 일이며, 동시에 투자자 자신을 이해하는 일이 된다.

불확실성을 피하지 않고 마주하는 것이 회의주의적인 태도다. 우주과학은 내게 한 가지 중요한 통찰을 가르쳐 줬다. 세상에는 반드시 이유가 존재해야 할 필요가 없다는 것이다. 무작위성은 제거하거나 통제할 수 있는 것이 아니라, 익숙해져야 하는 것이다. 그것은 받아들이는 것이다. 내가 배운 교훈은 실패를 방지하는 것이 목적이 되어서는 안 된다는 것이다. 실패를 피하려 애쓰기보다, 실패로부터 배워야 한다. 회의주의는 불확실성을 제거하려는 태도가 아니라, 그것을 인식하고 수용하는 태도다. 우주과학은 이 점을 명확히 보여 준다. 자연의 법칙은 인간의 의도나 욕망과 무관하게 작동한다. 사건이 반드시 이유를 가져야 할 필요는 없다. 무작위성은 삶의 일부이며, 그것을 통제하려 하기보다 받아들이는 것이 더 현실적인 태도다. 이 관점에서 실패는 제거의 대상이 아니다. 실패는 피할 수 없는 현상이기에, 중요한 것은 실패 이후의 태도다. 나는 실패를 통해 배우는 시스템을 선택했고, 그것이 곧 나의 회의주의다.

복잡계적 세계는 본질적으로 예측 불가능하다. 그러나 예측의 포기가 곧 무력함을 의미하지는 않는다. 오히려 이 불확실한 세계에서는 다른 전략이 요구된다. 첫째, 덜 틀리는 법을 배워야 한다. 둘째, 실패 이후의 회복 가능성을 염두에 두어야 한다. 셋째, 우연성을 삶의 일부로 받아들여야 한다. 복잡계는 계산이 아니라 적응의 영역이다. 예측이 아닌 회복 탄력성이 중심이 되어야 한다. 확실성을 좇는 전략은 본질적으로 실패할 가능성이 크다. 세상은 본질적으로 불확실하며, 예측은 언제든 빗나갈 수 있기 때문이다. 따라서 나는 전략을 수정했다. 확실함을 추구하기보다, 불확실함을 견디는 힘을 기른다. 동시에, 오류 가능성을 인정하고, 그 안에서 교훈을 찾는 능력을 강화한다. 이것이 기계론적 세계관에서 벗어나 복잡계적 세계에 적합한 생존 전략이며, 예측이 아닌 적응이 중심이 되어야 하는 이유다.

이 모든 것을 배우는 데 있어 나에게 학교 교육보다 훨씬 큰 의미를 갖는 것은 책이다. 단일한 분야의 책이 아니라, 서로 다른 주제의 책을 읽는 것이다. 문학, 과학, 철학, 심리학, 경제학, 역사, 우주과학 등 전혀 연관 없어 보이는 책들이 어느 순간, 아주 예상치 못한 방식으로 연결되는 순간을 경험하게 된다. 그렇게 전혀 다른 지식의 흐름들 속에서 공통된 맥락을 발견할 때, 나는 서서히 세상의 구조를 이해한다. 그래서 나는 단 하나의 책으로 인생이 바뀔 수 있다고 믿지 않는다. 많은 사람들이 한 권의 책이 인생을 바꿨다고 말하지만 그 변화는 우연이나 한순간의 계기가 아니다. 그 책에 도달하기까지의 수많은 독서, 다양한 경험, 그리고 형성된 전이해가 존재한다. 이동진 평론가의 말처럼, 한 권의 책이 변화의 방아쇠가 될 수는 있지만, 그 효과는 철저히 준비된 자에게만 나타난다. 결국 인생을 바꾸는 것은 책이 아니라, 축적된 이해와 해석의 능력이다.

책에서 얻는 지식은 복리처럼 작동한다. 단기간에 성과가 눈에 띄지 않지만, 시간이 지날수록 효과는 기하급수적으로 커진다. 학교의 교육처럼 정해진 커리큘럼과 시험을 통해 짧은 시간 안에 성과를 확인하는 구조와는 다르다. 오히려 장기간 아무 일도 일어나지 않는 것처럼 보일 수 있다. 반면, 특정 주제를 깊이 파고 빠르게 성과를 내는 방식은 단기적 성취에는 유리할 수 있다. 하지만 나의 목적은 빠른 성공이 아니라, 시장에서 살아남는 것이다.

장기투자의 본질은 비선형성에 있다. 수익은 마치 일정한 속도로 쌓이는 듯 보이지만 실제로는 그렇지 않다. 대부분의 시간은 눈에 띄는 변화 없이 흘러가고, 오랜 침묵 끝에 특정한 순간이 찾아오면 수익이 폭발적으로 증가한다. 이는 진화생물학에서 말하는 단속평형처럼, 안정기가 길게 이어지다가 짧은 격변기로 급격히 전환되는 구조와 닮아 있다. 이런 특성 때문에 장기투자는 인내를 전제로 하며, 그 기다림 속에서 폭발의 순간을 맞이할 수 있는 준비가 되어 있어야 한다. 지식도 마찬가지다. 축적은 천천히 이루어지며, 그 흐름은 눈에 띄지 않는다. 그러나 일정한 임계점에 도달하면, 이해의 구조가 급격히 확장된다. 나는 기계론적, 예측 중심의 세계관보다 불확실성과 적응을 강조하는 쪽에 더 가까운 투자자가 되기 위해 노력한다.

통제의 이분법

"철학자에게 공부하는 자는 매일 한 가지씩 좋은 것을 배워와야 한다. 그는 집에 돌아왔을 때나 돌아오는 길에 조금 더 나은 사람이 되어 있어야 한다."

—세네카—

인간은 태생적으로 불확실성을 두려워한다. 예측할 수 없는 미래 앞에서 불안은 커지고, 그 불안을 줄이기 위해 우리는 끊임없이 패턴을 찾고 계산하며 가능한 한 많은 변수를 통제하려 애쓴다. 그래서 인간은 예측에 의존하는, 말하자면 예측 기계처럼 살아왔다. 인류의 역사는 곧 예측의 역사였다. 농사의 시기를 하늘의 징후로 가늠하던 고대부터, 천문학·수학·통계·과학이 발전한 현대에 이르기까지 미래를 알아내려는 시도는 멈춘 적이 없다. 그러나 그 긴 역사 속에서 얻은 결론은 단 하나, 아무리 정교한 도구를 동원해도 완벽한 예측은 불가능하다는 사실뿐이었다. 예측에 대한 인간의 집착에는 두뇌의 작용이 깊게 관여한다. 위스콘신 대학 연구진은 흥미로운 사실을 증명했다. 실제로 통제하지 못하더라도 통제하고 있다는 상상만으로도 뇌의 고통·불안·갈등을 담당하는 신경활동이 줄어든다는 것이다.[18] 다시 말해, 불확실성을 완전히 제어하지 못해도 그 환상만으로 우리는 신경학적 위안을 얻는다. 미래를 통제하려는 욕망은 이처럼 본능이자 신경학적 착각이다. 17세기, 뉴턴이 완성한 기계론적 세계관은 이런 갈망을 극대화했다. 자연의 모든 현상은 일정한 법칙 아래 움직이며, 그 법칙을 알면 미래 역시 계산할 수 있다는 믿음이 확산됐다. 인류는 마침내 불확실성에서 벗어날 수 있다고 여겼다. 그러나 기대와 달리 예측의 정확성은 여전히 낮았고, 오히려 왜 완벽한 예측이 본질적으로 불가능한지 더 분명하게 드러났다. 그럼에도 불구하고 기계론적 세계관은 각 학문 분야로 퍼져 오늘날까지 사회의 구조와 사고방식을 지탱하고 있다.

투자의 세계도 예외가 아니다. 많은 이들이 복잡한 모델과 방대한 데이터를 동원해 미래를 예측하려 하지만, 시장은 끊임없이 그 예측을 비웃듯 깨뜨린다. 나 역시 한때는 예측으로 불확실성을 제거하려 했지만, 이제는 그보다 더 근본적인 태도를 받아들이게 되었다. 불확실성을 제거하는 것이 아니라 인정하는 것, 그리고 그 속에서 살아남는 방법을 찾는 것이야말로 내가 선택한 길이다. 그리고 그 첫 번째 답을 철학, 그중에서도 스토아 학파*에서 발견했다. 투자는 단순한 숫자의 게임이 아니다. 변동성 속에서 감정과 판단이 시험대에 오른다. 이때 필요한 것은 더 많은 데이터가 아니라, 상황에 흔들리지 않는 마음의 구조다. 철학은 바로 그 구조를 설계하는 도구다. 스토아 학파는 예측 불가능한 정치, 전쟁, 재난이 일상이던 고대 그리스 아테네에서 탄생했다. 창시자 제논**은 인간이 외부

---

* 스토아학파는 기원전 3세기 제논이 아테네에서 세운 철학 학파로, 자연의 이성과 조화를 이루며 사는 삶을 강조했다. 그들은 인간이 통제할 수 없는 외부 사건에 흔들리지 않고, 오직 자신의 판단과 행동만을 다스리는 것이 진정한 자유라고 보았다. 세네카, 에픽테토스, 마르쿠스 아우렐리우스 같은 인물들이 대표적 사상가다. 스토아 철학은 역경 속에서도 평정과 자기 통제를 지키는 태도로 오늘날까지 많은 사람들에게 삶의 지혜를 제공한다.

** 제논(Zeno of Citium, 기원전 334~262)은 스토아학파의 창시자로, 키프로스 출신의 철학자다. 그는 아테네에서 철학을 가르치며 '스토아 포이킬레(채색된 주랑)'라는 건물에서 강연했는데, 여기서 '스토아학파'라는 이름이 유래했다. 제논은 자연의 이성과 조화를 이루며 사는 삶, 즉 인간이 통제할 수 없는 외부 사건에는 무심하고 오직 자신의 덕과 이성을 따르는 삶을 강조했다. 이 사상은 스토아 철학의 핵심이 되었다.

세계를 통제할 수 없다는 사실을 전제로, 오직 자신의 판단과 행동만이 진정한 자유의 영역이라고 보았다. 이후 이 사상은 로마 제국으로 전해져, 세네카, 에픽테토스, 마르쿠스 아우렐리우스 같은 인물들을 통해 한층 실천적인 철학으로 발전했다. 그들의 공통된 가르침은 단순하다. 통제할 수 있는 것에 집중하고, 나머지는 담담히 받아들이라는 것. 이 원칙이야말로 오늘날 변동성의 파도 위를 항해하는 투자자가 붙잡아야 할 가장 단단한 닻이다.

스토아 학파의 핵심은 단순하다. 세상을 두 범주로 나누는 것이다. 내가 통제할 수 있는 것과 통제할 수 없는 것. 이 구분이 명확해질 때 삶과 투자의 태도는 완전히 달라진다. 시장의 등락, 세계 경제의 흐름, 정치적 사건, 예기치 못한 재난과 같은 요소들은 아무리 노력해도 내 뜻대로 할 수 없는 영역이다. 반면, 종목을 고르는 기준, 매수와 매도 시점에서의 판단, 그리고 그 과정에서 감정을 다스리는 능력은 전적으로 나에게 달려 있다. 문제는 대부분의 투자자가 이 질서를 거꾸로 산다는 점이다. 주가를 하루 종일 들여다보며 불안에 휩싸이고, 뉴스 한 줄에 마음이 흔들려 매매 버튼을 누른다. 이는 마치 거친 파도 위에서 바람의 방향을 바꾸려 애쓰는 것과 같다. 스토아 철학은 그 힘과 시간을 자신이 영향력을 행사할 수 있는 영역에 쏟으라고 말한다. 마르쿠스 아우렐리우스는 말한다. "우리는 주변에서 벌어지는 대부분의 사건에 대해 영향력이 없다. 오로지 마음을 다스리는 힘만 가지고 있을 뿐이다. 이 점을 이해하면 다른 방법을 찾게 될 것이다." 우리가 할 수 있는 일은 시장의 변동성에 에너지를 쏟는 것이 아니라 우리의 내면을 완성하는 일이다.

행동경제학이 말하듯, 인간은 생존에는 유리하지만 투자에는 불리한 방식으로 진화했다. 위험을 피하려는 본능과 기회를 놓치지 않으려는 충동은 시장 안에서 각각 공포와 탐욕으로 변형되어 이성을 무너뜨린다. 에픽테토스는 "우리에게 해를 끼치는 것은 사건이 아니라 그 사건에 대한 우리의 생각"이라고 했다. 주가 하락이라는 사건은 본래 중립적이다. 그것을 재앙으로 해석하는 순간 공포가 판단을 집어삼키고, 기회로 해석하면 차분함이 유지된다. 또 투자자들은 종종 경제지표를 통해 시장을 예측하려 한다. 인플레이션, 실업률, GDP 성장률과 같은 숫자는 객관적 사실처럼 보인다. 하지만 그 숫자를 어떻게 해석하느냐는 전혀 다른 문제다. 경제지표에 의존할수록 오히려 시장의 불확실성에 더 깊이 노출된다. 숫자는 고정되어 있지만, 그 의미는 상황과 관점에 따라 달라지기 때문이다. 경제지표의 해석은 사실 코에 걸면 코걸이고 귀에 걸면 귀걸이인 식이다. 똑같은 수치를 두고도 누군가는 호재라고 해석하고, 다른 누군가는 악재라고 해석하기 때문이다. 예를 들어 인플레이션 수치가 높게 발표되었을 때, 가장 먼저 떠올릴 수 있는 해석은 악재다. 중앙은행은 물가 상승을 억제하기 위해 금리를 올릴 가능성이 크다. 금리가 오르면 기업의 자금 조달 비용이 높아지고 소비도 위축된다. 주식시장에선 당연히 부정적인 신호로 읽힌다. 실제로 인플레이션 지표가 높게 발표됐을 때 시장이 전체적으로 하락하는 모습을 자주 볼 수 있었다. 그러나 다른 해석도 가능하다. 인플레이션의 상승은 경기 회복의 징후일 수 있다. 수요가 살아나고 기업 매출이 늘어났다는 신호로 볼 수 있기 때문이다. 또한 인플레이션은 곧 화폐가치의 하락을 의미한다. 이는 기업이나 정부가 지고 있는 실질 부채 부담을 줄여 준다. 높은 인플레이션 환경에서는 채무자가 상대적으로 유리해지는 것이다. 더 나아가 금리보다 인플레이션이 높게 유지되면, 예금이나 채권과 같은 안전자산의 실질 수익률은 마이너스로 전락한다. 그 결과 자금은 더 높은 수익을 기대할 수 있는 주식시장으로 흘러 들어온다. 같은 인플레이션 수치가 투자자들에게는 기회 요인으로 해석될 수 있는 것이다.

결국 인플레이션이라는 하나의 숫자도 상황에 따라 정반대의 의미를 갖는다. 단기적으로는 금리 인상 우려로 시장을 흔들 수 있지만, 장기적으로는 경기 회복과 자산시장 유동성 증가의 신호일 수 있다. 숫자 그 자체보다 중요한 것은 그 숫자를 둘러싼 맥락과 투자자들의 해석이다. 그래서 경제지표를 시장 예측의 도구로 삼을수록 오히려 불확실성의 파도 속으로 들어가게 된다. 그리고 경제지표의 또다른 맹점이 있다. 미국 정부는 한 해에 무려 4만 5천 건이 넘는 경제지표 데이터를 쏟아 낸다. 고용, 물가, 생산, 소비 등 수많은 숫자들이 매일같이 발표된다. 투자자들은 이 숫자 속에서 시장의 방향을 읽어 내려 하지만, 사실상 어떤 상황에도 맞춰 끼워 넣을 수 있는 지표가 항상 존재한다. 그래서 경제지표를 통한 예측은 필연적으로 데이터 마이닝*이라는 함정에 빠진다. 흥미로운 예로, 데이비드 라인웨버가 만든 실험이 있다. 그는 1983년부터 1993년까지의 데이터를 분석하며 S&P500 지수의 움직임과 방글라데시의 버터 생산량 사이에서 무려 75%의 유사성을 찾아냈다. 여기에 미국 치즈 생산량과 방글라데시 및 미국의 양 개체 수를 추가하자, 유사성이 95%, 심지어 99%까지 치솟았다. 얼핏 보면 버터와 치즈, 양 떼의 숫자가 미국 주식시장을

---

* 데이터 마이닝은 방대한 데이터 속에서 패턴과 규칙, 의미 있는 정보를 찾아내는 과정이다. 단순히 데이터를 모으는 것이 아니라, 통계학·인공지능·머신러닝 기법을 활용해 숨겨진 상관관계나 예측 모델을 도출한다. 예를 들어 소비자의 구매 이력을 분석해 추천 상품을 제시하거나, 금융 거래에서 이상 거래를 감지하는 것이 대표적인 활용 사례다.

완벽하게 예측하는 것처럼 보였다. 그러나 이런 결과는 단지 해당 기간의 데이터 안에서만 통했을 뿐, 그 이전이나 이후에는 전혀 맞지 않았다. 이 사례는 교육기관에서 스푸리어스 상관관계의 대표적 사례로 지금도 자주 인용된다. 이 실험이 보여 주는 교훈은 단순하다. 데이터가 아무리 정교해 보여도, 그 속에 숨은 우연과 노이즈는 언제든지 진실처럼 포장될 수 있다는 사실이다. 경제지표를 맹신하는 순간, 우리는 실제로는 아무 의미 없는 상관관계에 의존해 미래를 예측한다고 착각하게 된다.

더 근본적으로, 경제지표는 본질적으로 과거의 산물이다. 지난달의 고용 수치, 어제 발표된 물가 지수, 지난해의 성장률은 전부 과거를 수치화한 데이터다. 그런데 우리는 그 과거의 숫자들을 바탕으로 미래를 예측하려 한다. 이는 과거의 상황이 앞으로도 똑같이 이어질 것이라는 믿음에 서 있는 셈이다. 하지만 미래는 본질적으로 불확실하다. 따라서 경제지표를 근거로 한 예측은 불확실성을 해소하는 것이 아니라, 오히려 그 불확실성에 더 취약하게 만드는 결과를 낳는다. 과거는 늘 현재와 다르게 흘러가며, 미래는 과거의 단순한 반복이 아니다. 숫자는 객관적인 것처럼 보이지만, 그 숫자를 붙잡고 미래를 단정하는 순간, 우리는 착각과 함정 속으로 들어가게 된다. 예측의 진짜 문제는 틀릴 수 있다는 것이 아니라, 틀릴 수밖에 없다는 데 있다. 따라서 투자자에게 필요한 것은 지표에 매달리는 집착이 아니라, 해석이 얼마나 불완전한지를 인정하는 겸허함이다. 불확실성은 제거할 수 없는 조건이지만, 그것을 인식하는 태도만으로도 우리는 시장 속에서 한층 더 현명해질 수 있다.

결국 경제지표라는 것을 통한 예측은 절대적이지 않다. 다만 경제지표가 어느 정도의 방향이나 기준을 제시해 주는 보조적인 수단으로써 역할을 한다. 이런점에서 스토아 학파의 철학은 투자자에게 매우 유용하게 다가온다. 나는 이 철학을 투자에 적용하면서 불필요한 매매를 줄일 수 있었다. 경제지표에 움직이는 주가에 반사적으로 반응하기보다, 나의 원칙과 계획에 부합하는지만 확인하게 된 것이다. 원칙은 흔들리는 심리를 붙잡아 두는 닻과 같다. 폭풍이 몰아치는 바다에서도 닻이 단단히 박혀 있다면 배는 표류하지 않는다. 투자 시장이라는 거친 파도 위에서 스토아 철학의 통제 구분과 심리 다스림은 방향을 잃지 않게 하는 항로표이자, 불확실성 속에서도 오래 살아남게 하는 생존 기술이다.

옐로스톤 효과

행복에 이르는 길은 딱 하나뿐이다. 내 손에 달리지 않은 일에
서 벗어나는 것이다.

-에픽테토스-

미국 와이오밍 주와 몬테나 주, 그리고 아이다호 주가 만나는 지점에
위치한 옐로스톤 국립공원은 겉으로는 고요하고 평화로워 보이지만, 그
내부에서는 매년 수백 건의 산불이 일어난다. 대부분은 낙뢰에 의해 발
생하는 자연적 불씨다. 이런 작은 불들은 대개 몇 에이커만 태우고 사라
지며, 오히려 숲의 건강을 유지하는 데 중요한 역할을 했다. 오래된 나무
와 마른 잎, 떨어진 가지들이 태워지면서 새로운 식물의 생장이 촉진되
고, 특정 종자는 불을 통해서만 싹을 틔운다. 다시 말해, 작은 산불은 숲
의 순환과 회복을 돕는 생태계의 필수 과정이었다. 그러나 19세기 말 미
국 토지관리사무소는 산불을 위험 요소로만 인식했다. 1890년 이후 그들
은 번개에 의한 자연발화든, 사람의 부주의에 의한 불이든 모든 불씨를
철저히 차단하기 시작했다. 겉으로는 안전을 지킨다는 명분이었지만, 그
결과 숲은 점차 늙어 갔다. 자연스럽게 사라졌어야 할 마른 잎, 나무껍질,
잔가지, 고사목들이 수십 년간 축적되며 숲 전체가 말 그대로 화약고처럼
변해 갔다. 작은 불이 사라지자, 숲은 점점 더 큰 불을 부를 준비를 하고
있었던 셈이다.

그리고 1988년 여름, 남쪽 가장자리에서 시작된 작은 번갯불은 마침내
이 잠재된 연료를 만났다. 바람과 건조한 날씨가 겹치며 불길은 삽시간

에 번졌고, 그해 산불은 무려 150만 에이커를 태워 버렸다. 이전까지 가장 큰 산불 피해가 2만 5천 에이커에 불과했던 것을 감안하면, 이는 상상조차 할 수 없는 규모였다. 작은 불을 용납하지 않으려 한 100년의 집착이, 단 한 번의 대참사로 되돌아온 것이다. 학자들은 이 현상을 옐로스톤 효과라 명명했다. 옐로스톤 효과의 본질은 단순하다. 작은 위험을 두려워해 철저히 차단할수록, 오히려 더 큰 위험을 초래한다는 것이다. 작은 산불이 생태계에 필요했던 것처럼, 작은 충격과 변동은 오히려 전체 시스템을 건강하게 만든다. 그러나 인간은 이를 통제할 수 있다고 믿었고, 결과는 거대한 재앙이었다.[19] 그날 이곳에 번개가 치지 않았다고 해서 대화재가 발생하지 않았을까? 그렇지 않다. 언젠가 반드시 일어날 일이 일어났을 뿐이다.

옐로스톤 효과는 미국경제에서도 나타났다. 1992년 미국 경제가 물가와 실업이 동시에 낮은 골디락스* 구간에 들어서자, 앨런 그린스펀 의장은 시장이 곧 과열로 번질 수 있다는 판단 아래 1994년에 선제적 금리 인상을 연속 단행했다.** 뜻밖의 속도로 이어진 금리인상은 채권 가격을 급락시켜 94년 채권 대학살로 불릴 정도의 충격을 남겼다. 금리 급등과 달러 강세는 신흥국 자금 흐름을 뒤흔들었고, 그 여파 속에서 멕시코는

---

* 골디락스는 원래 영국 동화 골디락스와 세 마리 곰에서 유래한 표현으로, 너무 크지도 작지도 않고, 너무 뜨겁지도 차갑지도 않고, 딱 알맞은 상태를 뜻한다. 경제학에서는 성장률, 물가, 금리 등이 과열되지도 침체되지도 않은 안정적 균형 상태를 설명할 때 골디락스 경제라는 용어로 쓰인다. 1990년대 미국의 장기 호황이 대표적 사례로, 물가는 안정적이고 성장은 꾸준히 이어지면서 마치 동화 속 딱 맞는 죽처럼 모두에게 이상적인 환경으로 비유되었다.

** 1951년부터 1970년까지 연준의장을 역임한 맥체스니 마틴 주니어는 파티가 한창일 때 칵테일 테이블을 치우는 것이 연준의 임무라고 선언했다.

1994년 말 페소 폭락과 함께 테킬라 위기*에 빠졌다.

이 경험 이후 그린스펀은 시장의 작은 위기에도 충격을 최소화하려는 쪽으로 기울었다. 1996년 주식시장의 과열을 "비이성적 과열"이라 공개적으로 경고하고서도, 정작 금리로 칼을 대는 일에는 주저했다.[20] 1997년에 제한적인 인상을 시도했지만, 곧 아시아 외환위기가 터졌고 러시아 모라토리움, 롱텀캐피탈매니지먼트(LTCM) 사태까지 연달아 발생하자 연준은 더 큰 동요를 막기 위해 급히 완화 기조로 선회했다. 1998년에는 시장 안정을 위해 전격적인 인하와 구제 조율이 이뤄졌고, 1999년에는 밀레니엄 버그(Y2K)로 시스템 리스크가 불거지자 적극적인 유동성 공급과 신중한 보폭으로 긴축의 강도를 조절했다. 결과적으로 금리 경로는 충격 회피에 맞춰 완만하게 설계되었고, 유동성은 충분히 유지됐다.[21] 그 사이 작은 불들은 꺼졌지만, 숲엔 낙엽과 죽은 나무와 같은 유동성과 과도한 레버리지가 차곡차곡 쌓였다. 그린스펀 풋**이라 불린 기대는 위험 선호를 더 키웠고, 기술주 버블은 역사적 고점으로 팽창했다. 그리고 2000년, 밀레니엄 버그가 단순한 우려였다는 것이 밝혀지고 본격적인 긴축이

---

* 1920년대부터 1990년대까지 멕시코의 정치는 공산당식 민주주의였다. 투표권은 정치 후원자에게 있었고, 부족한 표는 어떻게든 만들어 냈다. 그렇게 1988년 당선된 살리나스 대통령은 자유주의를 표방하며 외채위기를 타결하기 위해 미국 자본을 적극적으로 받아들였다. 1993년 멕시코에는 300억 달러 이상의 외국 투자자본이 유입되었는데, 1994년 그린스펀의 금리인상으로 달러가 크게 오르자 외채에 크게 의존하던 멕시코의 경제는 큰 위기를 맞았다.

** 그린스펀 풋은 1987년부터 2006년까지 미국 연준 의장을 지낸 앨런 그린스펀이 위기 때마다 금리 인하와 유동성 공급으로 시장을 떠받친 정책을 가리키는 말이다. 여기서 '풋(Put)'은 금융시장에서 일정 가격 이하로 떨어지면 손실을 막아 주는 풋옵션에 비유한 것이다. 투자자들은 "시장이 크게 흔들리면 연준이 구해 줄 것"이라는 믿음을 갖게 되었고, 이는 위험 감수 성향을 키워 자산 버블을 부추겼다. 특히 1987년 블랙먼데이 이후의 긴급 대응, 1998년 LTCM 사태, 2000년대 초 IT버블과 9·11 사태 직후 금리 인하는 대표적인 사례로 꼽힌다. 최근에는 파월 풋이라고도 불린다.

시작되자 나스닥은 70% 이상 폭락하며 대붕괴를 기록했다. 작은 충격을 피하려던 완화가, 옐로스톤의 낙엽처럼 축적해 결국 더 큰 충격으로 돌아왔다.

옐로스톤 효과의 본질은 단순하다. 작은 위험을 두려워해 철저히 차단할수록, 오히려 더 큰 위험을 초래한다는 것이다. 작은 산불이 생태계에 필요했던 것처럼, 작은 충격과 변동은 오히려 전체 시스템을 건강하게 만든다. 그러나 인간은 이를 통제할 수 있다고 믿었고, 결과는 거대한 재앙이었다.

포커와 불확실성

"포커의 훌륭한 점은 대체로 망상을 처벌한다는 거야."

-에릭 사이델-

불확실성을 공부하기 위해 수많은 책을 읽었지만, 그중에서도 당시 내 고민을 가장 정확하게 짚어 준 책이 있었다. 너무 인상 깊고 재미있어서 하루 만에 단숨에 읽었고, 곧바로 다시 처음으로 돌아가 재독할 만큼 깊은 인상을 받았다. 그 책은 마리아 코니코바가 쓴 블러프였다. 심리학 박사였던 그녀는 운과 통제의 본질을 연구하기 위해 독특한 선택을 했다. 바로 포커였다. 포커를 택한 이유는 폰 노이만의 게임이론과 경제 행동 연구에서 영감을 받았기 때문이다. 폰 노이만 역시 포커에서 착안해 게임이론을 만들었다. 그는 "현실의 삶은 블러핑과 사소한 기만전술, 그리고 상대가 나를 어떻게 생각할지에 대한 끝없는 자문으로 구성된다. 이것이 내가 말하는 게임이다"라고 설명했다. 특히 포커 중에서도 그녀가 주목한 게임은 노리밋 텍사스 홀덤이었다. 이 게임은 개인에게 주어진 2장의 카드와 모두가 공유하는 5장의 카드를 조합해 승부를 겨룬다. 일반적인 도박은 대부분 운에 좌우되지만, 노리밋 텍사스 홀덤은 다르다. 베팅에 제한이 없어 언제든 가진 모든 칩을 걸 수 있기 때문에 단순한 운만으로는 버틸 수 없다. 운과 실력이 절묘하게 맞물려 결과를 결정한다는 점에서 인생과 놀라울 만큼 닮아 있다. 마리아 코니코바*는 바로 이 점

---

* 마리아 코니코바(Maria Konnikova, 1984~)는 러시아 출신의 심리학자이자 작가로, 행동과학과 심리학을 대중적으로 풀어내는 저술로 유명하다. 그녀는 《블러프》에서는 포커 훈련 과

때문에 포커를 연구의 대상으로 삼았다. 그녀는 단순히 책상 위에서 이론을 연구하는 데 그치지 않았다. 직접 1년간 훈련을 거쳐 세계 최고 수준의 포커 대회에 참가하겠다는 목표를 세운 것이다. 그리고 그 여정을 이끌 스승으로 전설적인 포커 플레이어 에릭 사이델을 선택했다.

　나는 텍사스 홀덤을 꽤 좋아한다. 하지만 직접 사람들과 마주 앉아 게임을 해 본 적은 없다. 마치 축구를 보는 것은 즐기지만 직접 뛰지는 않는 것과 비슷하다. 내가 텍사스 홀덤을 흥미롭게 생각한 이유는 한 영화 때문이다. 맷 데이먼과 에드워드 노튼이 출연한 영화 라운더스는 텍사스 홀덤은 매혹적으로 묘사한다. 자연스럽게 나는 이 게임에 환상을 품게 되었다. 언젠가는 포커를 배워 세계대회에도 나가 보고 싶다는 생각까지 했다. 포커 대회는 올림픽처럼 선발된 선수만 참가하는 것이 아니라, 참가비만 내면 누구나 출전할 수 있다. 영화 속에서 맷 데이먼은 1998년 WSP 결승전 헤즈업 플레이 영상을 반복해 본다. 그 결승 테이블의 주인공은 조니 챈과 에릭 사이델이었다. 에릭 사이델은 이 대회에서 조니 챈에게 패해 준우승에 머물렀다. 나는 사실 이 장면에 나온 인물이 에릭 사이델이라는 사실조차 책을 통해서야 알았다. 왜냐하면 나는 포커의 룰이나 전략을 잘 알지 못하기 때문이다. 누군가의 플레이를 보고 감탄할 만큼의 안목도 없고, 운과 실력을 가려낼 정도의 지식도 없다. 그런데도 나는 마리아 코니코바의 책을 통해 에릭 사이델에게서 너무나 많은 것을 배웠다. 단순히 카드 게임 기술을 넘어, 불확실성을 어떻게 받아들이고, 운

정을 통해 인간의 의사결정과 운·실력의 역할을 탐구했고,《생각의 재구성》에서는 집중과 관찰, 추리의 기술을 심리학적으로 해석했다. 코니코바는 과학 저널리스트로도 활동하며, 심리학적 통찰을 실제 삶과 연결하는 글로 대중의 주목을 받았다.

과 실력을 어떻게 구분하며, 통제의 한계를 어떻게 이해하는가에 대한 그의 태도에서였다. 그 가르침은 스토아 철학에서 얻는 교훈과 비교해도 결코 부족하지 않았다.

그에게서 배울 수 있었던 여러 지점 중, 나를 이 책에 깊이 빠져들게 만든 것은 불확실성을 대하는 태도였다. 내가 투자에서 선호하는 방식은 비아 네가티바, 즉 많이 벌기보다 적게 잃는 전략이다. 불확실성을 인정하는 태도이자, 안전마진을 중시하는 가치투자의 한 형태다. 나는 가격이 충분히 하락해 납득할 만한 이유가 있는 종목을 골라 철저하게 분할 매수한다. 지나칠 정도로 쪼개어 매수한다는 점이 특징인데, 예를 들어 1억 원을 투자한다면 100만 원씩 100번에 걸쳐 매수한다. 이렇게 하면 불확실성에 대비할 수 있고, 실제로 이 방식으로는 단 한 번도 실패한 적이 없다. 그런데 역설적으로 실패한 적이 없다는 점이 문제가 됐다. 실패하지 않는 방식은 동시에 크게 벌지 못한다는 뜻이기도 하다. 장기투자로 복리 효과를 얻으면 충분히 큰 수익을 거둘 수도 있지만, 나 자신이 점점 승률에 집착하게 되었다. 수익률이나 총수익보다 나는 실패하지 않았다는 사실 자체에 안도감을 느끼게 된 것이다. 말하자면 정말 필요한 것보다 덜 중요한 것에 집중하게 된 셈이다.

이 점은 마리아가 경험한 일화와 겹친다. 그녀가 연속적으로 포커 토너먼트에서 입상했을 때, 기쁜 마음으로 에릭에게 자랑했지만, 그는 차갑게 말했다. "자주 상금을 타는 사람들은 오히려 돈을 잃어. 최소 상금만 받아서는 장기적으로 손해를 보지."[22] 그의 말은 단순한 충고가 아니었다. 토너먼트의 구조상 항공료, 숙박비, 참가비를 감안하면 작은 상금으로는 손익분기점을 넘을 수 없다. 실제로 돈을 버는 선수는 10번 중 2~3번만 입상하더라도 끝까지 살아남아 큰 상금을 차지하는 쪽이었다. 자주 입상하지만 끝까지 가지 못하는 선수는 필요한 순간 과감히 베팅하지 못한다. 죽지 않겠다는 집착이 오히려 큰 수익을 막는 것이다. 나의 투자가 딱 그랬다. 적게 벌더라도 크게 잃지 않겠다는 태도가, 어느 순간 불확실성을 인정하는 자세가 아니라 불확실성 자체를 피하는 태도로 변해 버렸다. 실제로 내가 가장 좋은 수익을 안겨 준 시기는 늘 하락장이었다. 하락장에서 과감히 매수했을 때 큰 성과를 거뒀다. 하지만 승률 집착에 빠져 있던 시기의 하락장에서는 수익은 났지만 성적은 가장 초라했다. 불확실성을 피한 대가였다. 에릭의 말은 내게 강한 울림을 줬다. 투자 방식 자체가 옳고 그름을 결정하지 않는다. 중요한 것은 불확실성을 피하지 않고, 필요한 순간 과감히 베팅하는 태도다. 나는 그 조언 덕분에 다시 본래의 투자 철학으로 돌아올 수 있었다.

에릭은 패배를 학습의 재료로 삼는다. 모두가 이길 때는 누구나 잘한다. 진정한 차이는 패배에서 드러난다. 그는 감정에 휘둘려 변명을 찾는 대신, 차분히 결정 과정을 되짚고 오류를 분석한다. 불운한 결과 자체는 문제가 아니다. 진짜 문제는 나쁜 결정을 반복하거나, 그것을 고치지 않는 습관이다. 투자 시장도 마찬가지다. 주식 시장에는 분명 사이클이 존재한다. 모건 하우절의 말처럼 시장은 늘 세대를 나눈다. 이 세대란 나이가 아니라 경험의 구분이다. 같은 하락장을 겪은 투자자들은 하나의 세대로 묶이고, 이들은 상승장에서 처음 시장에 들어온 투자자들과 감정을 공유하지 못한다. 하락장에서 살아남은 사람은 기회가 언제 오는지, 그리고 그 기회를 잡기 위해 버텨야 한다는 것을 안다. 반면 상승장에서 시작한 세대는 불확실성의 공포를 모른다. 상승장에서는 누구나 돈을 번다. 그러나 영원한 상승장은 없다. 언젠가 열기가 꺼지고 수많은 투자자들이 시장에서 사라진다. 그들은 공통적으로 비슷한 불만을 늘어놓는다. "왜 하필 내가 투자할 때 이런 일이 벌어졌을까?", "전쟁만 아니었어도", "금리만 오르지 않았더라면", "지진이 일어날 줄 내가 어떻게 알았겠어?" 같은 말들이다. 시간이 흘러 시장이 회복되면, 같은 이들이 또다시 말한다. "나도 그때 이 주식을 싸게 샀었는데 하필…", "전쟁만 아니었다면 나도 큰돈을 벌었을 텐데…" 하고 말이다. 포커에는 배드비트라는 말이 있다. 가장 높은 패를 가지고 있었음에도 불구하고, 마지막 카드 한 장으로 승부가 뒤집히는 경우를 뜻한다. 에릭은 배드비트에 집착하면 게임의 과정이 아니라 결과에만 매달리는 나쁜 습관에 빠진다고 말한다. 과정이 올바르고 합리적이었다면 비록 졌더라도, 혹은 토너먼트에서 탈락했더라도 배울 것이 남는다. 하지만 배드비트만 탓한다면 아무것도 얻을 수 없다. 투자도 마찬가지다. 충분히 투자할 가치가 있었지만, 시장의 예기치 못한 변덕 때문에 실패할 수 있다. 그러나 과정이 올바르다면 결과보다 과정에 집중해야 한다. 옳은 투자는 일시적인 실패가 있더라도 결국 보상받는다. 반대로 하락장에서 모든 것을 잃는 사람은 대개 투자 과정 자체가 잘못된 경우다. 그들에게는 다음 기회가 없고, 설령 기회가 있어도 결과에만 집착하는 습관 때문에 같은 오류를 반복한다.

에릭이 스토아 철학을 공부했는지는 알 수 없다. 하지만 그는 스토아 철학과 같은 교훈을 말한다. 그는 포커에서 통제할 수 없는 것에 집착해서는 안 된다고 말한다. 앞에서 말한 배드비트에 집착하는 일처럼 말이다. 세상이 우리의 뜻처럼 움직이지 않듯이 아무리 뛰어난 포커선수라도 포커에서 일어나는 일을 자신의 뜻대로 할 수 없다. 그는 포커가 매력적인 이유는 망상, 즉 통제에 대한 착각을 할 때 그것을 반드시 처벌한다는 데 있다고 말한다. 즉 살아남기 위해서는 통제에 대한 착각에서 빠져나와야 한다. 물론 대다수의 훌륭한 포커선수들도 이를 제대로 하지 못해 사라진다. 그는 실패에서 배우고, 개방적인 태도를 가져야 한다고 말한다. 주식시장과 마찬가지로 포커계에서는 늘 새로운 슈퍼스타가 등장한다. 그들은 극도로 공격적인 스타일을 가졌다. 물론 그런 스타일 덕분에 슈퍼스타 자리에 오를 수 있다. 하지만 그들이 불확실한 상황에서도 그 태도를 고수한다면 오래 살아남지 못한다. 에릭은 그보다 어린 떠오르는 스타였던 한 선수가 확신에 차서 말하는 것을 보고 다음과 같이 말했다. "확신을 줄이고 탐구를 더 하세요."[23] 에릭은 질투나 시기가 아닌 진심에서 우러나온 조언을 했다. 하지만 그 선수는 에릭에게 고운 시선을 보내지 않았다. 지금은 아무도 그 선수의 이름을 알지 못한다.

포커는 자동적으로 매 판에 참가해야 한다. 순서에 따라 참가비를 내야 하기에, 좋은 패가 나올 때까지 무작정 기다릴 수만은 없다. 결국 중요한 것은 때를 고르는 능력이다. 최고의 핸드로는 최대한 크게 이기고, 최악의 핸드로는 최대한 작게 잃는 것. 하지만 말처럼 쉽지 않다. 투자로 생각해 보면 바로 알 수 있다. 시장이 좋을 때 최대한 많이 벌고, 시장이 나쁠 때 최대한 적게 잃는 것이 얼마나 어려운 일인가? 그래서 그는 모든 결정을 감정이 아니라 확률에 맡기라고 말한다. 좋은 결정을 내리려면 확률적 사고가 필수다. 확률적으로 생각한다면 우리는 마땅한 결과라는 것이 없다는 것을 깨닫는다. 최고의 패를 들고도 질 수 있고, 열악한 패로도 이길 수 있다. 중요한 것은 결과가 아니라 그 결정이 당시의 확률에 비춰 옳았는가다. 문제는 사람들의 심리에 있다. 연속으로 졌다고 해서 좋은 패를 들고도 주저하거나, 연속으로 이겼다고 해서 나쁜 패로 무리하면 결과는 뻔하다. 미래에 일어날 일은 과거와 독립되어 있다는 사실을 잊어서는 안 된다. 시장이 좋다고 해서 영원히 오를 리 없고, 시장이 나쁘다고 해서 끝없이 떨어지기만 하지 않는다. 바로 이 점을 받아들일 때, 비로소 오래 살아남는 포커선수이자 투자자가 될 수 있다.

마지막으로 그에게서 배운 점은 이것이다. 포커는 8명이 한 테이블에서 같은 칩을 들고 시작한다. 시간이 지나면 누군가는 칩리더가 되고, 누군가는 탈락 위기에 놓인다. 그런데 포커에는 모든 선수를 공평하게 압박하는 장치가 있다. 바로 블라인드다. 매 판마다 두 명은 무조건 베팅을 해야 하는데, 이를 스몰블라인드와 빅블라인드라고[*] 부른다. 금액은 작고 크기의 차이만 있을 뿐, 누구도 피할 수 없다. 블라인드는 시계 방향으로 계속 돌기 때문에 언젠가는 반드시 내가 빅블라인드 자리에 앉게 된다. 문제는 칩이 거의 남지 않았을 때 그 자리를 맞이하면, 선택권 없이 강제로 돈을 내야 한다는 점이다. 따라서 칩이 부족한 상태에서 계속 폴드만 하며 시간을 끌 수는 없다. 빅블라인드가 돌아올 때 그 베팅이 가진 칩의 대부분을 차지하게 된다면, 그 순간은 사실상 생존을 건 승부처가 된다. 그래서 토너먼트 포커에서는 단순히 좋은 패를 기다리는 전략만으로는 버틸 수 없고, 칩 관리와 타이밍 판단이 곧 생존과 직결된다. 만약 우리가 테이블에 앉아 있다면 다른 사람들의 칩을 수시로 확인하며 평

---

[*] 텍사스 홀덤에서는 카드를 받기 전에 강제로 걸어야 하는 기본 베팅을 블라인드라고 한다. 딜러 버튼의 왼쪽 첫 번째 플레이어가 스몰 블라인드를, 그 왼쪽 두 번째 플레이어가 빅 블라인드를 낸다. 보통 빅 블라인드는 스몰 블라인드의 두 배 금액으로 정해진다. 이렇게 강제 베팅을 두는 이유는 모든 판에서 최소한의 판돈을 만들고 게임이 지나치게 소극적으로 흘러가는 것을 막기 위해서다. 이후 베팅 라운드는 빅 블라인드의 왼쪽 플레이어부터 시작된다.

균과 비교할 것이다. 평균보다 많으면 안심이 되고, 적으면 불안해진다. 그러나 에릭은 평균은 무시하라고 말한다. 중요한 것은 내가 가진 칩으로 빅블라인드를 몇 번 더 버틸 수 있는가다. 그래야만 제대로 된 전략을 세울 수 있다. 이 원리는 스포츠에서도 그대로 드러난다. 월드컵 16강 경기에서 후반 5분을 남기고 1대 0으로 지고 있다면, 평소의 전술은 의미가 없다. 이때는 골키퍼까지 공격에 가담하는 총력전이 필요하다. 미식축구의 헤일 메리 패스*도 그렇다. 성공 확률은 극히 낮지만, 점수가 뒤지고 시간이 얼마 남지 않았다면 먼 거리의 단 한 번의 패스에 모든 희망을 걸수밖에 없다. 농구 역시 종료 직전 1~2초가 남았을 때 던지는 버저비터가 그렇다. 평소 같았다면 무리한 3점 슛을 시도하지 않았을 것이다. 그러나 시간이 멈추지 않는 규칙 속에서 마지막 기회가 주어진다면, 성공 확률이 낮더라도 반드시 던져야 한다. 시도조차 하지 않는다면 패배는 이미 확정된 것이기 때문이다. 포커의 빅블라인드 상황 또한 다르지 않다. 남은 칩으로 몇 번의 빅블라인드를 견딜 수 있는지가 곧 생존의 시간표이며, 그 순간에는 평소와는 다른 과감한 전략이 필요하다. 중요한 것은 평균이나 이상적인 조건이 아니다. 지금 주어진 상황 속에서 어떤 결정을 내리느냐가 승부를 가른다.

포커에는 블라인드 규칙이 있고, 축구와 농구, 미식축구에는 경기시간이라는 규칙이 있다. 이 규칙이 존재하는 본질적인 이유는 게임을 끝내

---

* 헤일 메리 패스(Hail Mary Pass)는 미식축구에서 경기 종료 직전 극적인 반전을 노리고 던지는 길고 위험한 패스를 뜻한다. 성공 확률은 낮지만, 마지막 순간에 기적을 바라며 시도한다는 점에서 헤일 메리(성모송) 기도라는 표현이 붙었다. 오늘날에는 스포츠뿐 아니라 정치·경제·경영 등 여러 분야에서 벼랑 끝에서 던지는 모험적 시도나 승부수를 가리키는 비유로도 쓰인다.

기 위해서다. 만약 포커에 블라인드가 없다면 어떤 이는 끝없이 폴드만 하고, 모두가 좋은 핸드가 들어오기 전까지 기다릴 수 있다. 그러면 게임은 영원히 끝나지 않는다. 축구도 마찬가지다. 시간 제한이 없다면 다른 규칙을 만들어 경기를 끝내야 한다. 2002년 월드컵을 16강 이탈리아전은 골든골로, 8강 스페인전은 승부차기로 승부가 갈렸다. 하지만 골든골은 언제부터 적용해야 하고, 승부차기는 언제 시작해야 하는가? 이런 질문 자체가 시간제한이 필요한 이유를 잘 보여 준다. 농구, 미식축구, 테니스, 배구, 육상과 수영까지 각 종목마다 다른 방식으로 경기를 끝내는 장치를 두고 있다. 그래서 그 규칙에 맞춰 전략과 전술이 발전한다. 농구의 지역 방어 전술을 축구에 차용한 사례처럼 공유되는 전술도 있지만, 경기 종료의 기준이 다르기에 종목마다 고유한 전략이 존재할 수밖에 없다. 그렇다면 투자 시장은 어떨까? 포커의 블라인드도 없고, 축구의 시간제한도 없다. 끝내는 규칙 자체가 존재하지 않는다. 그렇기에 투자에는 다른 게임과는 전혀 다른 성격의 전략과 전술이 필요하다.

비아 네가티바

"2009년에 집을 가지고 있다가 모든 것을 날린 사람은 2010년에 주택담보대출 이율이 낮아져도 이를 이용할 수가 없었다. 리먼 브라더스는 2009년에 값싼 대출에 투자할 기회가 없었다. 이미 끝났기 때문이다."

-모건 하우절-

지금부터 하려는 이야기는 누군가에게는 불편하게, 또 다른 누군가에게는 공감받지 못할 수도 있다. 나 자신조차 그렇게 투자하지 못했기에 이런 말을 할 자격이 있는지 고민된다. 그러나 그럼에도 불구하고 중요한 주제라 생각하기에 이 장에 담아 보려 한다.

투자시장에 참여하는 누구나 공정한 자격을 가진다. 이 공정함이 침해되면 법으로 처벌한다. 즉, 시장의 공정함은 단순한 이상이 아니라 법적 구속력이 있는 원칙이다. 그러나 실제로 대부분의 투자자는 시장이 공정하지 않다고 느낀다. 정보의 차이도 원인일 수 있지만, 진짜 본질적인 차이는 자금에서 비롯된다. 주식을 다룬 영화 《작전》에서 강현수(박용하)는 이렇게 말한다. "결국 밑천 차이 아닙니까? 똑같이 1%씩 먹어도 100만 원이면 만 원이고 100억이면 1억인데 부자들하고 개미들하고 애초에 게임이 됩니까?" 투자를 경험한 사람이라면 누구도 부정하기 어렵다. 상승장이 시작되면 밈주식, 동전주, 테마주 같은 투기성 자산으로 사람들이 몰린다. 이미 크게 오른 주식에 뒤늦게 올라타는 경우도 많다. 하지만 그 결과는 대체로 좋지 않다. 그럼에도 많은 이들이 열광하는 이유는 단 하나다. 성공했을 때의 폭발적인 수익 때문이다. 상승장에서는 종종 엄청난 수익률을 기록한 사례가 등장한다. 그들의 성공담은 시장 전체를 자극하고, 더 많은 추종자를 만든다. 그러나 제이슨 츠바이크가 지적했듯이 "호황은 항상 불황으로 끝나고, 가장 거만한 단기 투자자가 가장 먼저 죽는다." 결국 대부분의 투자자는 실패로 돌아간다. 상승장이 끝나고 침체가 오면, 운 좋게 살아남아 자산을 불린 소수만이 있다. 그들 중 일부는 자신의 포트폴리오를 보수적으로 수정한다. 강현수가 말했듯, 자산이 커지면 같은 수익률에도 절대 금액이 커지기 때문에 굳이 큰 리스크를 감수할 이유가 없기 때문이다. 공격적인 투자와 보수적인 투자 사이에는 결국 자산이라는 변수가 가로놓여 있다.

궁핍한 동물은 유동적인 보상을 더 선호한다. 굶주린 맹수는 평소라면 피했을 위험한 사냥에 나선다. 아무것도 얻지 못하거나 크게 다칠 위험을 감수하더라도, 더 큰 보상을 얻을 가능성이 있다면 기꺼이 승부를 건다. 굶어 죽는 것보다는 낫기 때문이다. 투자자도 비슷하다. 자산이 적거나 최근 큰 손실을 본 사람일수록 더 큰 위험을 감수하는 경향이 있다. 이는 포커에서 칩이 거의 남지 않은 플레이어가 좋지 않은 패에도 올인하는 상황과 같다. 충분히 이해할 수 있고, 반드시 틀린 전략이라고만 볼 수도 없다. 그러나 투자는 스포츠나 포커와 본질적으로 다르다. 경기가 끝나는 규칙이 정해지지 않았기 때문이다. 그러면 혹자는 이렇게 되물을 수 있다. "돈이 없으면 끝나는 거 아닌가?" 좋다. 돈이 없으면 투자를 못 하니 투자를 끝내는 규칙은 자금부족일 수 있다. 그렇다면 오히려 더 좋다. 적어도 다른 스포츠나 포커와는 달리 경기를 끝내고, 끝내지 않는 선택을 직접 할 수 있기 때문이다.

물론 선택에는 그만한 책임이 따른다. 월드컵 16강에서 탈락했다면 그 대회는 거기서 끝난다. 2002년에 좋은 성적을 거두었더라도, 그 성적이 2006년 대회까지 이어지지는 않는다. 농구나 미식축구에서도 극도로 짧은 시간지평 속에서만 버저비터나 헤일 메리 패스가 의미를 가진다. 하지만 투자는 다르다. 이번 투자에서의 손실은 다음 투자로 이어지고, 나의 삶으로도 이어진다. 설령 이번이 마지막 투자라 하더라도, 돈이라는 것은 실제 삶과 연결된 수단이다. 따라서 투자에서의 결과는 단순히 게임의 끝으로 사라지지 않는다. 삶과 투자 사이의 경계가 없기 때문에, 단기적인 올인 전략은 삶 전체에 치명적인 상처를 남길 수 있다. 투자에서의 선택은 삶 전체에 책임이 따른다는 의미다.

우리가 실제로 살아가는 삶의 시간지평은 장기적이다. 그러나 투자의 결과, 즉 돈은 단기적 결과와 장기적 삶을 동시에 관통한다. 이 모순이 문제다. 에릭이 강조했듯 상황에 맞는 전략과 전술은 반드시 필요하다. 만약 그가 포커 토너먼트가 아니라 실제 돈이 오가는 노리밋 캐시게임을 했다면, 분명 다른 전략을 썼을 것이다. 게임 칩이 아니라 삶과 직결된 돈이라면 접근 방식은 달라질 수밖에 없다. 투자는 토너먼트 포커가 아니다. 결코 끝나지 않는, 삶의 일부다. 나는 공격적인 투자의 동기를 이해할 수 있지만 지지하지는 않는다. 워렌 버핏 역시 초기에는 담배꽁초 투자*를

---

* 워렌 버핏은 투자 초기 벤저민 그레이엄의 영향을 받아 담배꽁초 투자 전략을 썼다. 이는 담배꽁초가 거의 다 타버렸어도 한두 번은 더 빨 수 있는 것처럼, 본래 가치는 거의 사라졌지만 시장에서 극도로 저평가된 기업을 매수해 단기 차익을 얻는 방식이다. 버핏은 실제로 이런 투자로 초기 자본을 불렸으나, 시간이 지나면서 "질 낮은 기업을 싸게 사는 것보다 질 좋은 회사를 적정 가격에 오래 보유하는 것이 낫다"는 교훈을 얻었다. 이후 그는 찰리 멍거의 조언에 따라 장기 복리에 더 적합한 위대한 기업 투자로 철학을 바꾸게 된다.

했다. 이미 버려진 담배꽁초에서 마지막 몇 모금을 얻듯, 폭락한 주식에서도 잠깐의 반등을 노리는 투자였다. 하지만 그는 곧 잘못을 깨닫고 방식을 바꿨다. 나 역시 급등주와 테마주에 손을 댄 적이 있다. 운 좋게도 그 과정에서 돈을 벌었고, 그 자금이 지금의 투자를 지탱하는 일부가 됐다. 그렇기에 이런 이야기를 하는 것이 불편하다. 내 주변에는 여전히 공격적으로 투자하는 사람들이 많다. 그들은 때로 큰 성과를 내지만 자산이 실질적으로 늘어나지 않는 경우가 많다. 혹은 적은 돈으로 투자를 시작하려는 사람들이 조언을 구하기도 한다. 하지만 나는 쉽게 대답하지 못한다. 이미 지식의 저주에 빠져 있기 때문이다. 내가 가진 환경과 다른 환경에 놓인 사람들에게 무엇이 옳은 투자일지, 확신을 줄 수 없다.

"투자자금이 적다면 어떻게 해야 할까요?"라는 질문에 여전히 대답하기가 어렵다. 분명 자금이 적을수록 공격적인 투자가 전략상 유리하다. 이해할 수 있고, 때로는 맞는 선택일 수도 있다. 그러나 돈은 단순한 게임 칩이 아니라 삶과 맞닿아 있다. 그래서 나는 결과보다는 과정에 무게를 두고, 시간지평을 길게 잡는 투자가 더 맞다고 생각한다. 결국 내가 가장 중요하게 여기는 것은 시장에서 탈락하지 않는 것이다. 우리는 적어도 시장에서의 탈락 여부를 직접 결정할 수 있다. 상대적으로 자금이 궁핍한 투자자가 공격성을 가질 수밖에 없다는 사실을 이해하지만 우린 야생동물도 포커를 치고 있지도 않으니 투자시장의 이점을 살려야 한다. 이 질문에 대한 답은 오래전 워렌 버핏이 이미 제시했다. 워렌 버핏은 투자를 야구에 빗대어 설명하는 것을 즐겼다. 그는 특히 전설적인 타자 테드 윌리엄스의 이야기를 자주 인용했다. 윌리엄스는 타석에 들어서기 전 자신의 스트라이크 존을 77개의 작은 칸으로 나누어 연구했다고 한다.

그에게 최고의 스윙은 특정 구역에서만 나왔다. 존의 가운데 위쪽 공은 타율이 0.400에 가까웠지만, 바깥쪽 아래 구석으로 갈수록 타율은 0.230, 0.200으로 급격히 떨어졌다. 그래서 윌리엄스는 자신이 가장 잘 칠 수 있는 공, 즉 확률이 높은 영역의 공이 들어올 때만 배트를 휘둘렀다. 다른 공은 아무리 스트라이크라 해도 의도적으로 흘려보냈다. 기다림은 인내였고, 인내가 그의 성적을 만들었다. 버핏은 이 원리를 투자에 그대로 적용했다. 그는 주식시장에서 스트라이크 아웃 제도가 없다고 강조했다. 야구에서는 심판이 세 번 스트라이크를 선언하면 타자는 물러나야 하지만, 투자의 세계에서는 그런 강제성이 존재하지 않는다. 아무리 많은 기회가 지나가더라도, 스윙하지 않는다고 해서 시장에서 쫓겨나지 않는다. 돈을 모두 잃는 순간만이 유일한 퇴장이며, 그 외에는 영원히 기다릴 수 있다. 그렇기에 버핏은 자신에게 확실히 유리한 한 방만을 기다린다. 즉, 좋은 기업을 싸게 살 수 있는 순간이 올 때까지 수년이든 수십 년이든 참을 수 있는 것이다. 이 점이 투자가 스포츠나 포커와 근본적으로 다른 지점이다. 축구에서는 시간이 다 되면 휘슬이 울리고, 포커에서는 블라인드가 강제로 베팅을 밀어붙인다. 그러나 투자는 억지로 올인을 할 필요도, 막판 총력전을 벌일 이유도 없다. 헤일 메리 패스를 던지지 않아도 되고, 버저비터 슛을 쏠 필요도 없다. 단지 자신이 가장 잘 칠 수 있는 공, 즉 확실히 유리한 기회가 올 때까지 기다리면 된다. 이런 태도는 많은 사람들에게 답답하고 소극적으로 보일 수도 있다. 하지만 역설적으로 그것이 장기적으로 가장 공격적인 전략이 된다. 왜냐하면 시장에서 탈락하지 않고 오래 버티는 힘, 그리고 자신의 확률을 극대화할 수 있는 순간만을 선택하는 힘이 복리와 함께 진정한 자산 성장을 만들어 내기 때문이다. 결국 버핏이 윌리엄스에게서 배운 것은 단순한 야구 기술이 아니라, 선택하지 않는 용기와 기다림의 지혜였다.

인도의 펀드매니저 폴락 프리사드*는 이 개념을 통계학과 진화를 통해 설명하고자 노력했다. 통계학 개념에서 1종 오류는 하지 말아야 할 일을 하는 경우이고, 2종 오류는 해야 할 일을 하지 않는 경우다.[24] 이 오류는 동물의 세계에서도 확인이 가능하다. 피식자인 사슴이 목이 말라 물 웅덩이로 찾아간다. 물 웅덩이에는 대체로 포식자가 있을 확률이 높다. 이때 사슴이 포식자가 있음을 알면서도 물을 마시러 가면 1종 오류를 범하는 것이고, 포식자가 없음에도 두려움에 물웅덩이를 피해간다면 2종 오류를 범하는 것이다. 두 가지 오류 모두 사슴에게 치명적으로 작용할 수 있다. 2종 오류도 생존에 치명적이지만 1종 오류는 그보다 더 치명적이다. 어떤 종이든 1종 오류를 범하면 후대에 유전자를 전달하지 못하고 멸종될 확률이 높았다. 천적이 없었던 도도새는 인간을 두려워하지 않아 1종 오류(인간에게 친근하게 다가가기)를 범해 결국 멸종되고 말았다. 포식자의 경우도 다르지 않다. 배가 고픈 치타가 자신보다 몸집이 크고 힘이 센 물소를 사냥하려고 하는 행위는 1종 오류다. 그렇다고 사냥을 하지 않는 것은 2종 오류에 해당된다.

투자자도 피식자나 포식자와 마찬가지로 두 가지 오류에 노출된다. 투

---

* 폴락 프리사드는 Nalanda Capital의 설립자이자 CEO로, 인도 상장기업에 장기투자를 하는 운용사들을 이끌고 있다. 그의 투자 철학은 스몰 포트폴리오 유지, 기업의 생존 우선, 위험 회피, 공정한 가격에 사는 것, 그리고 가능한 한 오래 보유하는 데 강조점을 둔다. 그는 진화론의 개념에서 영감을 얻어, 투자 대상을 선정할 때 생존 가능성, 견고한 사업 모델, 경영진의 능력, 회계의 투명성 등을 기준으로 삼고, 단기 변동보다 장기 트렌드에 기반한 판단을 선호한다. Nalanda Capital이 운용하는 규모는 약 60억 달러 이상이며, 포트폴리오 회전율은 연간 5% 미만으로 매우 낮다.

자하면 안 된다는 사실을 알면서도 투자를 하는 것은 1종 오류에, 리스크가 두려워 좋은 투자임을 알면서도 투자하지 않는 것이 2종 오류에 해당된다. 투자자가 2종 오류를 범할 경우 좋은 기회를 놓치게 된다. 하지만 좋은 기회를 놓친다는 것 그뿐이다. 다소 배가 아프겠지만 다음 기회가 다시 찾아온다. 하지만 1종 오류에 빠진다면 이야기는 달라진다. 바로 투자를 스스로 끝내게 된다. 투자가 끝나지 않더라도 1종 오류는 상흔을 남긴다. 큰 손실을 보면 원금을 회복하는 데 손실률보다 더 큰 수익률이 필요하다. -50%의 손실을 회복하려면 100%의 수익률이 필요하기 때문이다. 워렌 버핏의 제1원칙이 돈을 잃지 마라이고, 제2원칙이 1원칙을 반드시 지키라고 한 이유도 같은 맥락이다. 워렌 버핏은 1종 오류에 빠지지 않는 대신에 2종 오류에 빠지는 것을 선택함으로써 자신의 말한 원칙을 지켰다. 그리고 니콜라스 나심 탈레브의 말처럼 유리한 고지에 서는 것과 살아남는 것은 전혀 별개의 문제다. 다시는 기회를 얻지 못할 수도 있기 때문이다. 모건 하우절은 다음과 같이 말했다. "2009년에 집을 가지고 있다가 모든 것을 날린 사람은 2010년에 주택담보대출 이율이 낮아져도 이를 이용할 수가 없었다. 리먼 브라더스는 2009년에 값싼 대출에 투자할 기회가 없었다. 이미 끝났기 때문이다."[25]

2종 오류를 선택하는 것은 고대 그리스 철학에서 유래한 비아 네가티바식 사고로 볼 수 있다. 비아 네가티바는 인간의 인식 한계를 인정하면서, 무엇인가를 정의하거나 단언하기보다 무엇이 아닌가를 지워 나가는 방식이다. 고대 철학자들은 신의 존재를 증명하려 할 때, 신이 무엇인지 나열하기보다 신이 아닐 수 있는 것들을 제거해 나가는 방식, 일종의 소거법을 택했다. 나심 탈레브는 이를 황금률과 은율의 차이로 설명한다.

"남에게 대접받고 싶은 대로 대하라"는 황금률은 적극적인 지침이며, "네가 싫어하는 것을 남에게도 하지 말라"는 은율의 소극적인 제거 방식이다. 무언가를 하려는 1종 오류는 적극적 지침으로 볼 수 있고, 무언가를 하지 않아야 하는 것을 아는 것은 소극적 지침이다.[26] 우리는 좋은 것보다 나쁜 것을 더 명확하게 구분할 수 있고, 내가 좋아하는 것을 타인도 좋아할지는 불확실하지만, 내가 싫어하는 것은 타인에게도 싫은 것일 가능성이 높다. 그래서 인류 대부분의 종교는 하지 말아야 할 것을 금지령 형태로 전한다. 탈레브는 "배움이란 우리가 인생에서 하지 말아야 할 것에 관한 이야기"라고 말한다. 이렇게 하지 말아야 할 것을 하나씩 제거해 나가는 방식을 제거적 인식론이라고 부를 수 있고, 이는 투자에도 아주 유용하게 적용된다. 예를 들어, 어떤 종목을 매수해야 할 이유를 100가지 알고 있다고 해 보자. 그렇다면 그 종목을 매수하지 않아야 할 이유는 없을까? 사실 매수해야 할 이유가 100가지 있어도, 매수하지 말아야 할 단 하나의 이유가 있다면, 그 종목은 매수해서는 안 된다. 이는 백조가 모두 흰색이라는 수많은 증거가 존재하더라도 단 한 마리의 검은 백조가 그 모든 증거를 무력화시키는 것과 같다.

이를 현대식으로 활용하자면 체크리스트가 좋은 방안이 될 수 있다. 체크리스트를 가장 잘 활용한 인물 중 하나는 워렌 버핏의 파트너 찰리 멍거다. 그는 투자에 있어 격자틀 사고와 함께 체크리스트 소거법을 매우 중요하게 여겼다. 그의 체크리스트는 종목을 매수해야 할 이유가 아니라, 매수하지 말아야 할 이유를 확인하는 항목들로 구성되어 있었다. 그는 모든 가능성을 남겨 두기보다 제거하는 방식으로 확신을 좁혀 갔고, 그렇게 남은 종목만 투자 대상으로 삼았다. 하지만 그 역시 언제나 옳은 판단을 할 수는 없다고 생각했고, 그래서 인내심을 더 강조했다. 인간은 늘 편향을 가진 채 행동에 나서기 때문에, 행동하지 말아야 할 때 행동하지 않는 것, 그것이 성공하는 투자자의 덕목이라고 보았다. 이와 유사한 원칙을 발견한 인물이 미국의 외과의사 아툴 가완디*다. 그는 복잡한 현대의료 체계에서 수술 중 발생하는 실수 대부분이 부주의 때문이 아니라, 아주 작은 절차상의 누락 때문이라는 사실을 밝혀냈다. 그래서 수술 전 반드시 확인해야 할 체크리스트를 만들었고, WHO와 함께 전 세계 병원에 도입했다. 그 결과 8개국 8개 병원에서 수술 사망률이 1.5%에서 0.8%로 절반 가까이 줄어들었고, 합병증도 줄고 협업은 3배 이상 증가했다. 이 단순한 체크리스트는 아주 적은 비용으로 거대한 효과를 냈다. 사실 이 아이디어는 항공업계에서 벤치마킹한 것이다. 1935년 미 육군의 B-17 폭격기가 테스트 도중 추락한 사고에서, 조종사가 바퀴 잠금장치를 해제하지 않았다는 단순한 실수가 원인이었다. 이후 항공업계는 전문가조차 실수할 수 있다는 사실을 인정하고, 복잡한 절차를 누락 없이 점검하기 위해 체크리스트를 도입했다. 1990년대 이후 체크리스트가 항공 전반에 표준화되면서 단순 실수로 인한 사고는 눈에 띄게 줄어들었다. 체크리스트는 실제로 무언가를 해결하기보다 인지적 실수를 방지하는 기능에 더 가깝다. 투자자에게도 마찬가지다. 자신의 투자 원칙을 체크리스트로 정

---

* 아툴 가완디(Atul Gawande, 1965~)는 인도 출신 이민자의 아들로 미국에서 태어나 성장한 외과의사이자 공중 보건 연구자, 작가다. 그는 하버드 의대와 보건대학원 교수로 재직하며 수술실 안전, 의료 시스템의 오류 줄이기, 말기 의료의 인간적 접근 등에 집중해 왔다. 그의 저서 중 《체크! 리스트》는 의료에서 실수를 줄이는 체크리스트의 힘을 강조한다. 또한 그는 Ariadne Labs 등의 기관을 설립하여 의료 실무 혁신을 추진했고, 미국 정부의 글로벌 보건 프로그램에서도 활동했다.

리해 두고, 매 투자마다 반복적으로 점검하는 것은 단순하지만 강력한 방어선이 된다. 투자는 길게 봐야 한다. 결과보다 중요한 것은 좋은 과정을 반복하는 것이다. 예측은 무의미하고 결과는 확률에 따라 갈리겠지만, 좋은 과정 위에 쌓인 실패는 결국 수익으로 보상받게 된다. 반대로 과정이 나쁜 성공은 결국 언젠가 반납하게 될 수익일 뿐이다. 체크리스트는 그 좋은 과정을 만드는 훌륭한 수단이며, 덜 잃는 투자, 즉 예측이 틀렸을 때를 대비하는 가장 견고한 출발점이 된다.

다시 처음으로 돌아가 "자금이 부족할 때 어떻게 투자를 해야 할까?"에 대한 나의 대답은 두 가지일 것이다. 첫째, 가능하다면 투자자금을 키운 뒤 본격적으로 시작하라.* 둘째, 적은 돈으로 시작하더라도 결과보다 과정에 집중하라. 물론 이 역시 정답은 아니다. 상황마다 다른 전략이 필요하기 때문이다. 만약 에릭이 투자자였다면, 그는 "불확실한 시장에서는 일정 부분 공격적 투자가 필요하다"고 인정했을 것이다. 하지만 단지 자본이 적다는 이유만으로 무모한 투자를 권하지는 않았을 것이다. 나 역시 그 입장에 동의한다.

---

* 경험적 차원에서 보면 자본이 적을 때 투자시장에 참여하는 것은 충분히 의미가 있다. 다만 문제는, 자본이 적다는 이유로 높은 수익률을 추구하는 습관이 형성되면, 이후 자본이 충분히 커졌을 때도 같은 태도가 이어질 수 있다는 점이다. 작은 규모에서는 큰 수익률을 추구하는 것이 비교적 감당 가능한 모험일 수 있지만, 규모가 커진 뒤에도 같은 방식을 반복한다면 위험은 기하급수적으로 커진다.

부득탐승(不得貪勝)[*]

복기는 패자에게 고통스럽지만, 대국 전체를 돌아보는 반성의
시간이 된다. 승자보다 패자가 더 많이 배울 수 있는 유일한 순
간이다.

-이창호-

나는 바둑을 잘 알지 못했지만, 바둑기사를 보며 늘 묘한 존경심을 느
꼈다. 바둑은 단순한 게임이 아니라 인생과 닮아 있었고, 투자와도 닮아
있었기 때문이다. 그래서 나는 바둑을 직접 두지는 못하면서도 그들의
태도와 철학을 흡수하려 애썼다. 특히 이창호 9단(이하 이창호)의 이야
기는 내게 큰 울림을 주었다. 그의 삶과 태도에서 내가 투자자로 살아가
는 방식과도 닮은 점이 많았기 때문이다.

이창호는 어린 시절부터 할아버지를 따라다니며 수많은 사람과 바둑

---

[*] 부득탐승(不得貪勝)은 장자(莊子)에 나오는 말로, "이기려는 마음을 탐내지 말라"는 뜻이다.
단순히 경쟁에서 승패를 넘어서는 교훈으로, 상대를 꺾는 데 집착할수록 오히려 도(道)에서
멀어진다는 의미를 담고 있다. 장자는 승패에 연연하지 않고 자연스러운 조화 속에서 자신
을 지키는 삶을 중시했는데, 부득탐승은 이러한 도가적 태도를 잘 보여 준다. 오늘날에는 집
착이나 과도한 경쟁심을 경계하는 지혜로도 읽힌다. 이창호 9단이 자서전 제목을 부득탐승
으로 지은 것은 바둑십계명인 위기십결의 첫 번째 원칙이자 나머지 아홉 가지 실천 강령을
모두 포괄하는 개념이기 때문이다. 不得貪勝(부득탐승) 이기려는 욕심을 부리지 말라, 入界
宜緩(입계의완) 남의 영역에 들어갈 때는 서두르지 말라, 攻彼顧我(공피고아) 남을 공격할
때는 나를 돌아보라, 棄子爭先(기자쟁선) - 돌을 버려서라도 선수를 취하라, 捨小就大(사소
취대) 작은 것을 버리고 큰 것을 취하라, 逢危須棄(봉위수기) 위태로우면 버려라, 愼勿輕速
(신물경속) 경솔하거나 성급하게 두지 말라, 動須相應(동수상응) 수를 두면 반드시 호응이
있어야 한다, 彼强自保(피강자보) 상대가 강하면 스스로 지켜라, 勢孤取和(세고취화) 세력이
외로우면 화해를 구하라.

을 두었다. 특정 사범 밑에서 한 가지 방식만 배우는 것이 아니라, 서로 다른 습관과 기풍을 직접 마주했다. 어떤 이는 초반부터 거칠게 몰아붙였고, 또 어떤 이는 끝까지 참으며 기다렸다. 그는 그 안에서 "정답은 하나가 아니다"라는 사실을 몸으로 배웠다. 그 경험이 훗날 프로 세계에서 불확실성을 대하는 태도의 바탕이 되었다. 멘토가 누구냐는 질문에 그는 주저 없이 할아버지를 꼽았다. 단순히 바둑을 가르쳐 준 사람이 아니라, 세상에 존재하는 다양한 길을 경험하게 해 준 진짜 스승이었기 때문이다.[27] 이와 대조되는 이야기가 조남철* 기사의 회고담이다. 어느 날 한 사람이 나타나 자신은 무려 30년 동안 산속에서 바둑을 수련했고, 그 끝에 바둑의 극의를 깨달았다고 주장하며 대국을 신청했다. 그러나 막상 두어 보니 실력은 초보자 수준에 머물렀다. 당황한 그는 스승을 다시 데려와 도전했지만, 스승 역시 별반 다르지 않았다. 닫힌 세계에서 오랫동안 수련해도 결국 같은 방식만 되풀이할 뿐, 실전의 다양한 상황 앞에서는 속수무책일 수밖에 없다는 사실을 보여 주는 일화다. 반면 이창호는 여러 사람의 손길 속에서 길러진 감각을 바탕으로 국면마다 유연하게 대응할 수 있었다. 다양한 관점을 체득하는 힘이야말로 불확실성의 세계를 헤쳐나가는 길이었다.

그의 바둑 철학은 일관됐다. 처음부터 무리하지 않았다. 두터운 포석을 쌓으며 전체 균형을 중시했고, 화려한 대마 사냥보다 작은 이득을 차분

---

* 조남철(1923~2006)은 한국 바둑의 초대 프로 기사이자 현대 한국 바둑의 기틀을 세운 인물이다. 1945년 해방 직후 일본에서 귀국해 한국 최초의 바둑 단체인 한성기원(현 한국기원)을 설립했고, 프로 제도를 도입해 바둑을 직업화했다. 그는 선수로도 활약해 '국수(國手)'라는 호칭으로 불렸으며, 제자 양성에도 힘써 한국 바둑을 세계적 수준으로 끌어올리는 기반을 마련했다. 조훈현·이창호로 이어지는 한국 바둑 명맥은 그의 선구적 활동에서 비롯되었다.

히 쌓아 갔다.[*] 반집 승부든 불계승이든 승리의 값은 같았다. 중요한 것은 위험을 최소화하고 확실한 결과를 만드는 것이었다. 이는 불확실성을 다루는 가장 안전한 방식이었다. 사람들은 대개 대비보다 수습에 더 큰 점수를 준다. 야구로 보자면, 외야수가 미리 타구의 궤적을 읽어 평범하게 잡는 장면에는 크게 반응하지 않는다. 그러나 늦게 뛰어들어 몸을 던져 슬라이딩 캐치를 하면 관중은 환호한다. 축구에서도 공의 방향을 미리 읽고 제자리를 지켜 막아 낸 골키퍼보다, 다이빙으로 공을 쳐 내는 장면이 명장면으로 기록된다. 역사에서는 어떨까? 평화적인 방법으로 전쟁을 예방한 왕보다 이미 일어난 전쟁을 승리로 이끈 왕이 더 높게 평가받는다. 사람들의 시선은 늘 사전의 대비보다는 사후의 화려한 수습에 끌린다. 바둑도 다르지 않다. 공격적으로 나서 대마를 잡아 불계승을 거두는 것이 더 멋져 보인다. 그러나 이창호는 달랐다. 그는 대마를 잡지 않고도 확실하게 이길 수 있다면 굳이 모험을 택하지 않았다. 화려해 보이는 장면을 만들기 위해 불필요한 위험을 감수하지 않았고, 그 대신 균형과 안정 속에서 차분히 승리를 쌓아 갔다. 결과적으로 그의 바둑은 겉으로는 단조로워 보일 수 있었지만, 실상은 철저히 위험을 관리하며 가장 확실한 길을 걷는 선택이었다. 이러한 태도는 그냥 주어진 것이 아니다. 어

---

[*] 바둑에서 대마는 판세를 좌우하는 거대한 무리의 돌이지만, 이를 무리하게 잡으려 하면 오히려 허점을 드러낼 수 있다. 이창호는 어린 시절부터 "대마를 살려 주더라도 그 대가를 차근차근 받아 내어 작은 집 차이로 이기는 것이 더 확실하다"는 태도를 보였다. 조훈현 9단은 "그런 깨달음은 평생 반상에서 정진한 노년 기사가 후배에게 일러줄 법한 충고이지, 중학생 정도의 소년이 스스로 터득할 수 있는 경지가 아니다"라고 회고했다. 실제로 이창호는 반 집 차이의 승부에도 담담했고, 억울해하는 상대를 보고 오히려 "내가 물러서서 그렇게 된 건데 억울할 것이 없다"는 태도를 보였다. 이는 승부의 본질을 꿰뚫는 그의 눈과 평정심을 잘 보여 주는 일화다(조훈현, 월간조선 2002년 4월호 인터뷰 발언).

려서부터 훈련된 인내심 위에 세워졌다. 그는 여러 번 입단대회에서 낙마하며 강박을 내려놓는 법을 배웠고, 매일 단조롭게 반복되는 훈련 속에서 흔들리지 않는 평정심을 다졌다. 자신의 일상을 칸트의 시계[*28]라 비유한 것도 그 때문이었다. 느리지만 끊어지지 않는 리듬은 불확실한 순간에도 중심을 지키는 힘이 되었다.

이창호의 태도는 언제나 겸허함에서 출발했다. 그는 불치하문, 즉 모르는 것은 아랫사람에게라도 묻기를 부끄러워하지 않았다. 자신을 절대자의 자리에 두지 않았기에 확신이나 자만에 빠지지 않았고, 늘 배우며 초심을 지킬 수 있었다. 우세에 올랐을 때조차 방심하지 않고 처음의 평정심을 끝까지 유지하는 것, 그것이야말로 승부의 본질이라 여겼다. 이 태도는 그를 단순한 승부사가 아니라 성찰하는 사상가에 가깝게 만들었다. 포커의 전설 에릭 사이델이 "확신하기보다 더 탐구하라"고 조언했듯, 어떤 자리에서도 배우려는 태도는 결국 더 나은 사람으로 이끈다. 특히 투자자에게 자만은 독과 다르지 않다. 어떤 일이든 일어날 수 있는 시장에서 꺾이지 않는 확신은 위험하다. 이창호가 누구에게든 배움을 얻고자했듯, 투자자 역시 끊임없이 배우려는 자세를 잃지 말아야 한다. 그의 배움은 패배 속에서 더 빛났다. 복기는 단순한 승패 확인이 아니라 성장의 시간, 다음 승부를 위한 밑거름이었다. 복기는 패자에게 고통스럽지만, 대국 전체를 돌아보는 반성의 시간이 된다. 승자보다 패자가 더 많이 배

---

* 칸트의 시계는 독일 철학자 임마누엘 칸트(1724~1804)의 규칙적인 생활 습관을 상징하는 표현이다. 그는 매일 같은 시간에 집을 나서 산책을 했는데, 쾨니히스베르크 주민들은 칸트가 집을 나서는 모습을 보고 시계를 맞출 정도였다고 전해진다. 이 일화는 그의 철저한 규칙성과 자기 통제력을 보여 주는 동시에, 그의 철학이 강조한 이성적 질서와도 잘 맞아떨어지는 사례로 자주 인용된다.

울 수 있는 유일한 순간이다. 투자자 역시 실패한 투자라해도 매매일지 기록을 회피해서는 안 된다. 이창호가 다시는 같은 실수를 반복하지 않도록 복기를 통해 교훈을 얻는 것처럼, 좌절 속에서도 배우기를 멈추지 않아야 한다. 이창호는 결국 승리보다 패배에서 더 많은 것을 얻을 수 있다는 진실을 몸으로 터득했다.[29]

그의 배움은 바둑판에만 머무르지 않았다. 자서전《부득탐승》에서 드러나듯 그는 철학, 과학, 문학, 고전, 심리학, 심지어 우주와 같은 분야에까지 관심을 넓혔다. 이런 폭넓은 독서와 사유는 사고를 한쪽으로 굳히지 않고 언제나 다른 가능성을 탐색할 수 있게 했다. 불확실성을 다루는 데 필요한 것은 단순한 기술이 아니라, 세상을 바라보는 넓은 시야라는 사실을 그는 잘 알고 있었다. 순간의 유혹이나 일시적 확신에 휘둘리지 않고 균형을 유지하려면, 다양한 사유와 학습이 반드시 뒷받침돼야 한다는 점을 몸소 보여 준 것이다. 그가 본 불확실성의 근원은 결국 인간의 욕망과 조급함이었다. 현대의 편의성은 사람들을 점점 생각하지 않게 만들었고, 생각은 근육과 같아 쓰지 않으면 쉽게 퇴화한다고 말했다. 그래서 그는 늘 사유의 습관을 지켰다. 그 습관은 바둑판 위에서는 차분한 형세 판단으로, 삶에서는 절제와 균형의 태도로 나타났다. 위험 속으로 뛰어드는 것만이 용기가 아니었다. 강렬한 유혹을 외면하고 묵묵히 자신의 길을 걷는 것 역시 진정한 용기였다. 그는 이 점을 누구보다 잘 이해하고 있었다. 자연이 끊임없이 비우고 채우듯, 시장과 인생에도 채울 때가 있고 버려야 할 때가 있다. 그는 독서와 성찰을 통해 이 원리를 체득했고, 일상에서 실천으로 옮겼다.

상대가 판세를 흔들기 위해 의도적으로 변화를 일으킬 때 대부분의 기사들은 그 파도에 휩쓸려 맞대응하려 한다. 그러나 이창호는 달랐다. 즉 각 반응하기보다 자신의 흐름을 끝까지 지켰다. 상대가 예상치 못한 수를 두더라도 그것이 본질을 흔들 수 없다는 점을 알았고, 따라서 자신의 리듬을 잃지 않고 차분히 대응했다. 겉으로 보기에는 아무 일도 하지 않는 듯 보였지만, 실제로는 변화를 허용하지 않는 강한 중심을 지켜 낸 것이었다. 이 태도는 바둑판을 넘어 투자에도 그대로 적용된다. 시장이 광기에 휩싸일 때 대부분의 사람들은 흔들린다. 군중의 환호에 이끌려 성급히 매수하거나, 공포에 굴복해 허겁지겁 매도한다. 그러나 진짜 힘은 그 순간에도 자신의 원칙을 지켜 내는 데 있다. 시장의 변동에 즉각 반응하기보다, 스스로 세운 기준을 끝까지 유지하는 것. 그것이야말로 불확실성을 다스리는 길이다. 결국 순류를 지키는 자가 주도권을 잡는다.

이창호가 보여 준 불확실성 관리 태도는 단순한 승부 전략이 아니었다. 그것은 삶과 사고를 관통하는 철학이었다. 그는 싸움의 화려함보다 균형의 안정성을 택했고, 단기적 대승보다 작은 차이로도 확실히 이기는 길을 걸었다. 반드시 이겨야 한다는 강박 대신 매 순간 몰입하는 태도를 선택했고, 흐름을 지키며 초심을 잃지 않았다. 그의 선택들은 단순히 조심스러운 기풍이 아니라, 불확실한 세상에서 어떻게 자신을 잃지 않고 살아갈 수 있는지를 보여 주는 증거였다. 그가 남긴 메시지는 분명하다. 불확실성은 피할 수 없는 현실이다. 그러나 그 속에서 자신만의 원칙과 흐름을 지켜 낼 때, 비로소 흔들림 없는 힘을 얻을 수 있다. 이창호가 바둑판 위에서 보여 준 차분함과 절제, 그리고 균형 감각은 불확실성의 시대를 살아가는 우리 모두에게 하나의 해답이 된다.

회의주의 투자자

책이 아니라 내 생각이 무기가 된다

"책을 읽는 동안 우리의 머릿속은 다른 사람의 생각이 뛰어노는 놀이터로 전락해 버리게 된다."

-쇼펜하우어-

내가 책을 가까이하는 가장 큰 이유는 결국 지식을 얻고 싶다는 필요에서 비롯된다. 물론 요즘은 지식을 얻는 방법은 이전보다 다양해졌다. 유튜브 같은 플랫폼만 봐도 각 분야의 전문가들이 핵심만 뽑아 짧고 간결하게, 또 흥미롭게 내용을 전달한다. 정보를 효율적으로 얻는 것만 따진다면, 책보다 유튜브가 훨씬 빠르고 편리한 수단일 수도 있다. 그런데도 나는 여전히 책을 가장 먼저 찾는다. 단지 익숙해서가 아니다. 책에는 지식을 얻는 다른 매체와는 다른 고유의 흐름이 있다. 그리고 그 흐름을 따라가야만 만날 수 있는, 단편적인 정보로는 결코 채워지지 않는 지점이 분명히 존재한다. 정보는 빠를수록 단편적이다. 원하는 답은 쉽게 얻을 수 있지만, 그 답에 도달하기까지의 과정과 맥락은 자주 생략된다. 나는 오히려 그 맥락을 가장 중요하게 생각한다. 왜 그런 결론에 이르렀는지, 그 배경과 고민, 어떤 질문이 쌓였는지 알고 싶다. 단순히 결론만 아는 것이 아니라, 그 결론까지 이어지는 흐름 전체를 따라가며, 스스로 사유하고 해석하는 시간이 내겐 꼭 필요하다. 유튜브는 분명 편하다. 나 역시 한동안 유튜브 영상을 자주 본 적이 있다. 영상은 보기 편했고, 정보 전달 방식도 훨씬 더 직관적이었다. 하지만 자주 느꼈던 건, 내가 능동적으로 사고하기보다는 영상의 흐름에 이끌려 간다는 점이었다. 화면과 소리에 자연스럽게 집중하다 보면, 어느 순간부터는 내가 정말로 생각하고 있는 건지, 아니면 그저 따라가고 있는 건지 경계가 모호해진다. 하지만 책은 다르다. 텍스트는 속도를 강요하지 않는다. 언제든 멈출 수 있고, 마음이 가는 대로 다시 돌아가 읽을 수도 있다. 천천히 읽으며, 저자의 주장에 무작정 이끌리기보다는 나의 생각과 비교해 보고, 때로는 융합하기도 하며, 잊고 있던 기억이나 경험을 다시 끄집어내기도 한다. 물론 책이든 유튜브든 결국 타인의 이야기다. 그 견해는 내게 지식이 될 수도 있고, 단순한 정보로 남을 수도 있고, 때로는 새로운 편견이 될 수도 있다. 중요한 건 그 이야기를 받아들이는 내 태도, 그리고 그 견해를 스스로의 생각으로 해석하고 판단하고 있는지 여부다. 결국 책이든 영상이든 내가 능동적으로 해석하는 순간에만 진짜 의미가 생긴다.

지두 크리슈나무르티는 사회의 모든 문제의 시작을 개인의 창조 능력의 상실에서 찾는다. 여기서 창조란 반드시 새로운 결과물을 만들어 내는 능력을 의미하지 않는다. 오히려 본질은 자기 머리로 질문하고 생각하는 회의적 태도, 다시 말해 스스로 묻고, 스스로 해석하는 능력에 있다. 크리슈나무르티는 사회적 붕괴의 뿌리가 언제나 이 창조 능력의 상실, 즉 모방에서 비롯된다고 본다. 모방은 결국 권위를 숭배하는 태도고, 이는 남이 만들어 놓은 틀에 스스로를 가두는 일과 같다. 타인의 견해는 결국 그들만의 환경과 구조, 경험 속에서 만들어진 관념일 뿐이다.[30] 그런데 그런 관념을 무비판적으로 선망하거나 반복해서 모방한다면, 결국 나 역시 그 관념의 경계 안에 머물게 된다. 책, 유튜브, 인터넷, 스승, 사회 등 세상에는 배울 수 있는 수단이 무수히 많다. 하지만 이 모든 배움보다 중요한 것은 '내가 직접 사고하고 질문하는가'라는 점이다. 자기 스스로 사고하지 못하는 순간, 아무리 많은 정보와 지식을 얻는다 해도 결국 그것은 내 것이 되지 않는다. 그렇게 되면 우리는 결국 타인의 말을 반복하는 앵무새가 되고 만다.

쇼펜하우어는 회의주의자로 잘 알려져 있지만, 책을 읽는 행위 자체를 부정한 인물은 아니었다. 그가 경계했던 것은 책을 읽고도 스스로 생각하지 않는 태도, 즉 남의 생각을 외우고 반복하는 방식이었다. 쇼펜하우어는 "책을 읽는 동안 우리의 머릿속은 다른 사람의 생각이 뛰어노는 놀이터로 전락해 버리게 된다."[31]고 지적했다. 남이 한 말을 그대로 받아들이는 독서는 결국 자기 생각이 없는 반복에 불과하다는 뜻이다. 나 역시 책을 읽는 이유는, 크리슈나무르티나 쇼펜하우어처럼 내 생각을 갖는 것이 가장 중요하다고 믿기 때문이다. 앞서 말했듯, 책이든 유튜브든 본질적으로 타인이 해석한 정보를 전달받는 수단이다. 하지만 그 정보를 단순히 받아들이는 데서 멈추지 않고, 내 사고와 융합해 보고 싶을 때, 영상보다는 책이 훨씬 더 적합하다고 느낀다. 영상은 빠른 흐름과 강한 몰입을 유도하지만, 수동적으로 따라가게 만든다. 반면 책은 내 속도를 존중한다. 문장을 멈추고 다시 읽으며 생각할 틈을 남겨 두기 때문에, 내 감정과 생각을 그 문장에 덧붙일 수 있다.

그래서 나는 정보를 얻는 수단으로서만이 아니라, 내 생각을 만나기 위해 책을 펼친다. 책을 읽는다는 것은 타인의 견해를 받아들이는 일인 동시에, 나만의 생각을 발견하는 과정이기도 하다. 여기서 또 하나의 질문이 생긴다. 어떤 책을 읽어야 하는가? 쇼펜하우어는 이 질문에 대해 명확한 입장을 남겼다. 그는 신간 도서에 지나치게 집착하는 태도를 비판했다. 매년 쏟아져 나오는 책들을 마치 따라잡아야 할 의무라도 있는 양 쫓아가는 사람들이 늘어나는 현실을 부정적으로 본 것이다. 쇼펜하우어는 "새로 출판된 책만 읽지 말라"[32]고 강조했다. 오랜 세월을 견딘 고전, 시대를 뛰어넘는 위대한 정신이 담긴 책이야말로 읽을 가치가 있다고 믿었다. 왜냐하면 대부분의 신간은 곧 잊히고, 10년 안에 아무도 찾지 않는 책이 될 가능성이 크기 때문이다. 그는 시대를 넘어 살아남은 고전 속에서, 인간과 세계를 꿰뚫어 보는 깊은 통찰과 사유의 흔적을 발견할 수 있다고 봤다. 결국, 유행을 좇아 무수한 신간을 소비하는 대신, 누적된 시간과 검증을 통과한 책들을 읽어야 한다는 것이 그의 결론이다. 지금의 시점에서도 충분히 곱씹을 만한 조언이다.

당연히 나도 쇼펜하우어의 의견에 공감한다. 특히 투자 관련해서는 더 그렇다. 앞서 말했듯, 나는 웬만한 투자서는 거의 다 읽었다고 자신한다. 투자를 시작하던 시기에도 그랬고, 지금도 여전히 투자 고전부터 새로 번역 출간되는 책까지 꾸준히 찾아 읽는다. 그런데 돌이켜 보면, 그건 순수하게 배우고 싶어서라기보다 배워야만 한다는 압박감 때문이었다. 다른 책들은 궁금해질 때, 흥미가 생길 때 골라 읽었지만, 투자책만큼은 직업적인 의무감에 가까웠다. 새로운 책이 나오면 꼭 읽어야 할 것 같고, 읽지 않으면 뭔가 뒤처진다는 조바심도 있었다. 그래서 마치 시험 전날 벼락치기하듯 내용을 훑어보고, 필수 정보를 암기하는 식의 독서가 많았다. 당연히 그런 식으로 읽은 책들은 거의 남지 않았다. 저자들이 무슨 고민을 했는지, 어떤 투자 철학을 전하고자 했는지 제대로 느끼지 못했다. 앵무새처럼 그들의 언어를 따라 말할 수는 있었지만, 내 투자로까지 소화해 발전시키지는 못했다. 그래서 나는 이제 더 이상 숙제를 하듯 책을 읽지 않는다. 단순히 많은 책을 읽는 게 중요한 게 아니었다. 진짜 중요한 건, 내가 궁금하고 좋아서, 스스로의 생각을 움직일 수 있는 책을 고르는 것이다. 그렇게 읽을 때만이 책이 진짜로 내 것이 되고, 내 투자에 새로운 시각을 준다. 누군가가 추천하는 필독서 목록에도 이제는 예전처럼 끌리지 않는다. '꼭 읽어야 한다'는 말에 의무감만 느낄 뿐, 정작 읽고 싶은 마음은 들지 않는다. 물론 추천서를 일부러 피하지는 않지만, 내 기준에서 우선순위는 아니다. 내 관심, 내 궁금증, 내 취향에서 출발한 책이야말로 결국 내 생각과 만나 해석이 가능하다. 그래야 책에서 새로운 것을 얻고, 읽는 과정 내내 머릿속이 살아 움직인다.

실전 경험과 맞물리는 내용의 책을 읽었을 때, 나는 훨씬 더 큰 효과를 얻었다. 여러 번 하락장을 직접 겪고 난 뒤에야, 투자 관련 책에서 나오는 조언들이 왜 중요한지 온몸으로 느낄 수 있었다. 하락장이 지나고 나서 투자서를 펼칠 때마다 이런 생각이 들곤 했다. 이 내용을 미리 알았더라면, 하락장에서 덜 흔들렸을 텐데. 공포에 휘둘리지 않고 더 슬기롭게 대처했을 텐데. 그런데 곰곰이 돌아보면, 사실 하락장 이전에도 비슷한 책을 이미 여러 권 읽어 온 나였다. 오히려 상승장이 계속될 때도 시장의 리스크를 경고하는 책들을 손에 들고 있었다. 그런데 왜, 하락장 이후에 다시 읽으면 그렇게 생생하게 다가왔던 내용이, 그땐 남의 이야기처럼 스쳐 지나갔을까? 결국 핵심은 '공감'에 있다. 그때도 눈으로는 읽었겠지만, 피부로 와 닿지 않았다. 내 삶과 마음에 직접 영향을 주지 않는 한, 어떤 조언도 머릿속을 맴돌 뿐 가슴속에 남지 않는다. 시장이 좋을 때 하락장 이야기는 남의 일이고, 내 계좌가 아플 때 비로소 그 조언이 내 일이 된다. 진짜 사유는 감정을 통해 직접 겪은 뒤, 그 경험을 해석하면서 비로소 시작된다. 생각이란 것은 단순한 이해가 아니라, 감정과 시간의 체를 통과한 뒤에야 내 것이 된다. 그래서 하락장에서 큰 고통을 겪고 난 뒤 읽은 책은 전혀 다르게 다가왔다. 그때는 그 내용 하나하나가 내 경험과 맞닿아 있었고, 훨씬 깊이 공감하며 읽었다. 책을 많이 읽는다고 반드시 수익률이 오르지는 않는다. 어떤 책이 큰 도움이 될 때도 있지만, 반대로 실전과 맞지 않아 아무 의미 없는 경우도 많다. 결국 중요한 건 책이 아니라 '나'다. 내가 그 책을 해석할 만큼 준비되어 있는지, 내 상황과 얼마나 맞닿아 있는지. 그래서 나는 추천 투자서나 베스트셀러에 의존하기보다는, 내 부족함을 솔직하게 인식하고, 지금의 내 상황에 필요한 책을 스스로 찾아내려 한다. 또 한 가지, 흔히 말하는 '기초부터 심화로 단계적으로 읽어야 한다'는 통념에도 나는 동의하지 않는다. 독서는 시험이 아니다. 이론을 아무리 머릿속에 집어넣어도, 현실에서 적용하는 건 전혀 다른 문제다. 현실에 적용하려면 단순 암기보다도, 끊임없이 추론하고 연결하는 힘이 훨씬 더 중요하다. 경험, 감정, 그리고 사고의 반복, 그것이 진짜 내 것이 되는 길임을 나는 투자와 독서를 통해 몸으로 배웠다.

회의주의적 태도

내가 명증하게 참이라고 인식하지 않은 어떠한 것도 결코 참으
로 받아들이지 않는 것, 다시 말해, 속단과 편견을 세심히 피하
는 것, 그리고 내가 의심할 어떠한 동기도 갖지 않을 만큼 명석
하고 판명하게 내 정신에 나타나는 것 외에는 아무것도 내 판
단에 포함시키지 않는 것이었다.

-르네 데카르트-

현대인은 그 어느 때보다도 방대한 양의 정보에 접근할 수 있다. 이제
정보는 일부 전문가나 지식인의 전유물이 아니다. 마음만 먹으면 누구든
필요한 정보를 손쉽게 찾아낼 수 있고, 원하는 만큼 수집할 수 있다. 물론
깊이나 정확도 면에서는 차이가 있을 수 있지만, 과거처럼 정보 그 자체
에 접근하지 못해 무력감을 느끼는 시대는 지났다. 연결의 가능성이 극
대화된 시대에 우리는 더 이상 정보의 빈부 격차를 논할 수 없다. 인터넷
혁명 이전의 투자시장을 떠올려 보자. 그 시기에는 정보를 찾고자 애쓰
는 다수와, 정보를 독점한 소수가 분명히 존재했다. 정보는 곧 돈이었고,
권력이었다. 개별 투자자들은 제대로 된 정보를 얻지 못해 늘 한 발 늦었
고, 결국 정보를 쥔 주식 중개인에게 의존할 수밖에 없었다. 이 시기, 시
장에 한 번 소문이 돌기 시작하면 그것이 사실인지 아닌지는 중요하지 않
았다. 모두가 그 소문을 믿기 시작하는 순간, 그 소문은 현실을 움직이는
힘이 되었고(사실 이 부분에 있어서는 지금도 별반 다르지 않다), 정보의
출처에 가까운 자리에 있는 사람은 상상 이상으로 막대한 영향력을 행사

할 수 있었다. 주식을 사고자 하는 열망이 팽창할수록, 주식을 팔 수 있는 사람은 더 많은 돈을 쥐게 되는 구조였다.

18세기 프랑스를 뒤흔든 미시시피 회사 버블 당시, 주식을 사기 위해 발행인인 존 로의 집 앞에는 매일같이 인파가 몰려들었다. 귀족과 서민의 구분은 사라졌고, 심지어 체면을 중시하던 귀족 부인들마저 존 로의 집 앞에서 순서를 기다리며 인내해야 했다. 결국 이 버블이 꺼지게 된 결정적 단서를 제공한 것도, 존 로에게 주식을 사고 싶었지만 거절당한 콩티 대공의 불만 때문이었다. 하지만 현대 주식시장에서는 과거처럼 소수가 정보를 독점하거나, 매매를 일방적으로 지배하는 모습을 좀처럼 보기 어렵다. 물론 누가 더 질 좋은 정보를 더 빨리 얻느냐의 차이는 여전히 남아 있다. 하지만 내부자가 아닌 이상, 공개된 시장의 정보는 빠르게 다수에게 공유된다. 거래 역시 특정인에게 독점될 수 없는 구조다. 개인의 노력이나 해석의 차이는 여전히 존재하지만 적어도 법으로는 정보의 격차가 발생하는 것을 방지하고 있다.

그런데 투자자들은 검증되지 않은 정보, 특히 도수 중심성이 높은 정보에 쉽게 열광하는 반면, 오랜 시간 시장을 지켜 온 투자 구루들의 조언이나 통찰에는 의외로 냉소적이다. 문명이 만들어 낸 안정과 풍요는 평균인을 과거의 인간보다 훨씬 더 편안하도록 만들어 줬다. 이제 사람들은 스스로의 위치를 의심하지 않으며, 자신보다 나은 사람의 존재조차 불편해하기 시작한다. 넘쳐 나는 정보의 속도, 실시간 반응이 중시되는 시대에서는 자기 통제와 만족 지연의 가치는 점점 평가절하된다. 오늘날의 시장은 인내보다 속도를, 축적보다 즉흥을 중시한다. 그런 시대에 워렌 버핏과 같은 투자 대가들은 오히려 조롱의 대상이 되기도 한다. 그의 방식이 느리고, 지루하며, 당장의 수익을 약속하지 않기 때문이다. 그러나 시장에 위기가 닥쳐 많은 투자자들이 패닉에 빠질 때, 비로소 이런 인내의 전략이 다시 주목받곤 한다. 언제나 빠르고 즉각적인 반응만이 환영받고, 시장이 무너질 때 사람들은 결국 오래 살아남는 이들의 태도를 돌아보게 된다. 결국 끝까지 살아남는 건 조급함에 흔들리지 않는 이들이다. 정보가 넘쳐 나는 시대일수록, 나에게 진짜 필요한 것이 무엇인지 끝까지 지켜 내는 태도가 더 중요하다는 사실을 시장에서 자주 경험하게 된다. 정보가 많아질수록 진짜로 중요한 것은 결국 흔들림 없는 기준과 자기만의 투자 원칙이라는 사실을 새삼 실감하게 된다. 그렇다고 해서 전문가의 말을 무조건 신뢰해야 한다는 말은 아니다. 내가 이 책 전반에 걸쳐 일관되게 주장하는 것도 바로 이 지점이다. 투자에서 가장 중요한 것은 스스로 생각할 줄 아는 투자자가 되는 것이다. 하지만 이 말이 전문가 자체를 부정하라는 의미는 결코 아니다. 중요한 건, 전문가의 의견이든 누구의 조언이든 무비판적으로 따르지 않고, 항상 자기만의 시각과 질문을 품고 접근하는 태도다. 시장에서 살아남는 사람들의 일관된 공통점은 스스로 생각하는 힘에서 비롯되기 때문이다.

　진짜로 말하고 싶은 중요한 점은 회의적인 태도다. 회의란 질문을 던지는 자세이고, 스스로 검토하는 시선을 유지하는 것이다. 반면 냉소는 모든 것을 일괄적으로 불신하는 태도다. 이 둘은 반드시 구분할 줄 알아야 한다. 그런데 많은 사람들이 회의주의와 냉소주의를 혼동한다. 겉으로 보기에는 둘 다 세상에 쉽게 동의하지 않고, 주어진 주장에 의심을 품으며, 때로는 비판적으로 보이기 때문이다. 하지만 실제로는 둘 사이에 분명한 차이가 있다. 냉소주의는 불신을 전제로 출발한다. 불신은 단순한 의심과 다르다. 불신은 결과 자체를 의심하는 것이고, 의심은 과정 자체에 대한 질문이다. 결과를 불신한다는 것은 결국 어떤 결론도 믿지 않겠다는 결정론적 자세로, 새로운 가능성을 모두 원천 차단하는 태도다. 반면 의심은 열린 상태에 대한 보류, 즉 확신에 대한 유보다. 의심은 지금까지 밝혀진 정보에 따라 잠정적으로 결론을 내리되, 언제든 새로운 정보에 의해 결과가 바뀔 수 있음을 인정한다. 의심은 일종의 겸손에서 출발한다. 확신과 단정을 피하고, 세상을 이해하는 데 있어 언제나 열린 가능성과 내가 틀릴 수 있음을 염두에 두는 태도다. 결국 의심은 더 나은 판단을 향한 탐색의 마음이고, 스스로 틀렸음을 인정할 수 있는 용기다. 평균인에게 회의주의란 일종의 장식품처럼 보이기 쉽다. 모두가 그럴듯한 논리와 독립적인 판단을 내릴 수 있다고 믿지만, 실제로는 자신이 가진 생각의 근원이 어디서부터 비롯된 것인지 스스로도 명확히 알지 못한다. 우리는 과거 어느 시대보다도 더 높은 교육을 받고, 더 많은 정보를 접하지만, 그만큼 각자에게는 견고하고 완고한 신념이 자라난다. 이 신념은 언뜻 보면 오랜 자기 성찰과 경험에서 우러나온 것처럼 느껴지지만, 실상은 니체가 지적한 것처럼 타인의 해석에 불과할지도 모른다. 사람들은 자신이 직접 세상을 바라보고, 스스로 생각을 길러 낸다고 믿는다. 하지만 우리가 가진 거의 모든 생각은 이미 오래전부터 누군가의 언어, 누군가의 세계관, 그리고 사회가 규정한 가치 속에서 자연스럽게 녹아든 것이다. 부모의 말, 학교에서 배운 지식, 미디어에서 반복적으로 주입된 메시지, 사회적 분위기와 유행까지. 이 모든 외부적 요소들이 한 겹, 한 겹 쌓여 지금의 나를 만들었다. 앞장에서 설명했던 한스게오르크 가다머의 전이해를 떠올리면 이해하기 쉽다.

그렇게 만들어진 전이해는 처음에는 유연하게 보이지만, 어느 순간부터 마치 굳은 시멘트처럼 단단해진다. 시간이 흐를수록, 그 생각은 더 이상 변화나 반성을 허용하지 않는 완고한 벽이 되어간다. 스스로 만들어낸 생각이라고 믿었던 확신은 점점 더 강해지고, 새로운 관점이나 낯선 시선에는 자연스레 마음을 닫게 된다. 변화와 의심은 언제나 불편함을 동반하기 때문이다. 결국 우리는 각자 자신만의 견고한 성을 쌓는다. 그 성벽 안에서 세상을 해석하고, 기존 생각과 어긋나는 질문 앞에서는 본능적으로 거부감을 느낀다. 그리고 그럴듯한 회의주의라는 옷을 입고, 마치 세상의 모든 것에 비판적이고 깨어 있는 척하지만, 실제로는 오래전부터 타인의 해석과 가치관을 맹신하고 있을 때가 더 많다. 사실 우리가 가진 대부분의 생각은 스스로 선택한 것이 아니다. 어느 시점에 우리 안에 심어진 해석이고, 시간이 흐를수록 절대적 진리처럼 착각될 뿐이다. 겉으로는 회의주의란 멋진 이름을 붙이지만, 실상은 냉소주의에 빠져 있는 것이다. 오태민 작가의 말처럼 "많은 오해는 무지에서 오는 것이 아니라, 완고한 지식에서 온다. 상상력이라는 출입구를 잃어버린 지식은 결국 완고한 이들의 게으른 도피처에 불과할 때가 많다."

냉소주의는 종종 회피와 무기력으로 이어진다. 반대로, 회의주의는 더 많이 질문하고, 더 깊이 파고들게 만든다. 투자자란 결국 무엇을 믿고, 무엇을 의심해야 하는지 스스로 판단해야 하는 사람이다. 투자자에게 회의적인 태도는 단순한 철학적 관념이 아니라, 실제 시장에서 자신의 자산을 지키고 더 큰 성공을 이루기 위한 기본적인 자세다. 불확실성을 인정하고, 무작위로 가득 찬 세계관 속에서 살아남으려는 사람에게 회의주의적 사고는 언제나 큰 힘이 된다. 배움은 의심과 닮아 있다. 내가 알고 있는 사실에 멈추지 않고 다른 사람의 생각을 받아들이는 것은 회의주의자의 태도와 다르지 않다. 오르테가가 말하는 소수는 자기 자신에게 더 많은 것을 요구하며, 그것을 이루기 위해 긴 시간 동안 노력하고, 비록 실패하더라도 다시 시도하는 삶의 태도를 갖는다. 냉소주의라는 도피처로 도망치지 않는다. 하지만 평균인은 평균에 안주하면서도 그 이상을 원한다. 그래서 냉소주의에 빠진다. 우월함은 잃지 않으면서 현재에 안주할 수 있기 때문이다. 이들은 끊임없이 의심하고, 배우고, 생각하는 사람들을 이해하지 못한다. 시간이 필요한 자기통제나 만족지연의 가치를 이해하지 못한다. 오히려 그것을 실천하는 이들에게 냉소적인 시선을 던진다.

　직접 시장을 겪으며 경험했던 것도 결국 이 지점이다. 나 자신이 쌓아온 성벽을 스스로 점검하고, 늘 의심과 질문을 멈추지 않는 태도가 진짜로 살아남는 투자자의 자격이라는 사실, 그건 시간이 지나도 바뀌지 않는다. 내가 가진 생각도 결국 타인에 의해서 해석된 것에 불과할지 모른다. 그래서 나는 스스로 생각하고자 노력한다. 그리고 그 생각에 갇히지 않으려고 노력한다. 나는 투자자로서 내 실적이 어느 정도는 운의 결과임을, 그리고 실패 또한 운의 영향이 크다는 사실을 인정하기로 했다. 여기서 중요한 것은, 운과 노력이 각각 얼마나 작용하는지를 냉정하게 가늠할 줄 알아야 한다는 점이다. 투자 세계에서는, 아무런 노력을 하지 않아도 때로는 끊임없이 공부하고 연구하는 사람보다 더 큰 성과를 올리는 일이 얼마든지 벌어진다. 하지만 이 세계에서 진짜 중요한 것은 지속가능성과 반복가능성이다. 단기적으로는 운이 크게 작용해 예상치 못한 성공이 찾아올 수 있지만, 시간이 지날수록 운의 영향은 점차 줄어들고, 결국 남는 것은 노력과 준비에 대한 보상이다. 불확실성을 인정하고, 확신을 줄인다. 그리고 의심을 늘리는 것이 회의주의적 투자자의 태도라고 생각한다. 좋은 투자자는 냉소가 아니라 회의의 태도를 가지고 있다. 항상 열린 결말을 염두에 두고, 자기 확신을 경계하는 바로 그 태도가, 시장이라는 불확실성의 바다에서 살아남는 힘이 된다.

칼포퍼의 과학적 사고

우리의 지식은 가설이며, 그 본질은 추측과 반박이다.

-칼 포퍼-

칼 포퍼는 진리라는 것이 결코 영원할 수 없다고 보았다. 우리가 진리라고 부르는 것은 단지 현재까지 반박되지 않은 이론일 뿐, 언젠가는 파훼될 수밖에 없는 운명을 가진다. 지식이란 사실상 기대일 뿐이라는 것이 그의 요지다. 우리는 해가 내일도 동쪽에서 뜰 것이라고 믿는다. 하지만 그 믿음은 본질적으로 기대다. 지구 자전축이 급격히 변하거나 궤도가 달라진다면 해는 서쪽에서 뜰 수도 있다. 그렇게 예상이 깨지는 순간, 우리는 우리가 지식이라고 확신했던 것이 사실은 기대에 불과했음을 알게 된다. 포퍼는 과학을 반증 가능성에서 정의했다. 반증이 불가능한 것은 과학이 될 수 없다. 예를 들어 프로이트의 정신분석* 처럼 어떤 인간 행동도 이론 속에 끼워 넣을 수 있는 체계는 반증할 수 없기에 과학으로 인정될 수 없다.** 과학자는 반증을 두려워하지 않아야 하며, 오히려 즐

---

* 지그문트 프로이트(Sigmund Freud, 1856~1939)는 정신분석학의 창시자로, 인간의 무의식이 의식적 행동과 감정에 큰 영향을 미친다고 보았다. 그는 무의식, 억압, 꿈, 성적 충동과 같은 개념을 통해 인간 마음의 구조를 설명하려 했으며, 이를 토대로 자유연상·꿈 해석·전이와 같은 치료 기법을 발전시켰다. 프로이트는 또한 성격을 이드, 자아, 초자아의 세 가지 요소로 구분해 설명했는데, 이는 오늘날 심리학, 철학, 문학, 예술 등 여러 분야에 지속적인 영향을 끼쳤다.

** 칼 포퍼는 과학을 반증 가능성으로 구분했다. 즉 어떤 이론이 과학이 되려면 "이러이러한 관찰이 나오면 내가 틀렸다"라고 스스로 금지하는 사태를 명시해야 한다. 포퍼가 프로이트의 정신분석을 과학으로 보지 않은 이유는 다음과 같다. 첫째, 이론이 거의 모든 인간 행위와 정서(사랑·증오·꿈·실수·증상)를 사후적으로 설명해 버린다. 동일한 사실도 억압, 전

거야 한다. 포퍼는 아메바와 아인슈타인의 차이로 이를 설명했다. 아메바에게 기대는 곧 생존이다. 기대가 어긋나면 죽음으로 이어지기에 반증을 피할 수밖에 없다. 그러나 아인슈타인은 달랐다. 그는 자신의 이론과 자신을 분리했다. 이론이 무너져도 그는 무너지지 않는다. 오히려 반증을 통해 더 나은 이론을 찾아 나선다.

자연은 이 원리를 일찍부터 보여 준다. 나무는 봄이 왔다는 기대 속에 꽃망울을 틔운다. 하지만 갑작스러운 꽃샘추위가 닥치면 꽃망울은 모두 얼어 죽는다. 따뜻한 계절이 올 것이라는 기대가 꺾였기 때문이다. 기대와 자신을 동일시하면 그 기대가 무너지는 순간 자신도 함께 무너진다. 우리 주변을 둘러보면 잘나가던 사람들이 오히려 그 잘나갔던 이유 때문에 무너지는 경우를 흔히 볼 수 있다. 그들의 성공 요인이 그들의 일부가 되었고, 그 이론이 반증될 때 함께 몰락하는 것이다. 포퍼가 과학적 사고를 주장한 이유는 바로 여기에 있다. 확실성에 매몰되지 않고 언제든 반증 가능성을 열어 두는 비판적 태도, 그것이 곧 과학적 태도다. 투자 역시 이와 다르지 않다. 시장에서 얻은 성과를 자신의 능력이 아닌 운의 결

이, 합리화, 승화 같은 개념을 조합하면 어떤 방향으로도 해석할 수 있어, 이론이 틀릴 위험을 스스로 감수하지 않는다. 둘째, 임상 장면에서의 반증 시도는 관례적으로 무력화된다. 환자가 해석을 부인하거나 반대 증거를 제시하면 그것이 곧 저항의 증거로 재해석되어 오히려 이론의 추가적 확인으로 돌아온다. 셋째, 정신분석은 사전에 구체적이고 위험한 예측을 내놓기보다, 사후적 해석과 사례 축적에 의존한다. 반면 포퍼가 과학의 전형으로 든 예는 아인슈타인의 상대성이론처럼 "별빛 굴절이 특정 값과 다르면 이론이 깨진다" 같은 명시적 반증 가능 예측을 내놓는 경우다. 넷째, 반례가 나타나도 보조 가설을 덧붙여 이론의 핵을 보호하는 관습주의적 전략이 쉽게 동원된다. 포퍼의 기준에 따르면 이런 면역 전략은 이론을 경험적 판정으로부터 도피시키므로 과학의 표식에서 벗어난다. 요약하면, 정신분석은 폭넓은 설명력은 갖지만, 스스로를 위험에 노출하는 금지 예측과 반증 절차를 명확히 제시하지 않기 때문에 과학의 경계 밖에 놓인다고 포퍼는 주장했다.

과로 받아들일 때, 오히려 불확실성으로부터 자유로워질 수 있다. 시장은 본질적으로 예측 불가능하다. 그러나 사람은 언제나 기대를 품는다. 지금 사지 않으면 늦을 것 같다는 불안, 이것만은 확실한 정보라는 확신은 매혹적이지만 동시에 위험하다. 잘못된 확신은 확증편향으로 이어지고, 결국 매몰비용의 함정 속으로 빠진다. 나 또한 투자 과정에서 상관관계를 인과관계로 착각하고, 잘못된 확신에 빠진 적이 많았다. 그래서 스스로에게 반복해서 주문을 건다. "나는 아무것도 모르고 있음을 알고 있다."

찰리 멍거는 확신이 필요할 때 집중 투자를 했지만, 자신이 틀릴 수 있다는 사실을 언제나 인지했다. 위대한 투자자와 그렇지 못한 투자자의 차이는 자신이 가진 가설과 자신을 동일시하느냐, 아니면 그것을 객관화하느냐에서 갈린다. 아메바처럼 기대와 자신을 동일시하는 순간 실패는 곧 파멸이다. 그러나 아인슈타인처럼 자신의 가설을 자신과 분리한다면, 반증은 죽음을 의미하지 않는다. 나는 이 원리를 투자 원칙에도 적용한다. 언제든 내 아이디어가 틀릴 수 있음을 알기에 반드시 일정 비율의 현금을 보유한다. 스스로 가장 좋은 시기라 판단될 때조차 자산의 최소 20%는 현금으로 유지한다. 불확실성이 크다고 여길 때는 현금 비율을 50% 이상으로 끌어올린다. 이런 방식은 수익을 극대화하는 데 방해가 되기도 한다. 그러나 내가 틀렸을 때 살아남아 다시 기회를 잡는 것이 훨씬 더 중요하기 때문이다. 투자에서 가장 중요한 것은 승리 그 자체가 아니라 생존이다. 가끔은 확률적 사고에 대해서 오해하는 사람이 많다. 예를 들면 어떤 투자 종목에 대한 성공 확률이 60%라면 확률상 투자가치가 있다. 하지만 이것을 확률적으로 우세하니 모든 것을 걸어도 된다는 식으로 오해하면 안 된다. 존 L. 켈리가 만든 켈리 공식*처럼 기대값에 맞는 자산배분이 필요하다.

결과적으로 이 모든 것은 확신을 줄이고 회의주의자가 되는 과정이 됐다. 흔히 회의주의는 냉소로 오해된다. 모든 것을 부정하고, 확신을 비웃는 태도쯤으로 여겨진다. 하지만 내가 받아들인 회의주의는 그런 종류가 아니다. 그것은 포퍼의 과학적 사고와 같은 뿌리에서 나온다. 세상에는 절대적인 진리가 없고, 우리가 알고 있다고 믿는 것은 모두 아직 반증되지 않은 이론일 뿐이라는 사실을 전제로 한다. 그렇기에 나는 모든 확신을 의심한다. 그러나 이 의심은 부정이 아니라 가능성이다. 반증 가능성을 열어 둔 채로 가설을 세우고 검증하려는 적극적 태도다.

포퍼의 아메바와 아인슈타인 비유는 나에게 큰 울림을 주었다. 아메바는 기대가 깨지면 곧장 죽음에 이른다. 기대와 자신을 분리하지 못하기 때문이다. 그러나 아인슈타인은 자신의 이론을 자신과 분리했기에, 이론이 무너지더라도 그는 살아남는다. 오히려 반증은 새로운 길로 이어지는 출발점이 된다. 나는 이 비유를 곧장 투자에 적용했다. 특정 투자 아이디어를 진리처럼 믿었던 시절, 그 아이디어가 무너지자 나도 함께 무너졌다. 하지만 지금은 다르다. 내 아이디어가 틀릴 수 있음을 전제로 하고, 언제든 그것을 버리고 새 가설로 교체한다. 이제 나는 확신을 갖기보다

---

* 켈리 공식(Kelly Criterion)은 1956년 존 L. 켈리(John L. Kelly Jr.)가 제안한 자금 관리 공식으로, 확률과 기대값에 따라 베팅이나 투자 금액의 최적 비율을 계산한다. 이 공식을 따르면 장기적으로 자산의 기하평균 성장률을 극대화할 수 있다. 예를 들어 승률이 60%, 배당률이 1대1인 게임에서는 자본의 20%를 베팅하는 것이 최적이다. 다만 켈리 공식은 입력값(승률·배당률)을 정확히 알 수 있어야 한다는 한계가 있으며, 실제 투자에서는 절반이나 일부만 적용하는 경우가 많다.

는 가설을 세운다. 그리고 그 가설을 끊임없이 시험대에 올린다. 만약 반증된다면 그것은 실패가 아니라 더 나은 해답으로 가는 과정일 뿐이다. 투자에서 현금을 일정 부분 반드시 보유하는 것도 같은 이유다. 내 가설이 무너지더라도 나는 시장에 남아 있어야 한다. 그래야 다시 시도할 수 있다. 포퍼가 말했듯, 삶은 문제 해결의 연속이며, 회의주의는 그 과정에서 나를 지켜 주는 방패다. 나는 이제 확실성을 좇지 않는다. 확실성은 달콤하지만 그 속에는 파멸의 씨앗이 숨어 있다. 대신 회의주의라는 태도로 무장한다. 의심은 나를 냉소로 이끄는 것이 아니라, 오히려 더 적극적인 실험과 더 치열한 검증으로 이끈다. 과학이 반증을 통해 전진하듯, 나의 투자도 의심을 통해 앞으로 나아간다. 내가 회의주의자가 되기로 결심한 이유, 그리고 그것을 투자에 적용하는 이유는 결국 하나다. 살아남기 위해서다. 시장에서 오래 살아남아야만, 다시 가설을 세우고 또 다른 시도를 이어갈 수 있기 때문이다.

역발상 투자

머니볼

가난한 구단이 우승하면 변화를 일으킬 수 있어 내가 원하는
건 그거야 난 변화를 일으키고 싶어.

-빌리 빈, 영화 머니볼 중에서…-

소버린 투자 철학의 핵심은 역발상이다. 그러나 여기서 말하는 역발상
은 흔히 떠올리는 단순한 반대투자가 아니다. 남들이 사면 팔고, 남들이
팔면 사는 방식은 그저 반사적 대응일 뿐이다. 진정한 역발상은 발상의
틀 자체를 바꾸는 데 있다. 다른 사람들이 아직 주목하지 않은 영역을 보
고, 기존의 기준으로는 무가치하게 여겨지는 요소를 새로운 시각으로 해
석하는 것, 그것이 소버린 투자 철학의 출발점이다. 이 철학을 가장 극적

으로 보여 주는 사례가 바로 머니볼[*]이다. 빌리 빈 단장은 스몰마켓 팀인 오클랜드 애슬레틱스를 이끌며 전통적인 야구 운영 방식에 정면으로 도전했다. 당시 대부분의 구단은 타율 같은 외형적 지표나 스카우트의 직관에 의존했지만, 빌리 빈은 빌 제임스의 세이버매트릭스[**]를 도입해 출루율과 장타율이라는 지표를 주목했다. 데이터는 이 두 지표가 승리에 훨씬 큰 영향을 미친다는 사실을 분명히 보여 주고 있었지만, 구단들은 이를 무시했다. 덕분에 출루율과 장타율이 높은 선수들은 시장에서 저평가되었고, 오클랜드는 적은 예산으로도 강력한 전력을 구성할 수 있었다. 이 전략이 성공할 수 있었던 이유는 명확하다. 야구계에 남아 있던 비효율성을 발견했기 때문이다. 남들이 외면한 지표를 중심으로 저평가된 자산을 확보하는 사고방식이야말로 역발상의 진수였다. 그러나 이 혁신도 오래가진 못했다. 빌리 빈이 스스로 지적했듯, "다른 구단들이 애슬레틱스가 개발한 최상의 기법들을 줄곧 베껴 왔다."[33] 출루율의 중요성을 무시하는 구단은 더 이상 없었고, 모든 팀이 같은 지표를 추종하면서 비효

---

[*] 머니볼은 2003년 마이클 루이스가 쓴 동명의 책에서 비롯된 개념으로, 메이저리그 오클랜드 애슬레틱스 단장이었던 빌리 빈(Billy Beane)이 한정된 예산 속에서도 통계 분석과 데이터 기반 전략으로 팀을 성공시킨 과정을 담고 있다. 전통적인 스카우트 방식이 아닌 출루율과 장타율 같은 객관적 지표를 중시해 과소평가된 선수를 발굴했고, 이는 야구뿐 아니라 경영·투자·스포츠 전반에서 데이터 기반 의사결정의 상징이 되었다. 물론 오클랜드 애슬레틱스의 성공을 지나치게 단순화해 표현했다는 지적이 뒤따른다.

[**] 빌 제임스(Bill James, 1949~)는 미국의 야구 통계학자로, 세이버메트릭스의 창시자로 불린다. '세이버메트릭스'라는 말은 미국야구연구협회(SABR, Society for American Baseball Research)에서 따온 것으로, 야구를 통계와 데이터 분석을 통해 과학적으로 이해하려는 접근법을 뜻한다. 그는 1970~80년대부터 《야구 추상(Baseball Abstract)》 시리즈를 통해 출루율, 장타력, 투수의 독립적 기여도 같은 새로운 지표들을 제시하며 전통적 타율·승수 중심의 평가를 뒤흔들었다. 빌 제임스의 작업은 훗날 '머니볼' 전략의 토대가 되었고, 지금은 메이저리그 전 구단이 활용하는 현대 야구 분석의 기초가 되었다.

율성은 빠르게 사라졌다. 시장이 효율적으로 바뀌자 다시 자본력이 많은 구단이 우위를 점했고, 오클랜드는 본질적 한계를 넘지 못했다. 이 사례가 남긴 교훈은 단순하다. 초기의 위대한 발상은 반드시 모방의 대상이 되고, 결국 평범한 전략으로 전락한다는 사실이다. 따라서 투자에서 역발상이란 단순히 남들과 반대로 행동하는 것이 아니라, 남들이 아직 눈치채지 못한 비효율성을 찾아내는 일이다. 그리고 그 순간이 지나 효율성이 회복되면, 역발상은 다시 새로운 지점을 향해 나아가야 한다.

투자의 세계에서도 이와 같은 상황이 반복적으로 관찰된다. 가치투자는 시장의 비효율성에 베팅하는 대표적인 방식이었다. 벤저민 그레이엄은 이를 처음 체계화했고, 그의 제자 워렌 버핏은 질적 요소를 결합해 세계 최고의 투자자로 자리 잡았다. 그레이엄은 철저히 안전마진을 강조하며 저평가된 종목을 기계적으로 발굴했지만, 버핏은 경영진의 역량과 사업 모델의 지속가능성까지 고려하며 기업을 더 깊이 들여다봤다. 방식은 달랐으나 두 사람 모두 공통적으로 시장이 간과한 틈을 포착해 그 비효율성을 공략했다. 그러나 이 방식 역시 시간이 지나면서 보편화되었다. 처음에는 외면 받던 투자법이었지만, 버핏의 성공이 널리 알려지자 수많은 투자자들이 이를 모방했다. 저평가된 종목을 찾아내는 법은 이제 더 이상 비밀이 아니었고, 시장에서 뚜렷한 비효율성을 발견하기는 갈수록 어려워졌다. 가치투자가 더 이상 특별한 무기가 아닌 평범한 투자법으로 전락한 것이다. 결국 가치투자가 정설로 자리 잡으면서 시장은 더 큰 담론 속으로 흡수되었다. 모든 가격이 이미 정보를 반영한다는 '효율적 시장가설'이 힘을 얻기 시작한 것이다. 초기의 혁신적 발상이 시간이 지나 상식으로 굳어지고, 그 순간부터는 더 이상 혁신이 아니게 되는 과정이 여기서도 반복된 것이다. 머니볼이 그랬듯, 가치투자가 그랬듯, 위대한 발상은 결국 평범해진다.

문제는 바로 그 이후다. 모두가 아는 진리가 된 순간, 그것은 더 이상 기회가 아니다. 가치투자를 벤저민 그레이엄의 방식, 즉 기업의 펀더멘털과 가격의 비대칭을 이용한 저평가 종목 발굴에 한정한다면 현재의 시장 환경에서 투자하기는 쉽지 않다. 물론 충분한 시간과 자금이 있다면 여전히 의미 있는 성과를 낼 수 있다. 하지만 현실에서는 수많은 기회비용과 긴 심리적 공백이 투자자에게 직접적인 타격을 줄 수 있다. 그래서 나는 워렌 버핏이 그랬듯, 벤저민 그레이엄의 가치투자에서 한 단계 더 나아가기로 했다. 단순한 저평가 종목 발굴을 넘어, 효율적 시장가설이 지배하는 환경 속에서 가치투자라는 개념이 어떤 의미로 재정의될 수 있는지 살펴보려 한다. 이 책의 다음 장은 바로 그 지점을 다루고자 한다.

효율적 시장가설과 역발상 투자

가장 높은 수익을 올리는 투자 매니저들은 기술이 뛰어나서가
아니라 과도한 리스크를 감당한 덕분이라는 사실이 간과되었죠.

-헤지펀드 시장의 마법사들 중에서-

효율적 시장 가설은 한마디로 "시장은 새로운 정보를 빠르게 반영한다"
는 생각이다. 학자들은 이를 세 단계로 나눠 설명한다. 첫째, 약형은 과
거의 주가나 거래량 같은 기록만으로는 시장을 이길 수 없다고 본다. 둘
째, 준강형은 신문 기사나 기업 공시처럼 이미 공개된 정보는 모두가 공
유하기 때문에 초과 수익을 기대하기 어렵다고 말한다. 마지막으로 강형
은 내부자만 아는 비공개 정보조차도 이미 가격에 반영되어 있다는 입장
이다. 이 가설이 전하는 메시지는 단순하다. 시장에서 공짜 점심은 오래
가지 않는다는 것이다.* 누군가 새로운 규칙이나 기법을 발견해 초과 수
익을 올리면, 금세 다른 투자자들이 따라 하고, 그 순간부터 효과는 사라
진다. 또 하나는 시장에 생긴 오류나 왜곡은 길게 지속되지 않는다는 점
이다. 잠깐의 틈새가 생기더라도 투자자들의 매매가 몰리며 빠르게 수정
된다. 이 원리를 직관적으로 이해하려면 애덤 스미스의 보이지 않는 손
을 금융시장에 그대로 대입해 보면 된다. 어떤 종목의 가격이 과도하게

---

* 시장의 공짜 점심은 없다는 금융·경제학에서 널리 쓰이는 격언으로, 위험 부담 없이 안정
적으로 높은 수익을 얻을 수 있는 방법은 없다는 뜻이다. 이 말은 효율적 시장가설(EMH)과
도 연결되는데, 이미 모든 정보가 가격에 반영되어 있기 때문에 누구도 손쉽게 시장을 이길
수 없다는 주장이다. 따라서 시장에서 높은 수익을 기대한다면 반드시 그만큼의 위험을 감
수해야 하며, 무위험 수익이라는 개념은 존재하지 않는다는 교훈을 담고 있다.

높아지면, 누군가는 "지금 팔아야겠다" 하고 매도에 나선다. 그러면 가격은 내려간다. 반대로 가격이 지나치게 낮아지면 "싸게 사두면 이익이겠다"는 투자자들이 매수에 나서며 가격이 다시 오른다. 이런 움직임이 반복되면서 시장은 끊임없이 균형점을 향한다. 물론 단기적으로는 과열되거나 과소평가되는 순간이 있다. 그러나 수많은 투자자들이 이익을 쫓아 움직이는 구조 덕분에 그 틈은 빠르게 메워진다. 효율적 시장 가설이 강조하는 것은 시장이 완벽하다는 주장이 아니라, 오류가 생겨도 금세 교정되는 구조라는 점이다. 이 생각은 1970년 유진 파마*의 연구로 정리되며 현대 금융학의 기본 틀이 되었다.

효율적 시장가설을 실제 시장에 적용해 엄청난 돈을 쓸어모은 투자회사가 있다. 바로 롱텀 캐피털 매니지먼트(Long-Term Capital Management, 이하 LTCM)다. 1990년대 월가를 뒤흔든 전설적인 헤지펀드였던 LTCM의 전략은 단순했다. "비슷한 자산은 결국 같은 가격으로 수렴한다"는 원리였다. 예를 들어 국채 A와 국채 B가 거의 똑같은 조건을 가졌는데 일시적으로 가격 차이가 벌어진다면, 그 차이는 언젠가 좁혀질 것이라는 가정 아래 값싼 것을 사고 비싼 것을 팔아 차익을 얻는 방식이다. 이를 '컨버전스 아비트라지'고 부른다. LTCM은 이 단순한 원리를 극단까지 끌고 갔다. 수십억 달러의 자기자본에 수십 배가 넘는 레버리지를 얹어, 100조 원이 넘는 포지션을 운용했다. 작은 가격 차이를 활용하는 전략이었기에, 그 미세

---

* 유진 파마(Eugene F. Fama, 1939~)는 미국의 경제학자로, 효율적 시장가설을 립한 인물이다. 그는 금융시장에서 모든 공개된 정보가 즉시 가격에 반영되므로, 장기적으로 시장을 지속적으로 이길 수 있는 투자자는 존재하기 어렵다고 주장했다. 이 이론은 현대 금융학의 기초를 세웠으며, 인덱스 펀드 같은 수동적 투자 전략의 이론적 근거가 되었다. 파마는 2013년 로버트 실러, 라스 피터 한센과 함께 노벨 경제학상을 수상했다.

한 차이를 거대한 수익으로 확대하기 위해서는 막대한 차입이 필요했다. 무엇보다 LTCM의 화려한 배경은 시장의 기대를 더욱 키웠다. 블랙-숄즈 옵션 가격 모형으로 노벨상을 수상한 마이런 숄즈와 로버트 머튼 그리고 월가 최고의 트레이더였던 존 메리웨더가 주축이었다. 말 그대로 천재 집단이 만든 펀드였다. 출범 직후 LTCM은 연평균 40%가 넘는 수익률을 기록하며 단숨에 시장의 제왕으로 떠올랐다. 기관과 은행들은 앞다투어 돈을 맡겼고, LTCM의 포지션은 글로벌 금융시장에 실질적인 영향을 미쳤다. 이들이 특정 채권이나 파생상품에 베팅하면, 그 자체로 가격이 움직일 정도였다. 시장 위의 펀드라는 별명이 붙을 만큼 거대한 존재가 된 것이다. 그러나 바로 그 성공이 위기의 씨앗이었다. 시장은 언제나 효율적으로 돌아간다는 믿음, 그리고 그 믿음을 극단으로 밀어붙인 레버리지가 문제였다. 효율적 시장가설이 말하는 평균으로의 수렴은 이론적으로 맞을지 몰라도, 실제 시장에서는 언제 그 균형이 회복될지 알 수 없다. LTCM은 언젠가라는 시간을 기다릴 수 없는 구조였다. 작은 왜곡이라도 장기간 지속되면 치명적 손실로 이어졌다. 1997년 아시아 외환위기, 1998년 러시아 모라토리움 같은 예외적 사건들은 시장을 효율적으로 복원하기는커녕, 오히려 왜곡을 확대시켰다. LTCM은 그 틀어짐을 버티지 못했고, 결국 파산 위기에 몰렸다.[*] 이 사건은 하나의 아이러니를 보여 준다. 효율적 시장가설을 가장 철저히 믿었던 집단이, 바로 그 믿음 때문에 몰락했다는 사실이다.

---

[*] 1998년 롱텀캐피탈매니지먼트(LTCM)의 파산 위기는 단순히 한 헤지펀드의 실패에 그치지 않았다. 이 펀드에는 월가 주요 은행과 투자자들의 막대한 자금이 얽혀 있었기 때문에, 붕괴할 경우 연쇄적인 손실이 금융 시스템 전체로 번질 위험이 컸다. 당시 연준은 직접 구제금융을 제공하지는 않았지만, 뉴욕 연준의 중재로 주요 은행들이 컨소시엄을 꾸려 자금을 투입

효율적 시장가설은 일종의 기계론적 세계관이었다. 라플라스가 말한 라플라스의 악마처럼, 모든 변수를 알 수만 있다면 미래는 완벽하게 예측할 수 있다는 확신과 닮아 있었다. 경제학도 마찬가지였다. 모든 정보가 가격에 이미 반영되어 있고, 잠시 흔들리더라도 결국 가격은 효율적인 수준으로 되돌아온다는 믿음. 이 세계관 속에서 불확실성이란 단순히 계산 가능한 오차에 불과했다. LTCM은 바로 이 확신 위에 세워진 펀드였다. 노벨상을 받은 금융학자들과 최고의 트레이더가 모였고, 그들은 비슷한 자산은 언젠가 반드시 같은 가격으로 수렴한다는 명제에 레버리지를 얹었다. 컨버전스 아비트라지는 이론적으로 완벽해 보였고, 실제로 초기에 LTCM은 경이적인 수익을 기록하며 월가의 별이 되었다. 그러나 시장은 기계가 아니었다. 변수는 고립된 채 존재하지 않았고, 서로 맞물리며 예측할 수 없는 파급을 낳았다. 작은 파동이 연쇄 반응을 일으켜 전체 시스템을 뒤흔드는 순간, 시장은 카오스적 양상을 드러냈다. 1998년 러시아 디폴트는 그 방아쇠였다. 서로 독립적일 거라던 자산들이 한 방향으로 쏠리자, '분산 투자'라는 방패는 무용지물이 되었다. LTCM의 전략은 순식간에 붕괴했다. 그들의 착각은 단순했다. 언젠가는 수렴한다는 명제가 버티기만 하면 반드시 이긴다는 확신으로 둔갑했던 것이다. 이 구조는 도박장에서 쓰이는 마틴게일* 전략과 똑같았다. 한 번 지면 판돈을 두 배로 늘리고, 언젠가 반드시 올 승리로 모든 손실을 만회하겠다는 논리다. 그러나 현실에서는 그 언젠가가 오기도 전에 자금이 바닥난다. 이론적으

하게 했다. 이는 LTCM의 위기가 곧 개별 펀드가 아닌 금융가 전체의 위험으로 전이될 수 있음을 보여 주었고, 따라서 연준의 간접 개입은 사실상 금융 시스템 안정화를 위한 불가피한 조치였다.

* 마틴게일(Martingale)은 원래 18세기 프랑스에서 유래한 도박 전략으로, 매번 베팅에서 지

로는 틀리지 않은 전략이 현실에서는 파멸로 끝나는 이유다. LTCM은 바로 그 함정에 빠졌다.

이 사건이 남긴 교훈은 분명하다. 효율적 시장가설이 말하는 평균적 효율성은 일정 부분 옳지만, 실제 시장은 결코 기계처럼 움직이지 않는다. 불확실성은 단순한 오차가 아니라, 상호작용을 거치며 예측할 수 없이 증폭되는 카오스다. 아무리 거대한 펀드라도 이 복잡성의 폭풍을 끝까지 감당할 수는 없다. 그러나 바로 그 지점에서 투자자에게 기회가 생긴다. 만약 시장이 완벽히 효율적이라면 초과 수익의 가능성은 존재하지 않는다. 하지만 LTCM의 몰락이 보여 준 것은, 효율적 시장을 전제로 움직이는 거대 자본조차 비효율의 순간에 무너질 수 있다는 사실이다. 즉, 효율적 시장이 지배하는 듯 보이는 환경에서도 틈새는 언제나 존재한다. 역발상 투자는 바로 그 틈에서 시작된다. 다수가 기계론적 세계관에 안주할 때, 불확실성과 복잡계적 상호작용을 직시하는 것, 그것이 곧 소버린 투자 철학의 핵심이다.

면 그다음 판에 베팅액을 두 배로 늘려 결국 한 번만 이기면 모든 손실을 만회하고 이익을 남기는 방식이다. 예를 들어 1달러로 시작해 지면 2달러, 다시 지면 4달러, 이런 식으로 베팅을 늘려 가면 결국 승리했을 때 누적 손실을 회수할 수 있다. 그러나 무한한 자본과 제한 없는 판 수를 전제로 하기 때문에 실제에서는 파산 위험이 크다. 이후 확률론과 수학에서도 '마틴게일'은 특정 확률 과정의 성질을 설명하는 개념으로 발전했으며, 금융공학에서도 자산 가격 모델링에 응용된다.

비이성적 과열과 재귀적 피드백

우리는 언제 비이성적 과열이 자산 가치를 부당하게 끌어올려,
그것이 지난 10년간 일본에서 그랬던 것처럼 예기치 못한 장기
적 침체에 직면하게 되는지를 어떻게 알 수 있을까요?

-옐런 그린스펀 1996년 워싱턴 D.C. 연설-

효율적 시장가설이 말하는 것처럼 가격은 대부분의 정보를 반영하지
만, 동시에 집단적 망상에도 쉽게 휘둘린다. 과잉확신, 대표성 편향, 추세
추종 같은 인간 심리가 집단적으로 작동할 때 시장은 버블을 형성한다.
하이먼 민스키*는 이를 설명하기 위해 금융시장의 불안정성 가설을 제시
했다. 그의 통찰은 "안정은 불안정을 낳는다"는 역설에 집약된다. 시장이
평온하고 안정된 시기가 길어질수록 투자자들은 점차 더 큰 위험을 감수
하게 된다. 초기에는 현금흐름으로 원리금 상환이 가능한 헤지 금융** 단
계가 지배적이다. 하지만 시간이 지나면 이자만 간신히 내는 투기적 금융
으로, 나아가 원금과 이자조차 감당하지 못하고 빚으로 빚을 돌려막는 폰

---

*　하이먼 민스키(Hyman Minsky, 1919~1996)는 미국의 경제학자로, 금융 불안정성 가설로
유명하다. 그는 자본주의 금융 시스템이 본질적으로 안정이 아니라 불안정을 낳는 구조라고
보았다. 경제가 호황일수록 투자자들은 더 많은 위험을 감수하고 부채를 늘리며, 이 과정에
서 금융 구조가 점점 취약해져 결국 위기로 이어진다는 것이다. 그의 이론은 안정은 불안을
낳는다는 역설로 요약되며, 2008년 글로벌 금융위기 이후 다시 주목을 받았다.

**　헤지 금융 단계는 하이먼 민스키가 제시한 금융 불안정성 가설의 첫 번째 국면으로, 투자자
가 빌린 자금을 충분한 현금흐름으로 원리금(이자와 원금)을 모두 상환할 수 있는 건전한
상태를 뜻한다. 이 단계에서는 차입이 보수적으로 이뤄지며, 경제 전반도 비교적 안정적이
다. 그러나 시간이 지나 시장이 안정세를 지속하면 투자자들은 점차 더 많은 수익을 좇아 위
험을 감수하게 되고, 이는 투기 금융 및 폰지 금융 단계로 이어지는 불안정의 씨앗이 된다.

지 금융 단계로 옮겨 간다. 결국 안정된 국면이 길수록 투자자들은 더 큰 위험을 떠안게 되고, 폰지 단계에 이르면 작은 충격만으로도 시스템 전체가 무너진다. 민스키의 이론은 단순히 위기의 결과를 묘사하는 것이 아니라, 위기의 씨앗이 오히려 '안정기'에 뿌려진다는 점을 날카롭게 드러낸다. 코로나 팬데믹 이후 각국 중앙은행과 정부가 막대한 유동성을 공급한 상황은 이를 잘 보여 준다. 시장 불안을 잠재우기 위한 돈은 넘쳐났지만, 그 자금은 건전한 투자처를 찾지 못한 채 평소라면 자본을 조달하지 못했을 기업들에 흘러 들어갔다. 실제 수익을 내지 못하면서도 유동성에 의존해 연명하는 기업이 늘어나자, 시스템은 더 취약해졌고, 잠재된 불안정성은 오히려 커져 갔다.

그 결과 시장은 하이먼 민스키가 말한 세 번째 단계, 폰지 금융으로 치달았다. 자본잠식 상태에 빠진 기업들은 실질적인 수익이 아니라 새로운 자본으로 빚을 돌려막으며 연명했다. 로버트 실러는 민스키의 이론을 실증적으로 뒷받침했다. 그는 자산시장이 경제 펀더멘털만으로 움직이지 않는다고 보았다. 인간의 심리와 집단적 서사가 결합될 때 비이성적 과열*이 만들어지고, 이는 반복적으로 버블과 붕괴를 낳는다. 실러는 장기간에 걸친 주식과 부동산 데이터를 추적하며 거품이 형성되고 꺼진 역사를 계량적으로 보여 주었다. 2000년 닷컴버블, 2008년 금융위기 직전에

---

* 비이성적 과열이라는 표현은 1996년 당시 연준 의장이던 앨런 그린스펀이 주식시장의 과도한 낙관을 경계하며 처음 사용해 화제가 되었다. 이후 예일대 경제학자 로버트 실러는 이를 저서의 제목으로 삼아, 주식·부동산 시장에서 반복적으로 나타나는 거품을 체계적으로 분석했다. 실러는 투자자 심리가 군집적으로 작동해 가격이 내재가치를 넘어서는 현상을 계량적으로 입증했으며, 이는 행동재무학 발전에 중요한 기여를 했다. 결국 같은 표현이 정책가에게서는 경고의 수사로, 학자에게서는 거품 연구의 핵심 개념으로 자리 잡게 된 것이다.

도 그는 자산 가격의 과열을 경고했고, 이는 그의 연구가 단순한 과거 해석이 아니라 미래 위험을 진단하는 데도 유효하다는 사실을 입증했다. 그의 핵심은 단순하다. 집단적 낙관과 흥분이 팽배할수록 가격은 본래 가치에서 멀어지고, 그 과열은 반드시 꺼질 수밖에 없다는 것이다. 민스키와 실러가 보여 주듯, 시장은 때때로 비이성적인 과열에 휘말린다. 그러나 효율적 시장가설의 추종자들은 이 과열조차 금세 교정되어 정상 가격으로 돌아간다고 믿는다. 실제로 우리가 겪는 대부분의 투자시장은 효율적 시장가설이 작동하는 듯 보인다. 시장은 대체로 정보를 빠르게 반영하며, 자산 가격은 합리적 균형점을 향한다. 많은 전문 트레이더들이 이 전제 위에서 전략을 짠다. 낮은 금리로 조달한 자금을 국채에 투자하고, 이를 담보로 다시 차입해 포지션을 키우는 레버리지 구조는 시장이 효율적일 때 안정적 수익을 보장한다. 그러나 바로 그 믿음이 무너지는 순간, 상황은 정반대로 뒤집힌다. 국채 가격이 급락하거나 레포* 시장이 얼어붙는다면, 쌓아 온 레버리지는 순식간에 부채의 덫으로 바뀌고, 안정적이라 여겼던 전략은 파산으로 직행한다. 효율적 시장가설이 제공한 질서가 곧 가장 큰 리스크의 토대가 되는 것이다. 아이러니하게도, 효율성에 대한 신뢰가 위기의 조건을 만들어 내는 셈이다.

개인 투자자들은 또 다른 방식으로 이 역설에 휘말린다. 최근 시장에

---

* 레포시장은 금융기관들이 단기적으로 자금을 빌리고 빌려주는 곳으로, 채권을 담보로 맡기고 일정 기간 뒤 다시 사들이기로 약속하는 방식으로 거래가 이뤄진다. 예를 들어 은행이 보유한 국채를 담보로 하루 동안 현금을 빌리면, 다음 날 원금과 이자를 더해 돈을 갚고 채권을 되돌려받는 구조다. 레포 시장은 단기 유동성을 공급하는 핵심 통로이자 중앙은행의 통화정책 수단으로 활용되며, 시장이 경색되면 금융 시스템 전반에 즉각적인 불안정이 번질 수 있다.

뛰어드는 많은 개인들은 높은 거래 회전율로 매매를 반복한다. 그러나 효율적 시장에서 잦은 거래는 구조적으로 불리하다. 가격이 빠르게 제자리를 찾는 환경에서는 차익보다 거래 비용과 슬리피지가 더 크게 작용하기 때문이다. 결국 많은 개인 투자자는 수익이 아니라 비용을 축적하는 게임을 되풀이한다. 더 큰 문제는 시장이 비효율적으로 흔들릴 때도 상황이 나아지지 않는다는 점이다. 가격 왜곡과 갑작스러운 변동성은 위험 관리 체계가 약한 개인에게 오히려 치명타가 된다. 결국 전문 트레이더는 효율적 시장의 안정성에 기대다가 그 안정이 무너질 때 파국을 맞고, 개인 투자자는 효율적 시장에서는 비용에 갇히고 비효율적 시장에서는 충격에 무너진다. 시장은 효율적이든 비효율적이든 늘 약자의 허점을 파고들며, 투자자에게는 자신이 어떤 조건 위에서 움직이고 있는지를 성찰할 책임만을 남긴다.

나는 이런 환경을 이해하고 나서야 깨달았다. 특정 종목에서의 단기 수익률보다 더 중요한 것은 총자산의 규모에서 유의미한 성과를 내는 것이다. 열 번의 거래 중 일곱 번을 이기더라도 세 번의 손실이 그 이상이라면 소용이 없고, 설령 수익이 크더라도 거래 비용과 슬리피지까지 감안하면 남는 것이 거의 없을 수 있다. 전업투자자에게 슬리피지 비용은 단순히 거래 수수료나 세금만을 뜻하지 않는다. 매일 필요한 생활비까지 포함된다. 결국 거래 회전율이 높을수록 비용 구조는 무겁게 누적되고, 안정적으로 자산을 불리기는 점점 더 어려워진다. 현실을 직시한 뒤 나는 회전율을 철저히 낮추기로 했다. 예를 들면 효율적 시장가설이 지배하는 상황에서는 거래를 거의 하지 않는다. 가격이 빠르게 균형을 찾아가는 시장에서 잦은 매매로 초과 수익을 얻기는 어렵다. 따라서 나는 무포지션*을 유지하다가, 시장이 일시적으로 비효율을 드러낼 때만 움직인다. 내게는 기다림도 하나의 포지션이다. 시장이 흔들려 만들어 내는 비효율적 기회를 포착해야만, 그때의 상승을 온전히 수익으로 가져올 수 있다. 나는 스스로를 가치투자자라고 부르지만, 그 정의는 일반적으로 통용되는 의미와는 조금 다르다. 기업의 펀더멘털을 중요한 기준으로 삼기는 하지만, 그것이 절대적인 잣대는 아니다. 펀더멘털에 흠이 있더라도 시장이 만든 비효율이 분명하다면 과감히 투자한다. 나에게 가치투자란 단순히 내재가치를 계산해 저평가된 기업을 찾는 행위가 아니라, 시장이 간과하거나 과도하게 반응한 순간을 포착해 그 틈새를 수익으로 전환하는 행위다. 다시 말해, 본질적인 가치를 존중하되 비효율의 발견에 더 큰 무게를 두는 것이다. 이와 같은 철학은 단순한 기법이나 전략에서 비롯된 것이 아니다. 전업투자로 살아가는 환경, 매일의 생활비와 리스크 관리의 필요성, 그리고 무엇보다 시장에서 살아남아야 한다는 절실함이 만들어 낸 결과다. 동시에 몇몇 사상가와 투자자의 철학이 나의 관점을 다지는 데 깊은 영향을 주었다. 그 가운데서도 조지 소로스의 사고방식은 내 투자관에 가장 큰 흔적을 남겼다. 그는 시장을 완벽히 예측할 수 없다는 전제 위에서, 오히려 시장의 불완전성과 비효율을 기회로 삼았다. 나 역시 그 불확실성 속에서 기회를 찾는다. 다만 그 과정은 빠른 매매가 아니라, 기다림과 절제가 만들어 내는 결과다.

---

* 현금성 자산도 중요한 포지션이다. 시장은 예고없이 움직이기 때문에 리스크를 최소화하기 위해서는 유동성이 중요하다. 여기에서 말하는 현금성 자산은 현금이 될 수도 있지만, 원했을 때 빠르게 현금화할 수 있는 모든 투자 수단을 말한다. 이를테면 단기 채권이나 예금형 투자상품이다.

조지 소로스*는 흔히 헤지펀드의 제왕이라 불리지만, 그의 사상은 단순한 투자 기술을 넘어 경제학 자체에 대한 도전이었다. 그는 효율적 시장가설의 전제가 되는 인간은 합리적이며 완전한 정보를 바탕으로 행동한다는 가정을 정면으로 부정했다. 인간은 언제나 불완전한 지식만을 가질 뿐이며, 세상을 왜곡된 인식으로 바라볼 수밖에 없다는 것이다. 소로스는 이를 오류성이라 불렀다. 그러나 오류는 단순한 인식의 한계에 머물지 않는다. 사람들은 왜곡된 인식을 토대로 행동하고, 그 행동은 다시 현실에 영향을 미친다. 현실이 바뀌면 또다시 인식이 흔들리며 새로운 행동이 뒤따른다. 이렇게 인식과 현실이 서로를 끊임없이 바꾸어 가는 과정을 소로스는 재귀성이라 불렀다. 버블은 이 재귀성이 가장 극적으로 드러나는 현상이다. 어떤 자산에 긍정적인 신호가 나타나면 소수의 투자자가 매수에 나선다. 가격이 오르면 그것이 새로운 신호가 되어 더 많은 투자자가 몰려든다. 자금이 유입되면 기업은 더 많은 투자를 할 수 있고, 이는 다시 실적 개선으로 이어진다. 원래는 실적이 좋아져야 주가가 오르는 것이 순서이지만, 주가가 먼저 오르고 자금이 몰리면서 실적이 뒤따르는 역전 현상도 벌어진다. 이렇게 투자자의 믿음과 현실이 서로를 강화하는 피드백이 반복되면 버블은 단순한 과열을 넘어 어디까지 커질지 알 수 없는 하이퍼버블로 진화한다. 경제학이 '균형'을 전제로 한다면,

---

* 조지 소로스(George Soros, 1930~)는 헝가리 출신의 미국 투자자이자 자선가로, 헤지펀드의 제왕으로 불린다. 그는 1992년 영국 파운드화를 대규모 공매도해 영란은행을 굴복시킨 검은 수요일 사건으로 하루에 10억 달러 가까운 수익을 거두며 세계적 명성을 얻었다. 소로스의 투자 철학은 반사성이론으로 요약되는데, 이는 시장 참여자의 기대와 행동이 가격을 움직이고, 다시 그 가격이 참여자의 기대를 바꾸면서 자기 증폭적 사이클이 형성된다는 관점이다. 그는 또한 오랜 기간 민주주의와 인권을 위한 기부 활동을 이어 오며 국제정치적으로도 영향력을 발휘했다.

소로스의 재귀성은 끝없는 상호작용과 변동을 전제로 한다. 그는 이렇게 말한다. "나는 거품이 형성되는 모습을 발견하면 즉시 자산을 사들여 불난 곳에 기름을 붓습니다. 이것은 이상한 행동이 아닙니다." 워렌 버핏이 거품을 피하고 안전을 중시했다면, 소로스는 오히려 거품 속에 기회가 있다는 사실을 이해했고, 그 불길이 꺼지지 않는 동안에는 그 한가운데에서 돈을 벌 수 있었다. 이 철학은 단순한 투기적 태도와는 다르다. 소로스는 누구보다도 버블이 언제 꺼질지 예측할 수 없다는 사실을 잘 알았다. 그래서 그는 시장 참여자들의 합리성에만 맡겨두는 것은 위험하다며, 규제 당국이 적극적으로 개입해 버블이 지나치게 커지는 것을 막아야 한다고 주장했다. 재귀적 피드백은 언제든 위험한 방향으로 증폭될 수 있고, 시장을 스스로의 힘만으로 교정할 수 있다는 믿음은 치명적인 착각이기 때문이다.

재귀적 피드백은 금융시장 안에서만 벌어지는 현상이 아니다. 과학과 경제의 관계에서도 똑같은 메커니즘이 작동한다. 과학은 진리 탐구라는 순수한 목표를 내세우지만, 실제로 어떤 연구가 살아남고 어떤 분야가 성장할지는 자본의 흐름에 크게 좌우된다. 기초과학 연구는 정부의 재정정책이나 기업의 투자 기조에 따라 지속되기도 하고 중단되기도 한다. 긴축 국면에서는 연구비가 줄어들어 의미 있는 프로젝트조차 좌절되지만, 완화 국면에서는 평소라면 자금을 얻지 못했을 주제들까지 지원을 받으며 다양한 시도가 가능해진다. 이와 같은 유동성의 순환은 작은 상장기업들에서 더욱 극명하게 드러난다. 자금이 넘칠 때는 연구 성과와 무관하게 돈이 흘러 들어오고, 그 기대가 주가를 끌어올린다. 주가가 오르면 다시 더 많은 투자금을 유치할 수 있고, 그 자금으로 연구와 생산을 확대한다. 그러면 성과가 뒤따르며 투자자의 믿음이 정당화되는 것처럼 보인다. '돈 → 연구 → 기대 → 주가 상승 → 더 많은 돈'이라는 순환 고리가 만들어지는 것이다. 반대로 긴축이 시작되면, 기술력이 있음에도 자금 부족으로 무너지는 기업들이 속출한다. 그러나 일부 기업은 이 순환의 수혜를 극대화하며 살아남고, 오히려 더 큰 하이퍼버블로 성장한다. 테슬라가 대표적인 사례다. 단순한 기술력만으로는 지금의 위치를 설명하기 어렵다. 일론 머스크라는 인물이 투자자들의 믿음을 끌어내면서 주가가 먼저 올랐고, 그 덕분에 막대한 자금이 몰려 연구와 생산이 확대됐다. 그 결과 실적이 개선되고, 현실이 투자자의 믿음을 정당화해 주었다. 성과가 가격을 끌어올린 것이 아니라, 가격이 성과를 끌어낸 것이다. 이것이야말로 소로스가 말한 재귀적 피드백의 확장된 형태다.

과학과 경제는 서로에게 신호를 주고받으며 방향과 결과를 끊임없이 바꾼다. 경제가 먼저 가격을 움직이고, 그 가격이 연구 자금을 결정하며, 연구 성과가 다시 경제를 뒷받침한다. 과학은 경제의 토대 위에 서는 동시에, 경제는 과학의 성과에 의해 정당성을 얻는다. 이 상호작용은 단순한 일방향 인과가 아니라, 끊임없이 순환하는 피드백 고리다. 따라서 소로스가 말한 재귀적 피드백은 금융시장에만 국한된 개념이 아니다. 그것은 현대 과학 연구와 경제 체제를 동시에 이해하는 열쇠다. 과학은 자본 없이는 존재할 수 없고, 자본은 과학의 성과 없이는 정당화될 수 없다. 이 순환은 때로 버블을 만들고, 때로 진보를 이끌며, 때로는 두 현상을 동시에 일으킨다. 내가 생각하는 최고의 투자는 바로 이 사이클의 모든 상승분을 수익으로 전환하는 것이다. 시장이 폭락할 때, 즉 비효율이 극단적으로 드러날 때 과감히 투자하고, 시장이 효율성을 되찾았을 때는 보유하며, 다시 폭등이라는 또 다른 비효율이 나타났을 때 상승분을 수익으로 바꾸는 것이다. 나는 소로스가 말한 오류성과 재귀적 피드백의 개념에 깊이 공감한다. 인간은 불완전한 이해 속에서 행동하고, 그 행동은 다시 현실을 바꾸며, 이 과정에서 또 다른 불확실성이 생겨난다. 그렇다면 시장을 읽는다는 것은 단순히 숫자와 모델을 맞히는 일이 아니라, 인간과 현실이 어떻게 서로를 비추고 바꾸는지를 관찰하는 일이다. 결국 효율적 시장가설이 강조한 평균적 효율성, 행동재무학이 보여 준 비이성적 과열, 소로스의 재귀적 피드백은 모두 시장을 설명하는 서로 다른 측면이다. 시장은 대체로 효율적이지만, 인간 심리와 제도의 상호작용 속에서 언제든 비효율로 치달을 수 있다. 바로 그 순간이 역발상 투자자가 가장 좋아하는 무대다. 남들이 기계론적 확실성에 안도할 때, 오히려 불확실성과 피드백의 카오스를 인정하고, 그것을 기다리는 투자자가 되려고 노력한다.

매수는 기술, 매도는 예술

게임의 룰이 바뀔 때 큰 기회가 온다.

-조지 소로스-

매수는 기술이고, 매도는 예술이라는 말이 있다. 시장을 오래 경험한 투자자라면 누구나 고개를 끄덕일 만한 격언일 것이다. 특히 내가 추구하는 투자 방식에서 이 말은 더욱 크게 다가온다. 내가 움직이는 순간은 시장의 비효율이 분명히 드러났을 때뿐이다. 다른 투자자들이 일상의 작은 흐름 속에서 미세한 차이를 찾아낼 때, 나는 확연히 드러난 불균형이 눈에 보일 때까지 기다린다. 아주 단순하게 표현하자면, 주가가 충분히 떨어졌을 때 매수한다는 뜻이다. 물론 그 안에는 수많은 세부적인 고려가 있지만, 핵심은 결국 안전마진*이다. 안전마진이 충분히 확보됐다는 신호가 보이면 나는 분할 매수를 시작한다. 시장에서 오래 살아남은 수많은 투자 구루들도 이와 같은 방식을 권한다. 하지만 정작 많은 투자자들이 이를 실천하지 못한다. 여기서 필요한 것은 복잡한 보조지표가 아니다. 공포 속에서도 매수할 수 있는 확신, 편향을 이겨 낼 수 있는 원칙, 그리고 긴 시간을 버틸 수 있는 인내심이다. 결국 매수는 기다림의 문제다. 충분히 기다리고, 때가 오면 분할로 들어가면 된다. 매수의 기술이란

---

* 안전마진은 벤저민 그레이엄이 현명한 투자자에서 강조한 핵심 개념으로, 투자자가 주식의 내재가치보다 충분히 낮은 가격에 매수함으로써 불확실성과 위험을 흡수하는 완충 장치를 뜻한다. 예를 들어 내재가치가 100이라 판단되는 주식을 70에 샀다면, 30의 차이가 안전마진이 된다. 이는 기업 분석이 완벽할 수 없다는 점, 시장의 변동성이 크다는 점을 고려해 손실 가능성을 줄이고 장기적으로 안정적인 수익을 확보하려는 철학적 태도다.

복잡한 계산이 아니라, 단순한 원칙을 끝까지 지켜 내는 능력이다. 그래서 매수는 쉽다.

진짜 어려운 것은 매도다. 매수보다 매도가 어렵다는 사실은 복잡한 수학이 필요 없다. 초등학생도 이해할 수 있는 단순한 산수로 설명할 수 있다. 주식 투자자가 시장에서 갖는 가장 큰 이점은 손실의 한계가 정해져 있다는 점이다. 현물에 투자한다고 가정했을 때, 투자자가 입을 수 있는 최대 손실은 투자 원금 100%에 불과하다. 즉 천만 원을 투자한다면 최대 손실은 천만 원에서 끝난다. 이 확정성은 불확실한 시장에서 엄청난 의미를 갖는다. 계획이 가능해지기 때문이다. 반대로 수익은 무제한이다. 열 배, 백 배, 이론적으로는 억만 배도 가능하다. 시장과 투자자가 싸우는 구도로 보자면 이는 시장에 극도로 불리한 룰이다. 챔피언 벨트를 여러 개 보유한 복싱 선수와 이제 막 데뷔한 신인이 맞붙는 상황과 같다. 현실에서는 성립하지 않을 경기다. 챔피언은 한 번 지면 모든 것을 잃지만 신인은 고작 한 번의 패배만 안으면 된다. 투자도 이와 같다. 손실은 확정적이지만, 수익은 열려 있다. 그래서 매수는 상대적으로 쉽다. 구조적으로 유리한 게임을 하는 입장이기 때문이다. 하지만 매도는 정반대다. 예를 들어 100만 원이 열 배가 되어 1,000만 원이 되었다고 해 보자. 이때 투자자는 기로에 선다. 더 가져갈 것인가, 아니면 그만 매도할 것인가? 그런데 만약 주가가 -50% 하락하면 어떻게 될까? 여전히 원금은 다섯 배나 남아 있지만, 투자자의 심리는 그렇지 않다. 수익률은 900%에서 400%로 급감하고, 평가금액은 절반으로 줄어든다. 수익률이 높을수록 같은 하락에도 충격은 훨씬 크게 다가온다. 이론적으로 1만 배, 1억 배의 수익을 거두었다 해도 단 100%의 하락이면 모든 것을 잃는다. 단순한 계산이지만 투자자가 체감하는 공포는 결코 단순하지 않다. 누구나 매도 전까지의 수익은 내 것이 아님을 알고 있다. 하지만 손실로 전환된 것이 아님에도 불구하고, 최고점을 기준으로 느껴지는 상실감은 극심하다. 손실을 이익보다 더 크게 느끼는 인간의 본능, 손실회피 편향 때문에 최고점에서 떨어지는 주가는 언제나 고통을 안긴다. 그래서 매수는 기술이고, 매도는 예술이라 불린다. 인간은 매도의 압박에서 본능적으로 자유로울 수 없기 때문이다.

그래서 나는 매수만큼이나 매도에서도 확실한 신호를 찾고 싶었다. 예측의 영역에서 벗어나, 어느 정도의 손실은 감안하면서 적절한 매도시기를 찾고 싶었다. 이 문제를 가장 명쾌하게 해결했던 사람이 있다. 해법은 의외로 단순하다. 매도의 시점은 매수할 때 정해 두는 것이다. 우리가 어떤 주식을 사는 이유를 가장 분명히 아는 순간은 매수 시점이다. 시간이 지나면 주가의 움직임이 그 이유를 왜곡한다. 주가가 오르면 "더 살걸" 하는 후회가, 주가가 내리면 "왜 샀을까" 하는 의심이 판단을 덮어 버린다. 그래서 매수 이유와 매도 조건을 함께 기록해 두는 매매일지가 필요하다. 이 방식을 가장 철저히 적용한 사람이 벤저민 그레이엄이다. 그는 저평가 구간에서 매수해, 특정 지표가 일정 수준에 도달하면 기계적으로 매도했다. 예를 들면 그가 신뢰했던 지표인 PER이 7인 종목을 매수해, PER 10이 되면 매도하는 식이다.

반면 그의 제자 워런 버핏은 달랐다. 저평가된 주식을 사는 점은 같지만, 매도의 시점을 미리 정해 두지 않았다. 기업의 질과 성장성을 꾸준히 추적하며, 경제적 해자가 견고하다면 저평가 국면에서 벗어나도 계속 보유했다. 나는 버핏의 방식에 더 가깝다. 미리 매도 시점을 정하지 않는다. 다만 버핏과 달리 나는 주가가 지나치게 과열되더라도 팔지 않는다. 이 점에서 오히려 조지 소로스의 철학에 더 가깝다. 손실은 한정적이지만 수익은 무제한이라는 게임의 규칙 속에서, 내가 추구하는 것은 잃을 때 적게 잃고, 벌 때 크게 버는 것이다. 손실은 언제나 투자자가 감내해야 할 확정된 몫이고, 나는 그 범위 안에서만 투자한다. 그리고 그 구조 안에서 가능한 한 최대의 수익을 추구한다. 물론 모든 종목에서 큰 수익을 거둘 수는 없다. 때로는 크게 오른 주식을 팔지 않아 손실을 보기도 한다. 하지만 단 한 번의 대성공이 그 모든 손실을 상쇄하고도 남는다. 포커 챔피언 에릭 사이델이 말했듯 "이길 만큼만 이기는 승리"는 결국 총합에서 슬리피지 비용으로 사라진다. 더 큰 수익을 추구하는 방식이 필요하다. 그래서 나는 한 가지 원칙을 세웠다. 오르는 주식은 절대 팔지 않는다.

인간에게 내려진 저주

우리는 분모를 무시하는 경향이 있다. 눈에 보이는 것만 보고, 확률의 그림자 속에 숨은 것은 보지 못한다.

시지프스는 신들을 속인 죄로 끝없는 형벌을 받았다. 거대한 바위를 산 꼭대기까지 밀어 올려야 했지만, 바위는 정상에 닿을 때마다 굴러떨어졌다. 그는 영원히 같은 일을 반복해야 했고, 이 형벌은 인간이 짊어진 부조리의 상징으로 전해진다. 그러나 알베르 카뮈는 이를 단순한 저주로만 보지 않았다. 그는 시지프스가 자신의 운명을 자각하면서도 바위를 밀어 올리는 행위를 긍정한다고 해석했다. 희망이 있어서가 아니라, 희망이 없음을 알면서도 살아가는 그 행위 자체에 인간의 존엄이 담겨 있다는 것이다. 그렇다면 바위가 떨어질까 두려워 애초에 밀기를 거부한다면 어떻게 될까? 바위를 올리지 않으면 굴러떨어질 일도 없지만, 두려움 때문에 행위 자체를 포기한다면 그것이야말로 진짜 불행일 것이다. 손실회피편향은 이와 같은 심리를 잘 보여 준다. 인간은 얻는 기쁨보다 잃는 고통을 훨씬 더 크게 느낀다. 그래서 손실을 피하려다 수익의 기회까지 놓친다. 투자의 세계에서 사람들은 종종 수익이 나는 종목을 더 키울 용기를 내지 못하고, 바위가 다시 굴러떨어질까 두려워 서둘러 정리한다. 반대로 손실이 난 종목에는 오히려 희망을 품는다. 언젠가는 회복될 것이라는 막연한 기대 속에서 끝없이 붙잡고 있는 것이다. 돈을 잃을 때는 희망을, 돈을 벌 때는 두려움을 품는 아이러니가 여기서 나타난다. 손실회피는 인간 조건이자 피할 수 없는 본능이다. 그러나 그렇다고 무기력하게 주저앉을 수는 없다. 카뮈가 말했듯, 우리는 시지프스처럼 희망이 없음을 알면서도 묵묵히 바위를 밀어 올려야 한다. 떨어질 것을 알면서도 올리는 행위, 그것이야말로 인간에게 주어진 불행을 이겨 내는 방식이다. 투자는 시지프스의 바위처럼 때로는 굴러떨어지지만, 다행히도 우리에게는 시지프스와 달리 바위를 끝까지 올릴 수 있는 기회가 있다.

"익항옳"이라는 줄임말이 있다. "익절은 항상 옳다"의 약자로, 인터넷 투자 커뮤니티에서 널리 쓰이는 격언이다. 많은 개인 투자자들이 공감하는 이유는 단순하다. 오르던 주식을 계속 들고 가다가 결국 손실로 바뀌는 경험을 누구나 한 번쯤 했기 때문이다. 그 좌절 끝에, 차라리 오를 때 팔았다는 사실에 위안을 삼으며 "익항옳"이라고 자조 섞인 결론을 내리는 것이다. 나는 이 말에 전적으로 동의하지는 않는다. 그러나 이 표현이 투자자들 사이에서 공감을 얻는 맥락은 충분히 이해할 수 있다. 아이러니하게도 개인이 주로 매매하는 종목은 대체로 투기적 성격을 띠기 때문이다. 개인 투자자를 비하하려는 의도는 아니다. 주식시장의 본질 자체가 그렇다는 이야기다. 시장은 결코 공정한 스포츠가 아니다. 기업이 실적을 잘 냈다고 해서 반드시 그 성과가 곧바로 주가로 보상받는 구조가 아니다. 기업의 실적은 참고 지표일 뿐, 시장에서 주가를 움직이는 핵심은 결국 '인기'다. 좋은 기업과 좋은 주식은 다른 개념이며, 좋은 주식이란 곧 사람들이 많이 사고 싶어 하는 주식이다. 존 메이너드 케인즈는 이를 미인대회에 비유했다. 내가 보기엔 아름답지 않아도, 다수가 아름답다고 생각하면 그 사람이 우승자가 된다. 주식도 마찬가지다. 내가 어떤 종목을 높이 평가한다 한들, 더 비싼 값에 사 줄 사람이 없으면 그 종목은 좋은 투자처가 되지 못한다. 반대로 비싸게 사더라도 그보다 더 비싸게 매수하려는 이들이 있으면 성공적인 투자가 된다. 결국 상승장은 단순히 시장 지수가 오르는 국면이 아니다. 그것은 더 많은 사람이 시장에 유입되는 순간이다. 평소에는 무관심하던 대중이, 시장이 오른다는 소식에 자극받아 뒤늦게 뛰어드는 흐름이다. 그리고 아이러니하게도 가격이 오르면 오를수록 더 많은 사람이 끌려 들어오기 때문에, 상승장은 자기 증폭을 거듭하며 더 크게 달아오른다.

하지만 명심해야 한다. 주가가 올라서 뒤늦게 시장에 뛰어드는 사람들이 무엇을 사겠는가? 당연히 더 많이 오른 주식이다. 그리고 더 많이 오른 주식을 더 많은 사람이 사면, 주가는 더욱 가파르게 치솟는다. 이것이 바로 버블의 전형적인 모습이다. 문제는 이렇게 급하게 오른 종목의 결말은 언제나 폭락으로 귀결된다는 점이다. 상승장에서 뒤늦게 유입된 투자자들이 이런 경험을 반복하기 때문에, "익항옳"이라는 격언이 일정 부분 설득력을 얻는다. 그러나 나는 정반대의 길을 택한다. 인기 주식이 아니라, 오히려 시장에서 외면받은 종목을 찾는다. 그래서 "익절은 항상 옳다"는 주장에는 동의하지 않는다. 때로는 익절이 자산 관리 차원에서 오히려 손해가 되기도 한다. 이 지점에서 되새겨야 할 것이 프로 포커선수인 에릭 사이델의 말이다. 그는 손익을 따질 때 개별 종목이 아니라 총 자산의 관점에서 접근해야 한다고 강조했다. 일정 종목의 수익률보다 더 중요한 것은 전체 자산의 수익률이다. 포커 토너먼트를 예로 들어 보자. 한두 번 머니인에 성공했다고 해서 결국 이익을 남기는 것은 아니다. 대회에 참가하기 위해 들어간 비용과 장기적인 기대값을 모두 합산하면 오히려 손실로 끝나는 경우가 많다. 당장의 성과가 눈에 좋아 보일 수 있지만, 결국 총합으로 따졌을 때 손해라면 그것은 승리가 아니다. 투자의 세계도 이와 같다. 종목별 성과에 매몰되지 않고, 전체 자산의 흐름 속에서 진짜 성과를 판단해야 한다.

　물론 나는 전업투자자이기에 자연스럽게 자산의 총 규모에 더 집중한다. 그러나 이 개념은 개인 투자자에게도 똑같이 중요하다. 여러 종목을 보유한 상황에서 한 종목이 -10% 손실을 기록했다고 가정해 보자. 중요한 것은 그 손실 자체가 아니라, 그것이 전체 자산에서 차지하는 비중이다. 이 관점으로 바라보면 손실회피 편향에서 조금은 자유로워질 수 있다. 종목별 성과가 아니라 전체 자산의 크기로 판단하는 훈련이 필요하다. 나는 이런 사고방식에 따라 수익을 계산하고 계획을 세운다. 모든 계획은 어디까지나 계획일 뿐이고, 맞추기 위한 것이 아니라 방향을 잡아주는 가이드라인에 불과하다. 시장은 본질적으로 불확실하기 때문에 완벽한 설계는 불가능하지만, 전업투자자로 살기 위해서는 최소한의 기준점이 필요하다. 내가 가장 즐겨 사용하는 기준은 3년 투자다. 매수 후 무조건 3년 보유하겠다는 뜻이 아니라, 3년 동안 총 자산이 얼마나 성장했는지를 평가하는 단위로 삼는 것이다. 예를 들어 자산이 10억이라면 매년 10%씩 1억을 벌겠다는 목표는 세우지 않는다. 워런 버핏조차 매년 일정한 수익률을 유지하지는 못했다. 대신 나는 3년 동안 30%라는 장기 목표를 설정한다. 이 기준을 택한 이유는 하락장이 대체로 3년 주기로 찾아오기 때문이다. 즉, 3년의 시작점은 대개 하락장과 맞물리고, 회복 국면까지를 포함해 자산을 평가하는 것이 합리적이라는 뜻이다. 중요한 점은 이 30%가 단순한 명목 수익이 아니라는 것이다. 반드시 모든 비용을 제하고 계산한다. 거래 수수료와 환전 비용은 물론이고, 세금, 그리고 전업투자자라서 추가되는 생활비까지 포함한다. 내가 말하는 수익률은 순수하게 불어난 총자산의 비율이다. 예컨대 자산이 10억일 때 3년 후 13억이 되어야 30% 목표를 달성한 것으로 본다. 단순히 3억을 번다는 의미가 아니라, 지출과 비용을 모두 감안했을 때 최종적으로 자산이 30% 늘어야 한다는 것이다. 이처럼 전체 자산의 규모를 기준으로 삼으면 눈앞의 손실이나 단기 수익률에 흔들리지 않는다. 오히려 더 긴 호흡으로, 총합의 흐름 속에서 투자를 바라볼 수 있다. 나에게 자산 관리란 단순한 숫자의 계산이 아니라 또 하나의 역발상 투자다. 종목이 아니라 자산 전체를 기준으로 판단하는 태도가 손실회피 편향에서 벗어나게 하고, 투자자로서 지속성을 가능하게 만든다. 손실회피편향에 대해서는 다음 장에서 더 자세하게 알아보도록 하자.

행동경제학

손실회피편향

한 뼘의 땅을 잃는 고통은 열 배의 땅을 얻는 기쁨보다 크다.

행동경제학자 리처드 탈러[*]는 사람들이 동일한 확률 속에서도 전혀 다른 선택을 내린다는 사실을 보여 주기 위해 두 가지 질문을 던졌다. 첫째, 치명적인 병이 유행 중이라고 하자. 이 병에 걸릴 확률은 0.1%이고, 걸리면 곧바로 죽음을 맞는다. 그런데 백신을 맞으면 병에 걸리지 않는다. 단, 이 백신은 최고 입찰자 한 사람에게만 판매된다. 당신이라면 얼마까지

---

[*] 리처드 탈러(Richard H. Thaler, 1945~)는 미국의 행동경제학자로, 인간이 언제나 합리적으로 의사결정한다는 전통 경제학의 가정을 비판하며 실제 인간의 편향과 제한된 합리성을 연구했다. 그는 심리학적 통찰을 경제학에 접목해 넛지 개념을 제시했으며, 사람들이 선택 구조에 따라 다른 행동을 하도록 유도할 수 있음을 보여 주었다. 탈러는 저서 넛지로 대중에게 널리 알려졌고, 2017년 노벨 경제학상을 수상했다. 그의 연구는 금융, 정책, 건강관리 등 다양한 분야에서 실질적 의사결정 개선에 응용되고 있다.

지불하겠는가? 이것이 지불 의지를 묻는 질문이다. 둘째, 한 대학병원이 이 병을 연구하기 위해 지원자를 모집한다. 지원자는 0.1% 확률로 이 병에 걸릴 수도 있는 연구실에 들어가야 한다. 이 실험에 참가한다면 얼마를 요구하겠는가? 이것은 수용 의지를 묻는 질문이다. 경제학적으로 두 질문은 같은 확률을 전제로 하므로 답도 같아야 한다. 그러나 실제 반응은 달랐다. 백신을 사기 위해 지불하겠다는 금액은 평균 2,000달러 정도였지만, 실험 참가의 대가로는 최소 50만 달러를 요구했다. 많은 사람은 아예 응하지 않겠다고 답하기도 했다. 이 결과는 분명한 사실을 보여 준다. 사람은 무언가를 얻는 것보다 잃는 것을 피하는 데 훨씬 더 큰 가치를 둔다는 점이다. 손실과 이익의 균형이 깨지는 이 심리적 편향이 바로 손실회피편향이다.

우리는 스스로를 합리적 존재라 믿고 확률 계산에 따라 최적의 선택을 하는 호모 이코노미쿠스라고 생각한다.* 그러나 실제 의사결정은 감정과 편향에 크게 흔들린다. 그 핵심은 손실의 고통이 이익의 기쁨보다 훨씬 크게 다가온다는 사실이다. 예를 들어 보자. 하나는 확실히 100만 원을 받는 선택, 다른 하나는 동전을 던져 앞면이 나오면 200만 원을 받고 뒷면이면 아무것도 얻지 못하는 선택이 있다고 하자. 두 경우의 기대값은 똑같이 100만 원이다. 하지만 대부분은 확실히 100만 원을 고른다. 이

---

* 호모 이코노미쿠스(Homo Economicus)는 경제학에서 가정하는 합리적 인간상을 뜻한다. 이는 개인이 언제나 충분한 정보를 바탕으로 이익을 극대화하려 합리적으로 의사결정을 내린다는 모델이다. 이 개념은 신고전파 경제학의 기본 전제였지만, 실제 인간은 감정·편향·사회적 규범의 영향을 크게 받기 때문에 현실과는 거리가 있다. 행동경제학은 바로 이 '호모 이코노미쿠스' 가정의 한계를 지적하며, 보다 실제적인 인간 행동을 설명하려는 시도에서 출발했다.

익의 순간에는 작은 이익이라도 놓치기 싫어 위험을 회피하는 것이다. 반대로 손실의 장면으로 옮겨 가 보자. 하나는 확실히 100만 원을 잃는 길, 다른 하나는 동전을 던져 앞면이 나오면 200만 원을 잃고 뒷면이 나오면 손실이 없는 길이다. 기대값은 -100만 원으로 동일하다. 그러나 이번에는 많은 사람들이 동전을 택한다. 손실을 확정하는 고통은 감당하기 어려워서, 불확실한 도박에 몸을 던진다. 어쩌면 잃지 않을 수도 있다는 희망이 더 큰 손실의 위험보다 크게 보이는 것이다. 이익 앞에서는 안전을 붙잡고, 손실 앞에서는 위험을 감수하는 이 비대칭적 태도가 바로 전망이론이 그려 낸 인간 심리다.

투자 시장에서도 똑같은 장면이 반복된다. 이익이 난 주식은 떨어질까 두려워 서둘러 매도하고, 손실 난 주식은 본전을 기다리며 붙든다. 이익은 작아지고 손실은 커지는 구조가 만들어진다. 이것이 바로 처분효과다. 처분효과는 단순한 습관이 아니라 손실회피가 만들어 낸 결과다. 매수가가 기준점이 되고 그 아래로 내려가는 순간 판단이 왜곡된다. 그 결과 이익은 일찍 끊기고, 손실은 더 커진다. 시간이 지나면 손실 종목에 자금이 묶여 새로운 기회를 놓치고, 반대로 수익을 내던 종목은 복리 효과를 이어 가지 못한다. 실제 연구에서도 개인 투자자들은 수익 난 주식은 쉽게 팔고, 손실 난 주식은 끝까지 보유한다는 결과가 꾸준히 확인된다. 현실에서 처분효과는 몇 가지 모습으로 드러난다. 첫째, 기업 가치의 변화와 무관하게 마음의 안정을 위해 주식을 파는 경우다. 둘째, 손실 난 주식을 보유하는 이유가 합리적 분석이 아니라 "본전만 오면 팔겠다"는 희망일 때다. 셋째, 같은 종목을 지금 새로 매수할 생각은 없으면서도 이미 가진 손실 포지션은 끌고 가는 경우다. 현재 시점에서 새로 매수할 의사가 없다면, 그 종목을 보유할 이유도 없는 것이다. 여기에 확률을 왜곡하는 심리까지 겹친다. 작은 확률의 반등 가능성은 과대평가되고, 높은 확률의 추가 하락 위험은 과소평가된다. 그래서 사람들은 바닥 반등 이야기를 믿으며 손실 종목을 붙잡고, 반대로 꾸준히 오르는 종목은 언제든 꺾일까 두려워하며 서둘러 정리한다. 그 결과 처분효과는 투자 성과를 잠식하는 가장 흔하면서도 치명적인 심리적 함정이 된다.

손실을 마주하는 투자

개인투자자의 손실 중 상당 부분은 세금 납부와 수수료 지불 명목으로 정부와 금융기관에 내는 것이고 나머지 부분은 거래 상대, 즉 투자 수준이 높은 금융기관으로 손쉽게 흘러 들어간다. 대다수 개인투자자는 투자전략이 명확하지 않기 때문에 투자과정에서 부를 창출하지 못할 뿐 아니라 오히려 자신도 모르게 자기 자산에 거대한 손실을 입히는 것이다.

-주닝, 투자자의 적[34] 중에서-

앞에서 살펴본 것처럼 손실회피 편향은 완전히 피할 수 없다. 그러나 의식적인 설계를 더하면 충분히 완화할 수 있다. 첫 번째 방법은 개별 종목이 아니라 전체 자산의 규모를 기준으로 판단하는 것이다. 사람은 전체 자산이라는 분모를 무시하고, 눈앞의 종목이나 특정 사건이라는 분자만 과장해 해석한다. 예를 들어 총자산 1억 중 500만 원을 투자한 종목이 20% 하락했다고 하자. 이는 전체 자산에서 보면 고작 1% 손실일 뿐이다. 하지만 투자자는 "20% 하락"이라는 숫자에 압도되어 훨씬 큰 타격으로 느낀다. 바로 이 왜곡이 처분효과를 강화한다. 언론은 이런 심리를 교묘히 자극한다. 나스닥 지수가 2만일 때 "충격! 200포인트 폭락"이라는 제목이 붙으면 투자자의 불안은 즉각 반응한다. 그러나 실제로는 1% 하락에 불과하다. 백분율로 제시하면 담담할 수 있는 사실이, 큰 절댓값으로 표현되면 위기처럼 보인다. 분모를 지운 채 분자만 강조하는 방식이 독자의 감정을 흔드는 것이다. 종목 단위의 손실을 확대해서 해석하면 불필요한 매도와 공포를 반복하게 된다. 따라서 전체 자산의 규모를 기준으로 바라보는 습관이 중요하다. 이는 단순히 심리적 안정을 주는 것을 넘어 자연스럽게 분산과 비중 관리의 원칙으로 이어진다. 하나의 자산에 과도한 비중을 실으면 분모가 작아지고 작은 변동도 전체 자산에 큰 충격으로 돌아온다. 결국 분모를 항상 의식하는 태도가 손실회피 편향을 완화하는 가장 현실적 방법이다.

두 번째 방법은 한계효용을 이해하고 활용하는 것이다. 미국의 심리학자 에드 디너는 포브스가 선정한 부자 49명과 인터뷰를 진행했다. 그들에게 "행복은 어디에서 오는가?"라고 묻자, 돈이 아니라 사랑, 친구, 가정, 성취감, 자존감이라고 답했다. 그는 이 결과를 두고 일정 수준 이상의 자산을 가진 상황에서는 돈이 행복에 큰 영향을 주지 않는다고 설명했다. 실제로 서울 시민을 대상으로 한 조사에서도 돈은 행복의 가장 중요한 수단으로 꼽혔지만, 소득이 일정 수준을 넘은 사람들은 "돈이 행복의 전부가 아니다"라고 응답했다. 핵심은 돈이 행복을 보장하느냐가 아니라, 자산이 일정 규모를 넘으면 추가적인 소득이 주는 만족은 줄어든다는 사실이다. 경제학 교과서의 치킨 비유처럼, 첫 조각은 큰 행복을 주지만 열 번째 조각은 그렇지 않다. 주식 투자에서도 똑같다. 증권계좌의 종목이 5% 오르면 크게 느껴지고, 10% 20% 변동에도 민감하다. 어제까지 20% 수익이던 종목이 오늘 15%로 떨어지면 5% 손실처럼 받아들인다. 그래서 이익을 빨리 실현하고 싶은 충동이 강해진다. 그러나 수익률이 200%를 넘으면 작은 변동에는 덜 흔들리고, 오히려 장기 보유의 인내가 가능해진다. 수익이 커질수록 추가 수익의 행복은 줄어들지만, 동시에 손실에 대한 두려움에서도 어느 정도 벗어나게 된다. 이것이 투자에서 한계효용이 긍정적으로 작용하는 지점이다. 하지만 이 효과는 역으로도 나타난다. 1만 원에 산 주식이 3천 원이 되어 -70% 손실 중인 투자자는 이후 주가가 더 하락해도 충격이 크지 않다. 같은 시점에 3천 원에 새로 산 투자자가 -20%만 하락해도 큰 손실로 느끼는 것과 대조적이다. 장기간 큰 손실을 본 투자자는 오히려 무감각해지고, 손실 포지션을 방치하는 위험에 빠진다. 이 역시 한계효용의 그림자다. 그래서 투자의 원칙은 단순하다. 손실은 짧게 끊고 수익은 길게 가져가야 한다. 한계효용의 심리적 효과를 이해할 때, 우리는 처분효과의 함정에서 벗어나 조금 더 합리적인 매도와 보유의 균형을 찾을 수 있다.

그렇다면 수익 중인 종목을 팔고 손실 종목을 계속 보유했을 때 실제 계좌가 더 나아질까? 이 질문에 답하기 위해 캘리포니아 대학의 테런스 오딘 교수*와 중국의 주닝** 교수가 대규모 연구를 진행했다. 오딘 교수는 무려 10년에 걸쳐 증권사로부터 개인 투자자의 거래 데이터를 확보했고, 이를 바탕으로 방대한 연구를 남겼다. 그가 주목한 것은 투자자들이 포

---

* 테런스 오딘(Terrance Odean)은 미국 UC버클리 경영대학원 교수로, 행동재무학 분야의 대표적인 학자다. 그는 개인 투자자들이 흔히 범하는 편향과 비합리적 의사결정을 연구했으며, 특히 투자자들이 이익 난 주식은 빨리 팔고 손실 난 주식은 오래 끌고 가는 경향을 보여주는 처분 효과를 실증적으로 입증했다. 또한 개인 투자자들이 과도하게 매매할수록 성과가 나빠진다는 연구로도 잘 알려져 있으며, 이는 행동재무학이 전통적 효율적 시장가설을 보완하는 중요한 근거가 되었다.

** 주닝(朱宁) 교수는 상하이자오퉁대학교 고급금융학원(SAIF)의 금융학 교수 겸 부원장으로, 국제금융과 행동재무, 아시아 및 중국 자산시장 분석 전문가다. 코넬대학교에서 경영학 석사, 예일대학교에서 금융학 박사 학위를 받았으며, 이전에는 칭화대학과 캘리포니아대학교에서도 재직했다. 그는 주택 가격 폭등, 레버리지 확대, 그림자 금융의 확장, 정부 정책의 암묵적 보증이 결합해 중국 부동산 시장과 금융 시스템에 버블이 형성되고 있다고 여러 차례 경고해 왔다. 그의 저서 예고된 버블에서는 이러한 경고를 책으로 담았고, 2018년 중국 경제계에서 권위 있는 상인 쑨예팡상(孫冶方賞)을 수상했다.

지선을 변경하는 순간이었다. 인간은 끊임없이 더 나은 수익을 좇기 때문에, 수익 중인 A주식을 팔고 더 좋아 보이는 B주식을 사는 결정을 반복한다. 그러나 연구 결과 새로 매수한 종목의 성과는 대부분 기존에 팔아 버린 종목보다 낮았다. 다시 말해, 새로운 정보와 확신을 근거로 갈아탄 결정이 장기적으로 불리했다. 그대로 보유했을 종목이 더 나은 성과를 냈던 것이다. 이 연구는 두 가지 사실을 보여 준다. 첫째, 개인 투자자가 접하는 정보의 질은 제한적이다. 둘째, 오르는 주식을 팔고 다른 주식을 사는 전략은 계좌를 악화시킨다. 게다가 거래 빈도가 높을수록 수익률은 더 낮아진다. 새로 매수한 종목의 성과가 부진할 뿐 아니라, 반복되는 거래는 수수료·세금·스프레드 같은 비용을 키운다. 여기에 호가 단위 차이와 체결 지연에서 발생하는 슬리피지까지 더해지면 실제 계좌 수익률은 빠르게 잠식된다. 다수의 개인 투자자가 시장에서 기대만큼의 성과를 거두지 못하는 이유가 여기에 있다. 결국 거래 빈도가 본질적으로 수익률을 갉아먹는 구조라는 점에서 답을 찾을 수 있다. 라쿤자산운용 홍진채[*] 대표가 쓴 《주식하는 마음》은 이 문제를 누구보다 명쾌하게 설명한다. 이보다 더 나은 설명은 덧붙이기 어렵기에, 그 내용을 인용하며 이 장을 마무리하겠다.

"연 회전율 100%는 1년에 포트폴리오 전체를 한 번 갈아 치운다는 뜻입

---

[*] 홍진채(1978~)는 한국의 투자자이자 라쿤자산운용 대표로, 국내 가치투자 업계에서 잘 알려진 인물이다. 서울대 물리학과를 졸업한 뒤 퀀트 트레이더와 애널리스트로 활동했으며, 2016년 라쿤자산운용을 설립해 장기 가치투자 철학을 실천하고 있다. 그는 "복리의 힘은 지적 성실성과 기다림에서 나온다"는 신념을 강조하며, 기업의 본질적 가치와 자본배분 능력을 중시하는 투자자로 평가된다. 또한 저서와 강연을 통해 개인투자자들에게 장기적 관점과 자기 통제의 중요성을 전파하고 있다.

니다. 연초에 1억 원어치의 주식을 가지고 있었다면, 연말까지 1억 원어치를 팔고 그만큼을 다시 샀다는 뜻입니다. 우리나라 주식시장에서는 2020년 현재 거래세(매도할 때 내는 세금)가 0.25%(농어촌특별세 포함)이고, 매매 수수료가 0.015%(매수, 매도 각각. 수수료율은 증권사마다 다름)입니다. 따라서 1회전을 할 때마다 세금과 수수료로 투자금의 0.28%를 내야 합니다. 한 번 매수해서 매도할 때마다 0.28%는 수익을 내야 본전이라는 뜻이지요. 여전히 별것 아닌 것 같나요? 하루에 매매를 몇 번 하시나요? 연간 포트폴리오 회전율을 계산해 본 적 있으신가요? 일주일에 한 번 포트폴리오를 회전시킨다면, 투자금의 0.28%를 매주 수수료와 세금으로 낸다는 뜻입니다. 1년은 52주니까, 연간 14.56%를 낸다는 뜻이네요. 1년에 적어도 14.56%는 수익을 내야 본전이라는 건데요. 그만한 수익률을 꾸준히 달성할 수 있다면 당신에겐 이 책이 필요 없을지도 모릅니다. 세계 최고 펀드매니저에 견줄 수 있으니까요. 믿으세요. 진짜입니다."[35]

심리계좌

    경제학은 언제나 최적화와 균형을 이야기한다. 모든 선택이 합리적으로 계산되고, 자원이 가장 효율적으로 배분된다고 가정한다. 그러나 현실의 인간은 다르다. 우리는 감정에 흔들리고 편향에 갇히며, 그 흔적은 돈을 다루는 방식에서도 드러난다. 경제학적으로 돈은 모두 같은 가치를 지닌다. 1만 원은 어디에서나 똑같이 1만 원이다. 하지만 사람들은 그렇게 생각하지 않는다. 월급으로 번 돈과 보너스로 받은 돈을 다르게 쓰고, 우연히 얻은 돈과 땀 흘려 번 돈의 가치를 다르게 매긴다. 돈에 성격을 붙이고 그 성격에 따라 쓰임새를 달리하는 것이다. 행동경제학은 이를 심리계좌라 부른다.

    심리계좌에서 중요한 개념이 취득효용이다. 취득효용은 어떤 것을 얻었을 때의 효용에서, 그로 인해 잃어버린 다른 기회의 가치를 뺀 것이다. 휴대폰을 100만 원에 샀다면 단순히 휴대폰 값이 100만 원이라는 뜻이 아니다. 그 돈으로 살 수 있었던 여행, 옷, 음식 등 다른 가능성이 사라졌다는 의미다. 취득효용이 충분히 크다면 합리적 소비지만, 그렇지 않으면 사람은 매몰비용의 오류에 빠진다. 이미 티켓 값을 지불했다는 이유로 가고 싶지 않은 연회에 억지로 참석하는 것이 대표적이다. 합리적이라면 과거 비용은 잊고 현재 효용만 따져야 하지만 인간은 그러지 못한다. 또 다른 개념은 거래효용이다. 실제 지불한 금액과 내가 지불할 의사가 있었던 금액의 차이에서 발생하는 만족이다. 쉽게 말해 '바가지를 썼는가, 아니면 잘 샀는가'의 문제다. 돈의 많고 적음을 떠나 누구나 비싸게 샀다고 느끼면 불쾌하고, 싸게 샀다고 느끼면 기분이 좋아진다. 할인 행사는 거래효용을 자극해 필요 없는 물건임을 알면서도 지갑을 열게 만든다.

여기까지는 일상의 상식처럼 보인다. 그러나 주식시장에 오면 상황은 뒤집힌다. 가격이 떨어져 할인된 순간에는 투자자들이 외면하고, 가격이 올라 비싸진 순간에는 오히려 더 많은 사람이 몰려든다. 이유는 취득효용 때문이다. 거래효용에서 손해를 보더라도 지금 사지 않으면 기회를 잃는다는 두려움이 더 크게 작동한다. 기회비용을 줄이고 싶다는 욕구가, 비싸게 매수한다는 불쾌감을 압도하는 것이다. 그 결과 단기간에 급등한 자산은 더 오르고, 투자자들은 뒤늦게라도 합류한다. 하지만 상승은 영원하지 않다. 가격은 결국 제자리를 찾아가고, 비싸게 들어온 투자자들은 더 큰 기회비용을 떠안는다. 문제는 추가로 매몰비용이 청구된다는 점이다. 비싸게 산 주식이 하락해도 투자자는 손실을 확정하지 못한다. "언젠가는 다시 오르겠지"라는 희망 속에 붙들고 만다. 오를 때는 더 오를 것이라 믿으면서도, 내릴 때는 더 내릴 것이라고는 생각하지 않는 것이다. 이렇게 취득효용과 거래효용, 그리고 매몰비용이 얽히며 투자자의 행동은 합리성에서 멀어진다.

겉으로 보기에 돈은 모두 같지만 실제로는 그렇지 않다. 사람들의 마음속에서는 돈이 여러 심리계좌로 나뉘고, 같은 액수도 상황에 따라 전혀 다른 가치를 지닌다. 돈에 이름을 붙이고 성격을 부여하는 순간 의사결정은 합리성에서 멀어진다. 경제학은 돈을 언제나 하나의 숫자, 동일한 가치로 다루지만 실제 삶에서 돈은 그렇게 단순하지 않다. 이 인간적 편향을 교정하려면 의식적인 훈련이 필요하다. 가장 좋은 방법이 예산 배정이다. 사실 우리의 어머니들은 이미 오래전부터 이 방식을 알고 있었다. 남편이 벌어 온 월급봉투에서 돈을 꺼내 식비, 공과금, 경조사비, 양육비 등

항목별로 나누어 담는 방식이다. 돈을 미리 분류해 두니 소비는 자연히 관리되었고, 감정적인 지출은 줄었다. 지금도 정부와 기업은 예산을 세우고 배분하며 이 방식을 그대로 사용한다. 현대의 행동경제학자들이 제안하는 카테고리 분류 기반의 소비 통제는 사실 우리 어머니들이 실천해 온 지혜였다. 그러나 투자의 세계로 들어서면 상황은 훨씬 복잡해진다. 생활비 봉투를 나누는 것처럼 명확한 기준을 세우기 어렵고, 눈앞의 이익과 손실이 심리계좌를 흔들어 놓는다. 여기서부터 심리계좌는 단순한 가계부 문제가 아니라 투자 성과를 좌우하는 심리적 함정이 된다.

도박판에서 오래된 습관처럼 전해 내려오는 방식이 있다. 원금은 건드리지 않고 딴 돈으로만 다시 베팅하는 것이다. 이른바 하우스 머니 효과*다. 사람들은 본전은 잃어서는 안 된다고 여기며, 딴 돈은 쉽게 써도 된다고 믿는다. 그러나 돈에는 잠시 맡겨 둔 것 따위가 없다. 처음 100만 원으로 시작해 50만 원을 벌었다면 이제 원금은 150만 원이다. 주식투자에서도 마찬가지다. 원금 100만 원을 투자해 30% 수익을 내 130만 원이 되었을 때, 다음 날 10%가 빠져 117만 원이 되면 사람들은 여전히 17만 원을 벌었다고 생각하지 않는다. 오히려 13만 원을 잃었다는 사실에 크게 반응한다. 얻은 것보다 잃은 것이 더 크게 다가오는 것이다. 이 지점에서 본전효과**가 발동한다. 사람은 손실을 인정하지 못한다. 그래서 다시 원금

---

* 하우스 머니 효과는 도박장에서 딴 돈은 꽁돈처럼 느껴 더 쉽게 베팅하는 심리를 말한다. 카지노의 속어 하우스가 제공한 돈처럼 생각된다는 데서 이름이 붙었다. 행동재무학에서는 투자자가 주식이나 자산에서 얻은 이익을 자신의 원래 자산보다 가볍게 여기고, 더 큰 위험을 감수하려는 경향을 설명하는 데 쓰인다. 이는 결국 손실 확대나 비합리적 의사결정으로 이어질 수 있다.

** 본전효과는 손실을 본 투자자가 '잃은 돈을 반드시 만회해야 한다'는 심리에 집착해 더 큰 위험을 감수하는 경향을 말한다. 예를 들어 주식에서 큰 손실을 본 뒤, 평소라면 하지 않을

을 찾기 위해 무리한 도박을 이어 간다. 돈을 따면 하우스 머니로 승부를 연장하고, 잃으면 본전을 회복하기 위해 더 큰 위험을 감수한다. 투자자는 이 악순환 속에 빠져든다.

2000년 닷컴 버블은 이 두 효과가 동시에 작동한 전형적인 무대였다. 인터넷 기업들의 주가가 하루가 다르게 치솟자, 투자자들은 자신이 얻은 수익을 딴 돈처럼 여기며 더 큰 위험을 감수했다. 원금은 안전하다고 착각했고, 새로 얻은 이익은 모험으로 흘러갔다. 새로운 시대가 열렸다는 집단적 서사는 불길에 기름을 부었고, 결국 거품은 꺼졌다. 본전을 지키려던 투자자들은 손실을 인정하지 못한 채 끝까지 주식을 붙들었고, 그 대가는 막대한 자산 증발이었다. 하우스 머니 효과는 이익을 쉽게 모험에 다시 던지게 하고, 본전효과는 손실을 끝까지 인정하지 못하게 만든다. 상승장에서는 더 큰 리스크로, 하락장에서는 더 깊은 늪으로 투자자를 몰아넣는 심리적 덫이다. 이 함정을 피하려면 다시 어머니의 지혜로 돌아가야 한다. 계좌를 항목별로 나누어 관리하는 것이다. 변동성이 큰 종목은 별도의 계좌에서만 다루면 된다. 그렇지 않으면 본전효과 때문에 다른 안정적 자산까지 휘말릴 수 있다. 돈에도 성격이 있다는 사실을 인정하고, 위험 자산에서 얻은 수익이 다시 위험 자산으로 흘러가려는 성향을 통제해야 한다. 손실 또한 같은 위험 자산에서 회복하려는 유혹을 차단해야 한다. 심리계좌를 의식하고 돈의 성격을 미리 설계하는 것, 그것이 투자자가 감정의 덫을 피하고 합리성에 조금이라도 가까워질 수 있는

고위험 투자에 뛰어드는 것이 대표적이다. 이는 합리적 기대수익이 아니라 심리적 손실 회피 욕구에서 비롯되며, 종종 손실을 더 키우는 결과로 이어진다. 행동재무학에서는 손실회피 성향과 함께 투자자의 비합리적 의사결정을 설명하는 주요 개념으로 다뤄진다. 앞에서 살펴봤지만 잃은 것을 만회하려는 심리는 투자자를 1종 오류에 빠지게 만든다.

방법이다. 경제학이 말하는 완전한 최적화는 불가능하다. 그러나 심리게 좌를 이해하고 다스리는 훈련은 그 불가능에 조금 더 다가가는 길이 될 수 있다.

자기통제와 만족지연

인내는 쓰지만 그 열매는 달다.

1970년 스탠퍼드 대학교의 심리학자 월터 미셸은 마시멜로 실험을 기획했다. 아이들에게 마시멜로 하나를 주고, 15분 동안 먹지 않으면 하나를 더 주겠다고 약속한 뒤 실험자는 방을 나갔다. 이 단순한 설정은 아동의 만족지연 능력을 관찰하기 위한 것이었다. 실험이 널리 알려진 이유는 후속 연구 때문이다. 기다림에 성공한 아이들이 그렇지 않은 아이들보다 학업 성취도와 사회적 성공에서 더 좋은 성과를 보였다는 결과가 발표되었기 때문이다. 얼핏 보면 인내심이 곧 미래의 성공을 결정짓는 것처럼 보였다. 그러나 이후 연구들은 이 결론에 중요한 맹점이 있음을 드러냈다. 15분을 참아 낸 아이들은 대체로 가정 형편이 여유롭고, 부모가 약속을 잘 지키는 환경에서 자랐다. 즉, '기다림은 보상으로 이어진다'는 경험을 이미 내면화한 아이들이었다. 반대로 경제적 형편이 어려운 아이들이나 부모로부터 일관된 신뢰를 경험하지 못한 아이들에게는 눈앞의 마시멜로를 선택하는 것이 합리적이었다. 미래의 보상이 확실하지 않은 상황에서 당장의 확실한 이익을 붙드는 것은 충분히 이성적 선택이다.

이 지점은 경제학에서도 중요한 논의로 이어진다. 어빙 피셔는 시간선호가 경제적 조건에 따라 달라진다고 보았다. 경제적 여유가 있는 사람은 장기적 시야로 선택할 수 있지만, 결핍 속에 있는 사람은 필연적으로 짧은 시간지평을 가질 수밖에 없다. 생존이 위협받는 상황에서는 내일의 가능성보다 오늘의 확실성이 더 큰 무게를 갖는다. 배고픈 맹수가 먼

훗날의 안전보다 당장의 사냥을 택하는 것과 같다. 따라서 단기적 선택은 참을성이 부족해서가 아니라 생존을 위한 합리적 전략일 수 있다. 결핍은 인간의 시야를 좁히고 시간지평을 짧게 만든다. 그러나 그 현실 속에서도 자기통제를 통해 만족지연을 실천하는 순간, 결핍의 구조를 거슬러 오르는 성과가 만들어진다. 이때 만족지연은 단순히 장기투자나 복리의 힘을 위한 기술이 아니다. 본질은 인간 본능이 만든 편향을 넘어서는 훈련이자 태도. 잠시 멈추어 취득효용과 기회비용을 따져 보는 습관, 충동적 소비를 거절하는 결단, 주식시장에서 오르는 자산에 무작정 올라타지 않고 거래효용과 리스크를 점검하는 냉정함. 이 모두가 만족지연과 자기통제에서 비롯된다. 기다림은 단순히 더 오래 버티는 고행이 아니라, 결핍과 불확실성 속에서도 합리성을 끌어내는 심리적 장치다. 우리가 마시멜로 실험에서 배워야 할 교훈은 참으면 더 많이 얻는다는 단순한 보상이 아니다. 결핍이 시각을 좁히더라도, 그럼에도 불구하고 자기통제를 통해 만족지연을 선택하는 순간 인간은 본능의 굴레를 넘어설 수 있다는 사실이다. 만족지연은 경제적 전략이 아니라, 인간이 자신의 편향을 극복하기 위해 필요한 훈련이다.

소버린 마인드의 투자 철학에서 자기통제는 핵심 무기다. 외부의 정보와 유혹으로부터 생각의 주권을 지키려면 엄격한 자기통제가 뒤따라야 한다. 그리고 그 힘은 만족지연에서 나온다. 인간은 본능적으로 미래의 보상을 할인한다. 머리로는 현재의 만족을 미루면 더 큰 보상을 얻을 수 있다는 사실을 알지만, 실제 행동은 다르다. 당장의 달콤한 과자는 즉각적 쾌감을 주지만, 운동의 성과는 바로 드러나지 않는다. 그래서 대부분은 단기적 만족을 택한다. "내일 무슨 일이 일어날지 모르는데, 지금의 행복이 더 소중하지 않나?"라는 반문에도 어느 정도 일리가 있다. 그러나 그렇기 때문에 자기통제를 통해 만족을 지연시키는 사람에게 더 큰 보상이 돌아간다. 다수가 당장의 만족을 택하기 때문이다. 만약 모든 투자자가 자기통제와 만족지연에 능숙했다면, 시장은 효율적 시장 가설이 말하는 대로 완벽히 합리적으로 움직였을 것이다. 그렇다면 비합리성을 파고들 틈은 사라졌을 것이고, 나 역시 전업투자자의 길을 걷지 않았을지도 모른다. 하지만 현실의 시장은 여전히 불확실성과 비합리성으로 가득하다. 많은 투자자들이 만족지연을 실천하지 못하기 때문이다. 그 빈틈을 찾아내는 것, 그것이 소버린 마인드의 투자 철학이다. 자기통제는 단순한 도덕적 덕목이 아니라, 시장의 비합리성 속에서 기회를 포착하는 전략적 무기다.

18장

뇌과학과 투자

주목필터

흩어진 주의는 태만의 어머니이다.

−벤저민 프랭클린−

우리는 언제나 자신이 가진 경험과 배경, 기억의 틀 안에서 세상을 해석한다. 그렇다면 뇌과학은 이 문제를 어떻게 바라볼까? 뇌과학은 주목필터라는 개념으로, 인간이 세상을 받아들이는 과정을 좀 더 생리학적으로 풀어낸다. 흥미로운 점은 이 주목필터가 가다머의 전이해와 닮아 있다는 것이다. 둘 다 무한히 쏟아지는 정보 속에서 무엇을 선택하고 무엇을 버릴지 결정하는 역할을 한다. 하지만 성격은 다르다. 전이해가 언어와 문화, 역사적 맥락을 통해 형성된 해석의 배경이라면, 주목필터는 뇌속 신경회로가 감각 자극을 걸러 내는 생물학적 게이트다. 전이해는 해석의 단계에서, 주목필터는 인식의 문턱에서 작동한다. 두 개념은 의미를 달리하지만, 결국 같은 과정을 가리킨다. 인간은 모든 것을 받아들일 수 없기에, 뇌와 의식은 반드시 어떤 필터를 거친다. 그리고 그 필터는 곧 우리의 세계를 규정한다. 이제부터는 뇌과학이 말하는 주목필터를 중심으로, 우리가 무엇을 보고 무엇을 놓치는지, 그 과정에서 어떻게 기억이 형성되고 지식이 축적되는지를 살펴보려 한다.

인간의 뇌는 무게로 따지면 평균 1.4킬로그램, 전체 체중의 약 2%에 불과하다. 그러나 에너지 소비량은 전체 에너지의 20~25%에 달한다. 뇌는 많은 에너지를 소모하지만, 에너지 사용 대비 효율은 낮다. 이는 뇌가 처리해야 할 임무의 복잡성과 고성능 때문이며, 단순한 계산기나 컴퓨터와는 비교할 수 없다. 이처럼 에너지 집약적인 기관인 뇌는 에너지를 절약하기 위해 정보를 선별적으로 처리하도록 설계되어 있다. 인간은 오감을 통해 세상의 정보를 받아들이며, 여기에 고유감각(신체 위치와 움직임 인식), 진정감각(균형, 중력 인지), 내부감각(체내 상태 인지)까지 다양한 감각 체계를 사용한다. 인터넷이 정보의 바다라 불리지만, 인간에게는 세상 자체가 정보의 바다다. 문제는 뇌가 이 모든 정보를 무작정 받아들이면 과부하에 빠질 수밖에 없다는 점이다. 그래서 뇌는 정보를 있는 그대로 수집하지 않는다. 뇌는 정보를 받는 순간, 필터링과 가공을 수행한다. 기대와 주의라는 메커니즘이 작동하여, 필요한 정보만 선택적으로 받아들이고 나머지는 무시하거나 왜곡한다. 이 과정에서 자연스럽게 오류가 발생한다. 같은 상황을 경험해도 사람마다 기억이나 해석이 다른 이유가 여기에 있다. 이러한 필터링은 두 가지 이유에서 비롯된다. 첫 번째는 선천적인 생존 본능이다. 뇌는 위험 감지나 자원 탐색에 유리하도록 진화했으며, 패턴을 인식하고 이를 빠르게 예측하는 능력을 발달시켰다. 즉, 생존에 직결되는 정보를 더 민감하게 받아들인다. 두 번째는 환경에 의한 학습이다. 어린 시절 반복적으로 학습된 위험(불조심, 차조심 등)은 성인이 되어서도 강력하게 주의를 끌며, 사회적 규범과 문화에 대한 민감성 역시 집단 생존에 유리했던 진화의 결과다. 또한 뇌는 자극적인 정보에 더 민감하다. 언론과 미디어는 이를 잘 알고 있으며, 인간의 주의를 끌기 위해 자극적 콘텐츠를 쏟아 낸다. 마지막으로, 과거의 트라우마 역시 뇌의 정보 처리 방식을 변형시킨다. 예를 들어, 참전 군인이 풍선 터지는 소리에 과민 반응하는 것은 외상 후 스트레스 장애(PTSD)가 정보를 과잉 필터링한 결과다. 요약하자면, 인간의 뇌는 에너지를 절약하고 생존을 돕기 위해 정보를 왜곡하고 선택한다. 그러나 이 메커니즘은 현대 사회에서는 오히려 오류를 낳는 주요한 원인이 된다.

1926년 영국 버밍엄에서 태어난 도널드 브로드벤트*는 인지심리학과 실험심리학의 선구자다. 본래 수학을 전공했지만, 제2차 세계대전 당시 레이더 관제사들이 복잡한 정보를 어떻게 처리하는지에 흥미를 느끼며 심리학으로 전향했다. 그는 인간의 주의와 정보처리 과정에 대한 연구를 통해 현대 뇌과학에 중요한 영향을 끼쳤으며, 1958년 발표한 주목필터[36] 이론은 인지과학의 기초가 되었다. 앞서 살펴보았듯, 뇌는 고에너지 기관이다. 에너지를 많이 쓰지만 효율은 낮다. 따라서 뇌는 꼭 필요한 정보만 처리하려 한다. 브로드벤트는 이런 뇌의 전략을 주목필터라고 불렀다. 이는 수많은 감각 자극 중 어떤 정보에 주의를 기울일지를 결정하는

---

* 도널드 브로드벤트(Donald Broadbent, 1926~1993)는 영국의 인지심리학자로, 1958년 『인간의 정보처리』(Perception and Communication)에서 '주목 필터 이론(selective attention filter theory)'을 제안했다. 그는 인간의 주의(attention)와 정보 선택 과정이 제한된 처리 용량을 효율적으로 활용하기 위한 필터를 통해 이루어진다고 보았다.

필터 기능이다. 당신이 지금 이 글을 읽다가 주변을 둘러본다고 해 보자. 뇌는 이미 주변 시각 정보를 처리했지만, 특이점이 없었다면 대부분 무시됐다. 반면 갑자기 전화벨이 울리면, 그 소리는 주목필터를 통과해 뇌의 주의를 끌게 된다. 주의는 의식을 만들고, 의식은 반응을 이끈다.

　과학철학자 칼 포퍼는 과학 이론은 관찰에서 출발하지 않는다고 주장했다. 그는 감각기관의 관찰만으로는 아무 일도 일어나지 않으며, 문제로 인식되었을 때 비로소 지식이 생성된다고 말했다.[37] 시계를 본다고 해서 학습이 생기는 것이 아니다. 그러나 약속에 늦었다는 문제를 인식한 순간, 시계는 달라진다. 단순한 물건이 아니라 나의 문제를 해결해 줄 단서가 되고, 그로부터 다음에는 늦지 않게 미리 시계를 확인해야 한다는 발전이 시작된다. 출발점은 언제나 문제 혹은 문제 상황이다. 그리고 그 다음 단계는 문제를 해결하려는 시도다. 해결책이 문제를 풀어내지 못하면 제거하고, 또 다른 시도를 이어 간다. 이 시행착오의 과정이 곧 학습이다. 그렇다면 문제 인식이 출발점이라는 말은 결국 어떤 것에 주목하는가가 모든 것의 시작이라는 의미다. 수많은 자극이 흘러가지만, 우리가 주목하지 않는다면 그것은 그저 소음일 뿐이다. 관찰도, 인식도, 학습도 일어나지 않는다. 그렇다면 우리는 어떤 것에 주목하고 어떤 것은 흘려보낼까. 이 선택의 차이가 세계를 구성하는 첫 단추다. 생물학적으로 보자면, 이 모든 시작은 뇌의 주목필터를 통과하는 순간부터 가능하다. 뇌는 무작위로 정보를 받아들이지 않는다. 수많은 자극 가운데 의미 있다고 판단한 일부만을 골라 의식의 무대로 올린다. 바로 그 선택의 순간부터 관찰은 단순한 시선이 아니라 인식으로, 인식은 문제 해결을 향한 학습으로 이어진다.

이 문제는 곧 감각이 주목필터를 통과했음을 의미한다. 뇌는 관찰을 자동으로 수집하지 않으며, 의미 있다고 판단된 정보만 의식으로 끌어올린다. 이와 유사한 이론이 칵테일 파티 효과다. 시끄러운 파티장에서 수많은 소리와 이미지가 넘쳐 나는 상황에서도 우리는 친구의 목소리에 집중할 수 있다. 다른 자극은 배경으로 밀려나고, 뇌는 친구와의 대화에만 에너지를 집중한다. 이는 뇌의 노이즈 캔슬링 기능이다. 뇌는 동시에 두 가지를 처리할 수 없고, 선택적으로 하나만 처리할 뿐이다. 예를 들어, 파티장에서 당신을 향해 귀여운 강아지가 걸어온다면, 당신의 뇌는 곧바로 강아지에 집중한다. 이때 강아지에 대한 과거의 기억이 뇌의 반응을 결정한다. 강아지를 좋아했던 기억은 친근한 감정을 유도하고, 과거의 물림이나 알레르기 경험은 경계 반응을 일으킨다. 중요한 점은 이 순간, 당신은 다른 자극을 인식하지 못한다는 것이다. 예컨대 강아지를 주시하고 있을 때 옆을 지나가는 원숭이를 알아채지 못할 수도 있다.

우리는 흔히 멀티태스킹을 한다고 믿는다. 음악을 들으며 책을 읽고, 운전하면서 전화를 받는다. 그러나 뇌는 실제로 이 두 가지 작업을 동시에 수행하지 못한다. 단지 빠르게 전환할 뿐이다. 현대 뇌과학에 따르면 전전두엽*은 한 번에 하나의 의식적 작업만 처리할 수 있다. 전환이 반복될수록 에너지 소모와 집중력 손실이 발생한다. 실험심리학자 루빈스타인, 마이어, 에반스는 멀티태스킹이 효율을 얼마나 떨어뜨리는지 연구

---

* 전전두엽은 인간 뇌의 앞부분에 위치한 영역으로, 계획·판단·의사결정·충동 억제와 같은 고차원적 인지 기능을 담당한다. 이곳은 흔히 뇌의 CEO라 불리며, 감정 충동을 조절하고 장기적 목표에 맞는 행동을 선택하는 데 핵심적인 역할을 한다. 전전두엽이 미성숙한 아동이나 손상된 환자는 즉흥적이고 충동적인 행동을 보이기 쉽다. 투자나 도박 같은 상황에서 단기적 쾌락을 억누르고 합리적 결정을 내리도록 돕는 것도 전전두엽의 기능이다.

했다.[38] 이들은 피실험자 100명에게 두 가지 작업을 번갈아 수행하게 했고, 전환 과정에서 평균 20~40%의 효율 손실이 발생했다. 복잡한 과업일수록 손실은 커졌고, 이는 작가가 글을 쓰다가 끊기는 경험과 유사하다고 분석했다. 기업들이 한 명에게 여러 업무를 맡기는 구조조정은 단기적으로는 경제적일 수 있다. 하지만 장기적으로는 인지적 전환 비용으로 인해 오히려 비효율적일 수 있다. 개인투자자의 경우 멀티테스킹의 비효율적인 비용손실에 대해서 더 경각심을 가져야 한다. 상승장이 찾아올 때마다 각 회사 출근 시간대에 진풍경이 벌어진다. 자리에 앉아 있어야 할 사람들이 자리를 비우고 다들 어디인가로 흩어져 있다. 특히 화장실 칸은 항상 사용 중으로 가득 차 있다. 상승장만 오면 오전에 배탈이 난다는 통계는 없으니 분명 다른 이유가 있을 거다. 개인투자자는 대부분 본업이 있고 자산증식이나 재테크를 위해 동시에 투자를 진행한다. 하지만 애석하게도 증시가 열리는 개장 시간은 09:00로 대부분의 직장인들 출근 시간과 동일하다. 일을 하면서 동시에 투자를 해야 하니 자리를 비우고 화장실로 숨어들 수밖에 없는 것이다. 이정도는 약과다. 투자에 너무 몰입한 나머지 본업에 소홀해지는 사람이 부지기수다. 회사업무 때문에 더 큰 수익을 내지 못했다면서 퇴사를 결심하는 사람마저 생긴다. 상승장에서 직장을 그만두고 전업으로 나서는 사람들이 많이 나타나는 것은 늘 있는 흔한 일이다. 개인적으로 직장인들에게 "회사 업무시간에는 매매하지 마세요."라고 조언을 하기가 어렵다. 실제로 변동성이 심한 장세에는 제대로 대응하지 못해 손실이 커질 수 있기 때문이다. 그렇다고 업무에 지장을 주지 않는 중장기 투자만 하세요. 라는 조언도 개인마다의 성향이 계획, 매매 스타일이 다르니 쉽게 하기 어렵다. 다만 회사 업무와 주식투자를 동시에 진행한다는 것이 비용적인 면에서 단기적으로는 이익일 수 있으나 장기적으로는 비용손실을 초래할 수 있음을 알아 두었으면 한다. "나는 멀티테스킹이 가능해서 문제없어!"라고 말하고 싶겠지만 현실은 그리 녹록치 않다.

멀티테스킹의 비효율적인 비용 손실을 밝힌 루빈스타인의 연구는 오늘날 첨단 기술 분야에도 적용된다. 예컨대 최근 차량에는 운전자 상태를 감지하는 경고 시스템이 도입되고 있다. 시선이 일정 시간 정면에서 벗어나면 경고음이 울린다.* 미국 버지니아 공대 교통연구소는 산만한 운전으로 매일 9명이 사망하고 1,000명 이상이 다친다고 밝혔다. 또 운전 중 문자를 확인하는 데 걸리는 평균 시간은 4.6초로, 시속 90km로 달릴 때 축구장 길이만큼 눈을 감고 달리는 셈이다. 문자 확인은 사고 위험을 23배나 높이며, 이는 음주운전보다 더 위험한 수치다. 우리는 상황을 통제할 수 있다고 믿지만, 실상은 다르다. 뇌는 멀티테스킹을 감당하지 못하며, 우리는 착각 속에서 살아간다. 이 착각을 깨뜨린 대표적인 실험이 있다. 하버드대 심리학자 크리스토퍼 차브리스와 대니얼 사이먼스는 사람들에게 농구공을 주고받는 동영상을 보여 주며, 흰옷을 입은 사람이 공을 몇 번 주고받는지 세어 보라고 지시했다. 그리고 영상이 끝났을 때 영상 속에 등장한 고릴라를 본 사람이 있느냐고 물었으나 아무도 보지 못했다고 대답했다. 그러나 이 영상에는 45초쯤 고릴라 복장을 한 인물이 9초 동안 등장한다. 대부분의 실험 참가자는 이를 인식하지 못했다. 뇌가 특

---

* (Driver Monitoring System) 운전자 상태 감지 시스템은 운전자의 부주의 운전이나 졸음 등의 상태를 감지하여 운전자의 안전을 확보하는 시스템이다. 주로 안면 인식, 시선 추적, 눈 깜빡임 등을 통해 운전자의 상태를 파악하고, 이상 징후를 감지하면 경고를 발생시키거나 차량 제어를 지원하는 기능을 제공한다.

정 정보에만 집중하면, 나머지 세계는 사라진다. 문제는 이러한 뇌의 특성이 투자자에게도 고스란히 적용된다는 점이다. 특정 이슈나 지표에만 집중하는 순간, 더 큰 위험 신호나 기회를 놓치게 된다. 뇌는 무엇을 볼 것인가를 결정하면서 동시에 무엇을 보지 않을 것인가를 결정한다. 선택은 곧 배제다. 그리고 이 배제는, 때로는 치명적이다.

연결과 기억

"사실이란 존재하지 않는다. 존재하는 것은 해석뿐이다."

-프리드리히 니체-

다시 가다머가 말한 전이해로 돌아가 보자. 가다머에 따르면 해석은 언제나 전이해에서 출발한다. 우리는 결코 백지 상태로 어떤 글이나 정보를 마주하지 않는다. 모든 해석은 이미 우리 안에 자리 잡은 기억, 경험, 가치관, 즉 전이해와의 연결 속에서 이루어진다. 그리고 이 전이해는 단순히 쌓이는 것이 아니라, 언제나 특정한 맥락 위에 놓인다. 이를 뇌과학의 관점에서 보면 생물학적 구조를 가진 개념으로 새롭게 해석할 수 있다. 인간의 뇌에는 약 860억 개의 뉴런이 존재하며, 이들이 서로 연결되어 세포연합을 이루고 기억의 회로를 형성한다. 기억은 시간, 공간, 감정, 감각이라는 복합적인 맥락과 함께 저장된다. 뇌의 해마는 이 다양한 맥락을 통합해 기억을 조직하는 핵심 역할을 한다. 그래서 우리는 특정한 장소에 가면 예전 기억이 떠오르고, 어떤 냄새를 맡으면 과거의 한 장면이 생생하게 되살아나며, 오래전 음악을 들으면 첫사랑의 추억이 불현듯 스치는 경험을 한다. 해마는 기억을 단순한 정보 목록이 아니라, 이야기와 장면이 살아 숨 쉬는 형태로 저장한다. 바로 이런 이유 때문에, 우리가 책을 읽을 때 단순한 글자 해독을 넘어 해석이 가능해지는 것이다.

책을 읽는다는 것은 흔히 새로운 정보를 받아들이는 행위로 여겨지지만, 사실 그 정보는 반드시 기존의 기억과 연결될 때에만 뇌가 제대로 반응한다. 기억은 필요할 때만, 그리고 연결고리가 있을 때만 형성된다. 이는 기억이 단순히 외부 자극을 기계적으로 저장하는 과정이 아니라, 내부 조건, 특히 전이해라는 배경 위에서만 자라난다는 뜻이다. 그렇다면 전이해가 전혀 없는 상태에서 기억은 만들어질 수 있을까? 2002년, 미국 국방부 브리핑에서 도널드 럼스펠드 국방장관은 이라크의 대량살상무기와 관련한 질문에 이렇게 답했다. "우리는 우리가 알고 있는 것, 즉 '알려진 유식(known knowns)'이 있다. 또한 우리가 모른다는 사실을 알고 있는 것, 즉 '알려진 무식(known unknowns)'이 있다. 그리고 마지막으로, 우리가 존재조차 인지하지 못하는 것, 다시 말해 '무엇을 모르는지도 모르는' 상태, 즉 '미지의 무식(unknown unknowns)'이 있다."* 당시 이 발언은 조롱과 비판을 받았지만, 시간이 지나며 철학적으로 다시 조명되기 시작했다. 럼스펠트가 말한 미지의 무식을 우리는 과연 어떤 방식으로 포착해 기억 속에 남길 수 있을까? 뇌과학적 관점에서 답하자면 정직하면서도 냉혹하다. 거의 불가능하다는 것이다.

인간의 뇌는 에너지 효율이 낮은 기관이기에 외부에서 들어오는 방대한 정보를 모두 받아들일 수 없다. 그래서 뇌는 주의라는 필터를 사용해, 기존 기억과 연결될 가능성이 있는 정보, 즉 주목할 가치가 있는 정보만

---

* 도널드 럼스펠드 당시 미국 국방장관은 2002년 2월 12일, 이라크가 대량살상무기(WMD)를 보유하고 있다는 증거 부족에 대한 기자들의 질문에 답하며 "알려진 유식(known knowns), 알려진 무식(known unknowns), 미지의 무식(unknown unknowns)"이라는 표현을 사용했다. 이 발언은 정보와 불확실성의 본질을 설명하기 위한 것이었으며, 명백한 증거가 없더라도 알려지지 않은 위협이 존재할 수 있음을 시사하기 위해 사용되었다. 해당 발언은 당시에는 정치적 회피로 해석되며 조롱과 비판을 받기도 했지만, 시간이 지나면서 위험관리와 불확실성 인식에 대한 철학적, 전략적 통찰로 재평가되었다. 이후 미국은 이라크 침공(2003)을 감행했으나, 대량살상무기의 존재는 끝내 입증되지 않았고, 이로 인해 럼스펠드의 발언은 정보 부족 속의 확신이라는 비판과 함께 예측 불가능성에 대한 통찰이라는 이중적 해석을 남겼다.

선택적으로 받아들인다고 앞에서 설명했다. 다시 말해, 우리는 세상을 볼 때 무작정 받아들이지 않고, 무엇을 볼 것인지부터 선택한다. 그리고 그 선택의 기준이 바로 전이해다. 주의력을 통해 걸러진 정보는 해마로 전달되어 단기기억으로 처리되고, 기존 기억과 비교해 연결 가능성이 있을 때에만 장기기억으로 전환된다. 이는 우리가 새로운 정보를 받아들이는 과정이 기존 기억 패턴, 곧 전이해에 얼마나 깊게 의존하고 있는지를 보여 주는 명확한 증거다. 이 모든 과정의 중심에는 주의력이 있다. 뇌는 이 주의 필터를 통과한 정보만 해마에 저장한다. 하지만 단기기억은 매우 불안정하다. 수초에서 수분 동안만 유지되며, 반복 학습이나 의도적인 과정을 거치지 않으면 곧 사라진다. 여기서 말하는 의도적 과정이란 새로운 정보를 전이해와 연결하는 작업이다. 새로운 지식이 기존 기억과 의미 있게 연결되고, 그것이 생존이나 목표 달성과 관련된 중요한 정보로 인식될 때에만 비로소 장기기억으로 자리 잡는다. 그렇기에 아무리 많은 책을 읽어도 전이해와 연결되지 않는다면, 그 정보는 결국 곧 사라지고 만다.

휘발되지 않는 기억을 만들기 위해서는 주의력과 의도가 결정적인 역할을 한다. 우리는 하루에도 여러 번 건망증 환자처럼 살아간다. 자동차 키를 찾고, 지갑을 찾고, 휴대폰이나 리모컨을 찾느라 시간을 허비한다. 하지만 이런 현상의 본질적인 원인은 기억이 완전히 사라진 것이 아니다. 주의력이 분산되면서 다른 기억이 간섭하기 때문이다. 예를 들어, TV를 켜고 리모컨으로 채널을 돌리다가 중간에 휴대폰을 확인하고, 간식을 가지러 주방에 가고, 빨래를 돌리고, 화장실에 다녀오는 식이다. 이렇게 주의가 여기저기로 옮겨 다니면, 뇌는 어느 한 곳에도 깊이 주목하지 못한다. 결국 기억은 자리를 잡지 못한 채 흘러가버리고, 마지막으로 리모컨을 둔 위치에 대한 기억도 사라진다. 책을 읽을 때도 마찬가지다. 온전히 독서에만 몰입하고 있는가? 우리는 종종 음악을 틀어 놓고 책을 읽거나, 휴대폰 알림이 오면 곧바로 확인하곤 한다. 이런 행동 하나하나가 주의력을 분산시키고, 책 속 정보가 전이해와 연결되는 것을 방해한다. 그래서 의도가 필요하다. 나는 책을 읽을 때 대부분 분명한 목적을 갖고 읽는다. 만약 100권을 읽는다면 그중 95권은 목적 지향적인 독서다. 형광펜과 볼펜이 없으면 독서를 시작하지 않는다. 마음을 움직이는 구절, 공감되는 문장, 배울 만한 내용이 나오면 반드시 형광펜으로 표시한다. 그러나 거기서 멈추지 않는다. 그 구절이 내 목적에 부합한다면 반드시 내 생각을 덧붙여 글로 남긴다. 물론 모든 밑줄에 이렇게 할 수는 없다. 그렇게 하면 스스로 지쳐 버리기 때문이다. 그래서 나는 애초에 목적을 분명히 한다. 내 목적은 투자다. 어떤 분야의 책이든 그 안에서 투자와 연결될 수 있는 통찰을 찾아내려 한다.

목적 지향 독서

"좋은 독서는 단순한 정보 수집이 아니라, 문제 해결을 위한 사고 훈련이다."

-모티머 애들러-

미치오 카쿠*의 책《평행우주》는 우주를 탐구해 온 과정과 그 속에서 벌어진 역사적 사건들을 흥미롭게 풀어낸 과학 교양서다. 600페이지에 가까운 분량이지만, 특유의 유쾌하고 생동감 있는 문체 덕분에 부담 없이 읽힌다. 나는 이 책을 단순히 우주를 배우는 교양서로 읽지 않았다. 투자자로서, 이 속에서 어떤 통찰을 뽑아낼 수 있을지를 생각하며 읽었다. 만약 순수하게 우주를 공부하고자 하는 마음으로 이 책을 펼쳤다면, 아무리 쉽게 쓰였다 해도 전이해가 부족한 나에게는 결코 가볍게 읽히지 않았을 것이다. 그러나 투자자의 관점으로 읽으면 이야기는 달라진다. 어떤 주제든, 어떤 사건이든, 투자와 관련된 나의 전이해와 연결되는 순간 그것은 곧 투자에 적용할 수 있는 살아 있는 통찰로 변한다. 쉽게 말해, 분명한 목적을 가지고 독서에 임하면, 원래라면 어려웠을 내용도 나에게는 익숙한 비유처럼 자연스럽게 읽힌다는 뜻이다.

---

* 미치오 카쿠(Michio Kaku, 1947~)는 미국의 이론물리학자이자 퓨처리스트로, 뉴욕시립대학교(CUNY)에서 이론물리학 교수로 재직 중이다. 그는 초끈이론(superstring theory)의 공동 창시자 중 한 명으로, 물리학의 통일 이론을 탐구해 왔다. 학문적 업적 외에도《미래의 물리학》,《마음의 미래》등 다수의 저서를 통해 복잡한 현대 과학 개념을 일반 독자에게 쉽고 흥미롭게 전달한 대중 과학자로 잘 알려져 있다. 그는 상대성 이론, 양자역학, 다차원 우주, 인공지능, 뇌과학 등 다양한 주제를 넘나들며, 과학과 철학, 인간의 미래를 연결 짓는 통합적 관점을 제시한다.

특히 2장 역설적인 우주에서 다룬 뉴턴과 에드먼드 헬리의 이야기가 깊이 남았다. 혜성의 궤도를 계산하려던 헬리는 뉴턴에게 도움을 청했고, 뉴턴은 그의 부탁을 받아 혜성의 움직임을 정확히 계산해 주었다. 헬리는 이 계산을 바탕으로 혜성이 다시 돌아올 시점을 예측했고, 이 혜성이 바로 75년 주기로 지구를 찾는 헬리 혜성이다. 이 에피소드[39]는 내게 단순한 과학사가 아니었다. 전업투자자로 살아가는 데 가장 중요한 교훈을 줬기 때문이다.

뉴턴은 자연의 움직임을 수학으로 설명할 수 있다고 믿은, 기계론적 세계관의 설계자였다. 그는 우주에 절대적인 법칙이 존재하며, 그 법칙만 알면 미래의 움직임까지 예측할 수 있다고 생각했다. 이 철학은 이후 오랫동안 과학과 사회 전반을 지배했고, 지금도 여전히 주류 사고방식으로 남아 있다. 경제학도 예외가 아니었다. 애덤 스미스는 뉴턴의 기계론적 사고에 영향을 받아, 인간을 합리적이고 효율적인 선택을 하는 존재로 가정해 경제학의 수리 모델을 세웠다. 인간의 행동을 예측할 수 없다고 전제하는 순간, 수학적 모형 자체가 성립할 수 없기 때문이다. 투자자들 역시 이 기계론적 세계관에서 자유롭지 못하다. 무작위성과 불확실성이 가득한 주식시장을 두고도 우리는 여전히 시장을 예측하려 하고, 그 예측이 가능하다고 믿는다. 내가 얻은 교훈은 분명하다. 세상은 뉴턴의 생각처럼 계산한 대로 딱딱 맞아떨어지지 않는다. 주식시장도 마찬가지다. 무작위성과 불확실성을 인정하는 순간, 투자는 더 이상 예측에 의존하던 과거의 방식과 전혀 다른 모습으로 다가온다. 이 주제는 이 책에서 가장 중요하게 다루는 세 가지 주제 중 하나이며, 두 번째 주제에서 더 깊이 다룰 예정이니 여기서는 이 정도로만 맺는다.

다음은 아인슈타인의 이야기다. 그는 특수 상대성 이론과 일반 상대성 이론으로 뉴턴의 고전역학 세계관에 과학적 반기를 들었다. 당시 이 이론은 과학계조차 쉽게 이해하지 못할 만큼 혁명적이었다. 엄밀히 말해 과학계는 아인슈타인의 이론을 인정한다기보다, 이해할 수 없었기에 받아들일 수밖에 없었던 셈이다. 미치오 카쿠는 《평행우주》에서 이렇게 설명한다. 상대성 이론이 우리의 상식과 어긋나 보이는 이유는 이론이 틀려서가 아니라, 우리의 상상이 그 이론을 따라가지 못하기 때문이라는 것이다. 우주의 시점에서 보면, 우리는 극히 제한된 관점에 사로잡혀 있으며, 그로 인해 옳다고 믿는 것들 중 상당수가 실제로는 틀렸을 수 있다는 사실을 깨닫게 된다. 여기서 나는 투자자로서 강력한 교훈을 얻는다. 어떤 이론에 대한 지나친 확신은 전쟁 영화 속 "고향으로 꼭 돌아갈 거야"라는 대사가 암시하듯, 실패를 부르는 전형적인 신호. 우리는 자신의 시각 너머를 보거나 생각할 수 없다. 결국 누구나 편향된 지식을 바탕으로 시장을 해석하며, 그 편향이 자신도 모르게 만든 확신을 뜻밖의 방향에서 무너뜨린다. 천동설이 그랬고, 뉴턴의 고전역학이 그랬으며, 뉴턴과 아인슈타인조차 믿었던 '정적인 우주'가 그렇지 않음이 드러났듯이, 지금 우리가 당연하게 여기는 관점도 영원할 수 없다. 투자에서도 마찬가지다. 지나친 확신은 항상 위험하다.[40]

마지막으로 미치오 카쿠는 양자역학을 설명하며, 양자적 세계에서는 불가능이라는 개념 자체가 존재하지 않는다고 말한다. 아주 미세하더라도 어떤 사건이 일어날 확률이 0이 아니라면, 충분한 시간이 주어지면 그 사건은 언젠가 반드시 일어난다는 것이다. 예를 들어, 에너지가 매우 작은 입자가 두꺼운 벽을 통과할 확률은 극도로 낮지만, 결코 0이 아니다.

이를 극단적으로 비유하면, 감옥에 갇힌 죄수가 벽에 몸을 부딪힌다고 가정했을 때, 그의 몸이 그 벽을 통과할 확률 역시 완전히 0은 아니라는 이야기다. 물론 그 확률은 상상을 초월할 만큼 작지만, 양자역학의 관점에서 보면 전혀 불가능한 일은 아니라는 점이 중요하다.[41] 그 가능성은 상상할 수 없을 만큼 작지만, '0이 아니다'라는 말은 곧 우주적 시간의 스케일로 보면 언젠가는 반드시 일어날 수도 있다는 뜻이다. 불가능한 것이 아니라, 단지 극도로 희박한 가능성일 뿐이다. 2009년 9월 6일 불가리아에서 시행된 복권 당첨 번호는 4, 15, 23, 24, 35, 42였다. 그로부터 4일 뒤 다음 회차의 당첨번호는 놀랍게도 똑같은 4, 15, 23, 24, 35, 42였다. 정부는 조작가능성을 두고 대대적인 수사를 벌였지만 어떠한 증거도 찾지 못했다. 하지만 전세계에서 수십 년 동안 전세계에서 수없이 많은 복권 추첨이 이뤄지고 있다는 것을 생각한다면 어디선가 연속으로 같은 숫자가 나온 것이 그리 이상하지 않은 일이다. 여기서 내가 얻은 교훈은 시장에서는 어떤 일도 일어날 수 있다는 사실이다. "그건 절대 일어나지 않아"라는 단언은 스스로를 가장 큰 함정에 빠뜨리는 위험한 확신이다. 중요한 것은 리스크를 없애는 것이 아니라, 일어날 수 있는 모든 가능성을 열어 두고 대비하는 태도다. 양자역학의 세계처럼, 시장 역시 본질적으로 예측 불가능한 영역이며, 상상조차 하지 못한 사건이 현실이 되는 순간은 반드시 찾아온다. 결국 투자란 확률의 게임이고, 그 게임에서 살아남는 유일한 방법은 확신이 아니라 겸손이다.

나는 앞서 말했지만 책을 읽을 때 항상 분명한 목적을 세운다. 나의 전이해와 책의 내용을 의도적으로 연결하며, 그 안에서 투자와 관련된 통찰을 끌어내려 한다. 이 방식의 장점은 분명하다. 책의 내용을 더 깊고 쉽게 내 것으로 만들 수 있다는 점이다. 그러나 단점도 있다. 모든 책을 투자와 연결하려다 보니 독서가 점점 과제가 되고, 순수하게 읽는 즐거움이 줄어든다. 때로는 책이 전달하려는 본질적 메시지를 놓칠 때도 있다. 그래서 나는 재독을 통해 이를 보완한다. 한 번은 목적을 가지고, 또 한 번은 목적에서 벗어나 읽는 것이다. 내가 책을 읽을 때 분명한 목적을 갖는 이유는 더 깊은 해석을 가능하게 하기 때문이다. 해석은 단순한 이해가 아니다. 그것은 과거의 맥락, 기억, 감정과 새롭게 들어온 정보가 어우러져 새로운 의미를 만들어 내는 뇌의 작업이다. 가다머가 말했듯, 전이해 없이는 어떤 것도 해석되지 않는다. 우리는 이미 알고 있는 것 위에 새로운 것을 얹을 수 있을 때만 그것을 내 것으로 만들 수 있다. 그리고 그 해석은 기억이 되고, 생각이 되고, 나를 구성하는 조각이 된다.

전두엽 vs 편도체

> 삶에서 어떤 것도 당신이 그것을 생각하고 있을 때만큼 중요한
> 것은 없다.
>
> -대니얼 카너먼-

대니얼 카너먼과 아모스 트버스키[*]는 흔히 행동경제학의 아버지라 불린다. 이들은 인간의 사고 과정을 혁신적으로 설명하며, 기존 경제학이 전제로 삼았던 '합리적 인간'이라는 가정을 근본부터 흔들었다. 그들이 제시한 핵심 개념이 바로 두 가지 사고 체계, 시스템 1과 시스템 2다. 시스템 1은 빠르고 자동적이며 직관적인 사고 방식이고, 시스템 2는 느리고 분석적이며 논리적인 사고 방식이다. 단순해 보이는 이 구분은 이후 수십 년 동안 경제학과 심리학, 뇌과학 전반을 뒤흔드는 전환점이 되었다.

시스템 1은 진화 과정에서 생존을 위해 발달한 본능적 장치다. 풀숲에서 들려온 소리가 맹수인지 바람인지를 따져 볼 시간이 없었다. 위험하다는 직감이 곧바로 몸을 피하게 만들었고, 그것이 생존으로 이어졌다. 오늘날에도 우리는 운전 중 갑자기 끼어드는 차를 피하거나, 낯선 사람의

---

* 대니얼 카너먼(Daniel Kahneman, 1934~2024)과 아모스 트버스키(Amos Tversky, 1937~1996)는 행동경제학의 기초를 닦은 심리학자 듀오로, 인간의 비합리적 의사결정을 과학적으로 입증한 선구자들이다. 그들은 사람들이 확률과 위험을 평가할 때 체계적으로 오류를 범한다는 사실을 발견했고, 이를 전망이론으로 정리했다. 전망이론은 손실을 같은 크기의 이익보다 더 크게 느끼는 손실회피와, 불확실한 상황에서 사람들이 사용하는 직관적 판단 규칙인 휴리스틱을 핵심으로 한다. 이들의 연구는 기존 경제학의 합리적 인간(호모 이코노미쿠스) 가정을 흔들며 행동경제학이라는 새로운 지평을 열었고, 카너먼은 이 공로로 2002년 노벨 경제학상을 수상했다(트버스키는 이미 작고해 수상 대상에서 제외되었다).

표정에서 위험을 감지하는 순간 이 체계를 사용한다. 문제는 이 체계가 단순히 위험 감지에 그치지 않고 일상의 거의 모든 순간에 작동한다는 점이다. 하루에도 수백 번 내리는 사소한 결정들, 아침에 입을 옷, 점심 메뉴, 운전 중 차선 선택을 모두 깊이 분석한다면 하루는 시작도 하기 전에 지쳐 버릴 것이다. 그래서 우리는 대부분의 결정을 직관과 어림짐작, 즉 휴리스틱에 의존한다. 교차로에 진입할 때 수학적 계산을 하지 않는다. 저 차가 끼어들 것 같다는 직관에 따라 브레이크를 밟을 뿐이다. 이런 직관은 대체로 잘 작동하지만, 때로는 심각한 오류를 낳는다. 대표적인 것이 가용성 휴리스틱이다. 교통사고 뉴스를 반복적으로 접하면 실제 확률과 무관하게 운전을 더 위험하게 느끼게 된다. 또 대표성 휴리스틱에 따라, 동전 던지기에서 앞면이 연속으로 나오면 이제는 뒷면이 나올 차례라고 착각한다. 실제 확률은 변하지 않는데도 말이다.

반대로 시스템 2는 전두엽이 주도하는 느리고 분석적인 사고 체계다. 수학 문제를 풀거나, 대출 이자를 계산하거나, 복잡한 투자 전략을 세울 때 작동한다. 시스템 2는 시간이 걸리지만 논리적이고 일관된 답을 낸다. 그러나 인간의 뇌는 에너지 효율이 낮아 모든 판단을 시스템 2에 맡기면 과부하에 걸린다. 그래서 평소에는 시스템 1에 의존하고, 꼭 필요할 때만 시스템 2를 호출한다. 슈퍼마켓에서 사과를 고르는 상황을 떠올려 보자. 시스템 1은 붉고 윤기 나는 사과를 단번에 집는다. 그러나 농부이자 연구자라면 품종과 유통 과정, 저장 온도까지 따져 신선도를 분석할 것이다. 이는 시스템 2의 개입이다. 같은 상황도 어떤 시스템이 작동하느냐에 따라 전혀 다른 결과가 나온다.

투자에서도 상황은 동일하다. 시장이 요동칠 때 시스템 1은 공포와 탐욕에 반응해 즉각적인 매도·매수를 부추긴다. 반면 시스템 2는 데이터를 검토하고, 과거 사례를 비교하며, 장기적 가치를 평가한다. 하지만 스트레스가 크거나 시간이 촉박할 때는 시스템 1이 주도권을 쥔다. 그래서 많은 투자자가 불리한 순간에 충동적인 결정을 내린다. 카너먼과 트버스키가 남긴 유산은 단순한 학술적 분류가 아니다. 인간은 시스템 1과 시스템 2, 직관과 이성이라는 두 체계를 동시에 가지고 살아간다. 시스템 1은 생존을 가능케 했고, 시스템 2는 복잡한 문제 해결을 가능케 했다. 두 체계의 균형을 어떻게 다스리느냐가 곧 인간의 지혜다. 투자자라면 특히 언제 직관을 믿고, 언제 의도적으로 이성을 불러내야 하는지를 명확히 구분할 수 있어야 한다. 뇌과학적으로 이를 풀면 편도체*와 전두엽의 관계로 설명할 수 있다. 편도체는 뇌 속 깊은 곳에서 공포와 위험을 즉각적으로 감지하는 기관이다. 불시에 닥친 위험에서 망설임 없이 몸을 피하게 하는 덕분에 인류는 생존할 수 있었다. 반대로 전두엽은 인간의 뇌 중 가장 발달한 영역으로, 계획과 분석, 장기적 목표를 담당한다. 편도체가 지금 당장 피하라는 신호를 보낸다면, 전두엽은 '이 반응이 장기적으로 옳은가?'를 검토한다. 도마뱀의 뇌가 속도와 효율을 제공한다면, 전두엽은 정확성과 맥락을 제공하는 것이다. 인간은 본능과 이성, 파충류의 뇌와 인간의 뇌 사이에서 끊임없이 줄다리기를 한다. 중요한 것은 어느 한쪽을 배제하는 것이 아니라, 언제 직관을 신뢰하고 언제 이성을 호출해야 하는지를 구분하는 능

---

* 편도체는 뇌의 측두엽 안쪽 깊숙이 위치한 아몬드 모양의 신경 구조로, 공포·분노·불안 같은 원초적 감정 반응을 담당한다. 특히 위험을 감지했을 때 빠르게 투쟁과 도피 반응을 촉발해 생존에 중요한 역할을 한다. 편도체는 또렷한 위협뿐 아니라 모호한 상황에서도 과민하게 반응할 수 있어, 투자에서 시장 폭락이나 불확실한 뉴스에 과도한 공포를 느끼게 만드는 심리적 배경이 되기도 한다.

력이다. 이 균형이야말로 생존에서도, 투자에서도 인간을 인간답게 만드는 힘이다. 투자자의 관점에서 보면, 이는 곧 편향을 제어하는 힘으로 이어진다. 시장은 언제나 불확실하고, 인간의 뇌는 불안과 두려움에 쉽게 휘둘린다. 소버린 마인드의 투자 철학에 다가가려면, 즉 외부의 소음과 대중의 충동에서 벗어나 자기 사고의 주권을 지키려면, 평소 시스템 2의 사고를 활성화하려는 노력이 필요하다. 핵심은 전두엽을 자주 쓰는 습관을 들이는 것이다. 이를 위한 방법이 명상, 운동, 그리고 역사 공부다.

명상은 단순한 휴식이 아니라 알아차림의 훈련이다. 명상할 때 우리는 자신을 제3자의 눈으로 바라본다. 떠오르는 생각과 감정을 그대로 따라가는 것이 아니라, 한 발짝 떨어져 지켜보는 연습을 한다. 이 훈련은 편도체가 촉발하는 불안과 두려움을 약화시키고, 전두엽이 개입할 공간을 만든다. 그래서 명상은 단순히 마음을 편하게 하는 행위가 아니라, 시스템 1의 충동에서 벗어나 시스템 2로 들어가는 관문이다. 운동도 전두엽을 강화하는 효과적인 방법이다. 흔히 진부한 조언으로 여겨지지만, 뇌과학적으로 보면 운동은 호르몬 분비를 통해 두려움과 불안을 억제한다. 폭락장에서 두려움을 이겨 내지 못하는 이유는 스트레스 호르몬인 코르티솔 때문이다. 원시 시대 생존을 위해 각인된 반응이 여전히 작동하는 것이다. 해답은 단순하다. 걷기나 가벼운 달리기만으로도 세로토닌, 도파민, 노르아드레날린이 분비된다. 불안은 줄고, 집중과 동기부여는 높아진다. 연구에 따르면 운동은 편도체의 과잉 반응을 억제하고 전두엽과 해마를 강화한다. 하루 30분에서 1시간의 운동으로 수년의 노력을 지킬 수 있다면, 그것은 비용이 아니라 투자다.

마지막으로 중요한 도구는 역사 공부다. 편도체가 두려움을 조건화한다면, 역사는 그 두려움을 간접 경험으로 제어한다. 모든 위험을 직접 겪을 수 없기에, 역사는 인류가 축적한 실패와 성공을 학습할 수 있는 통로다. 개인의 생애는 짧지만, 역사 속 경험을 내 뇌의 자산으로 삼을 수 있다. 역사 공부는 해마와 전두엽을 자극해 새로운 기억 회로를 형성하고, 실제 위기 상황에서 과도한 공포 반응을 완화한다. 즉 역사를 배우는 것은 아직 겪지 않은 사건을 미리 시뮬레이션하는 것이다. 많은 사람들은 역사 공부를 진부한 조언이라 치부하지만, 그것은 수많은 검증을 거쳐 여전히 유효한 해법이다. 역사는 똑같이 반복되지 않지만, 그 속에는 일정한 법칙, 작용과 반작용의 원리가 존재한다. 움베르트 에코의 말처럼 이 원리를 이해할 때 역사는 수사학적 장식이 아니라 과학적 의미에서 삶의 스승이 된다. 투자자에게 이 사실은 훈련을 통해 편향을 극복할 수 있다는 뇌과학적 근거를 갖는다. 역사 속 위기와 거품, 붕괴의 패턴을 학습한 사람은 편도체가 보내는 공포와 탐욕의 신호를 전두엽을 통해 교정할 힘을 갖는다. 과거 경험을 학습으로 내재화한 전두엽이 있어야 시장의 충동적 신호를 따라가지 않고 맥락 속에서 해석할 수 있다. 결국 편도체와 전두엽, 도마뱀의 뇌와 인간의 뇌는 늘 긴장 속에서 공존한다. 이 균형을 다스리기 위해 우리는 세 가지 도구를 가진다. 첫째, 명상을 통해 충동을 알아차리는 훈련. 둘째, 운동을 통해 긍정적 호르몬을 분비시키고 전두엽과 해마의 기능을 강화하는 습관. 셋째, 역사를 통해 직접 겪지 않은 경험을 학습하고 그것을 뇌의 회로로 새겨 넣는 작업이다. 이 세 가지는 결국 하나로 이어진다. 소버린 마인드, 즉 생각의 주권을 지키려는 투자 철학이다. 편도체의 충동과 대중의 소음에 휘둘리지 않고, 전두엽의 판단과 역사에서 얻은 경험을 토대로 자기만의 길을 가는 것. 그것이야말로 불확실한 시장에서 투자자가 자신을 지켜 낼 수 있는 가장 강력한 무기다.

자유의지

사랑과 자유의지

사랑의 환상이 싹트는 곳, 가슴인지 머리인지 말해 줘요.

-베니스의 상인 중에서-

사랑의 신 큐피트의 화살에 맞은 사람은 자신의 의지와는 상관없이 처음 본 상대에게 강렬한 사랑에 빠진다. 우리는 사랑을 원하지만 정작 화살에 맞고 싶어 하는 사람은 없다. 큐피트의 화살은 축복이 아니라 저주로 여겨지기 때문이다. 우리가 원하는 것은 내가 사랑하는 사람이 화살에 맞아 나를 사랑해 주는 것이지, 내가 화살에 맞아 의지와 상관없이 빠져드는 사랑이 아니다. 그러나 뇌과학의 시선으로 보면 사랑은 신경계의 활동에서 비롯된 생물학적 현상이다. 도파민, 옥시토신, 세로토닌과 같은 신경전달물질의 분비, 그리고 편도체와 보상회로, 전전두엽 사이의 미묘한 상호작용이 우리가 느끼는 설렘과 집착을 만든다. 결국 사랑은 외부에서 날아든 화살 때문은 아니지만 뇌 내부에서 벌어지는 전기적, 화학적 불꽃놀이의 결과다. 하지만 사랑에 빠지는 것이 우리의 의지가 아니라 뇌의 신경계의 활동 때문임을 인정하기가 어려울 수도 있다. 그렇게 생각한다면 이어질 내용을 한번 살펴보자.

누군가를 미치도록 미워한 경험이 있을 것이다. 이유가 있어서 그렇기도 하고, 별다른 이유가 없는데도 괜히 미운 경우도 있다. 직장 상사, 동료, 연예인, 스포츠 선수, 정치인, 혹은 라이벌까지, 그런 감정은 누구나 안고 산다. 그렇다면 반대로 생각해 보자. 의지만으로 그 미움을 사랑으로 바꿀 수 있을까? 만약 사랑이 자유의지로 가능한 것이라면, 미치도록 미웠던 사람도 내가 마음만 먹으면 사랑할 수 있어야 하지 않을까? 하지만 우리는 사랑도, 미움도, 마음먹는다고 뜻대로 되지 않는다는 사실을 알고 있다. 노력은 가능하지만, 노력의 양만큼 감정이 바뀌지 않는다. 미워했던 사람을 사랑하는 일도, 사랑하지 말아야 할 대상을 사랑하게 되는 것도 우리의 의지와는 별개로 감정이 작용한다. 감정은 계산이나 의지의 산물이 아니라, 뇌 깊은 곳에서 솟아 나오는 신경학적 반응이기 때문이다. 그렇다면 사랑은 정말 나의 자유의지가 아닐까? 자유의지로 조종할 수 있는 듯 보이지만, 사실은 신경계가 먼저 반응하고, 우리의 의식은 그 뒤를 따라가며 합리화를 하는 것은 아닐까?

어쩌면 상대는 단순히 예의상 미소를 지었을 뿐일지도 모른다. 하지만 나의 뇌는 그 웃음을 스쳐 지나가지 않는다. 오래전 마음에 각인된 따뜻한 전이해속 웃음과 겹쳐 해석한다. 내가 필요로 하던 위로의 기억과 닮아 있다면, 그 순간은 곧바로 특별한 사건으로 변한다. 주목필터는 주변의 모든 소음을 밀어내고 단 하나의 얼굴만을 스포트라이트처럼 비춘다.* 그렇게 들어온 신호는 다시 나의 행동을 바꾸고, 변화는 상대에게 전달된다.** 내가 더 자주 웃고 더 오래 눈을 마주치는 동안, 상대 역시 그 반응에 응답한다. 의도와 상관없이 서로의 해석이 서로를 강화하는 순간, 관계라는 서막이 열린다. 사랑은 외부에서 날아든 우연한 화살이 아니라, 내 안에 이미 존재하던 전이해가 상대를 신호로 읽어 내는 과정이다. 그래서 사랑은 언제나 해석의 문제다. 누구를 사랑하게 되는가의 문제는 곧 어떤 기억과 기대를 품고 살아왔는가의 문제와 연결된다.

사랑은 무작위로 찾아오는 것 같지만, 그 시작은 뇌의 주목필터를 통과하는 순간에 있다. 매일 수많은 얼굴과 목소리를 스쳐 지나가지만, 그 가운데 단 한 명이 유독 선명하게 들어오는 경우가 있다. 그것은 단순히 감각이 예민했기 때문이 아니라, 과거의 기억, 경험, 취향 등 설명되지 않은 기대 같은 전이해와 맞닿았기 때문이다. 그 순간 뇌는 하나의 표정을 특별한 신호로 해석하고, 주목필터는 다른 모든 자극을 밀어내며 오직 그 얼굴만을 스포트라이트처럼 비춘다. 그렇게 시작된 시그널은 나의 행동

---

* 한 사람에게 주목하게 되는 것을 심리학에서 칵테일 파티 효과라 부른다. 시끄러운 파티장처럼 소음이 가득한 환경에서도 자신이 주목하는 소리(예: 자기 이름이나 관심 있는 이야기)만 선별해 듣는 뇌의 선택적 주의 현상을 뜻한다. 사랑이나 관계에서도 이와 비슷하게, 수많은 얼굴 중 특정한 표정이나 웃음이 특별하게 다가오는 것은 뇌가 선택적으로 필터링하기 때문이다. 이때 작동하는 또 하나의 심리적 편향이 '후광효과(halo effect)'다. 어떤 사람의 긍정적인 한 요소(예: 따뜻한 미소)를 보고 전체적인 인상까지 긍정적으로 해석해 버리는 경향을 말한다. 결국 우리는 타인의 행동을 있는 그대로 보는 것이 아니라, 뇌의 주목필터와 후광효과가 덧씌운 의미를 함께 보고 있는 셈이다.

** 두 사람이 동시에 첫눈에 열정적으로 빠져드는 경우도 있겠지만, 대부분의 사랑은 조금 다른 방식으로 시작된다. 한쪽에서 흘러나온 미묘한 태도가 상대에게 닿고, 그 반응이 다시 돌아오면서 작은 파장이 생긴다. 이 파장은 마치 케인즈의 승수효과처럼 서로를 증폭시키며 사랑으로 발전한다. 그러나 이 순환 고리는 매우 섬세하고 쉽게 깨진다. 그래서 두 사람이 연인으로 이어지기까지는 수많은 시험과 불안정한 순간을 통과해야만 한다.

을 바꾸고, 그 행동은 상대에게 전달되어 상호작용을 강화한다. 결국 관계는 해석과 반응의 교차 속에서 형성된다. 사랑이란 외부에서 날아든 신호가 아니라, 내 안의 전이해가 깨어나 상대를 신호로 읽어 내는 과정이다. 어떤 미소는 배경처럼 사라지지만, 어떤 미소는 과거의 기억과 겹쳐 사랑의 시그널로 해석된다. 뇌가 이렇게 특정 대상을 유리하게 만들면, 가슴은 그것을 두근거림과 떨림으로 번역한다. 사랑은 어쩌면 뇌가 짜주는 각본을 우리가 연기하는 것일지도 모른다. 뇌가 무대를 준비하면, 우리는 그 무대 위에서 연기한다. 우리는 그것을 내가 이끌어 가는 무대라고 믿지만, 사실은 뇌가 이미 다 짜 놓은 무대인 것이다.

물론 뇌가 "너는 이 사람을 사랑해야 한다"고 직접 명령하는 것은 아니다. 그러나 분명히 어떤 신호는 다른 신호보다 유리한 위치를 차지한다. 특정한 사람은 뇌로부터 특혜를 받는다. 같은 미소라도 어떤 이는 지나가는 풍경처럼 사라지지만, 어떤 이는 전이해와 맞물려 사랑의 대상으로 조명된다. 그렇게 뇌가 선택의 기울기를 만들어 주면, 우리의 가슴은 그것을 두근거림과 떨림으로 번역해 낸다. 이렇게 본다면 사랑은 뇌가 주도하는 결정과 가슴이 체험하는 감정 사이의 대화다. 뇌는 특혜를 주고, 가슴은 그 특혜를 이어간다.[*] 그래서 우리는 그것을 내가 사랑을 선택했다고 믿는다. 하지만 실상은 뇌가 이미 사랑의 무대를 준비해 두었고, 우리는 그 무대 위에서 가슴으로 노래하고 있는 셈이다.

그렇다고 해서 사랑이 환상이나 기계적 반응으로 축소되는 것은 아니

---

[*] 사실 어떤 감정을 뜻하는 가슴이라는 비유적 표현은 현대에는 사장된 이론에서 비롯된 것이다. 과거 선조들은 우리의 생각이나 감정의 출처를 심장으로 보았다. 하지만 현대의 과학은 내면세계의 중심이 심장이 아닌 뇌라는 것을 밝혀냈다.

다. 오히려 이 과정 덕분에 사랑은 더 인간적이고 복잡한 감정이 된다. 해석과 체험, 전이해와 주목, 뇌와 가슴이 교차하는 순간에 비로소 사랑이 시작되는 것이다. 사랑의 무대가 뇌에 의해 준비된다고 해서, 우리가 전혀 개입할 수 없는 것은 아니다. 바로 여기서 자유의지의 문제가 고개를 든다. 뇌는 누군가를 특별히 돋보이게 만들고, 그 대상에게 특혜를 주며, 우리의 가슴은 그 결과를 두근거림으로 경험한다. 그렇다면 우리는 단순히 뇌가 지정해 주는 대로 따라가는 존재일 뿐일까? 자유의지의 옹호자들은 이렇게 말할 수 있다. 뇌가 사랑의 기울기를 만들더라도, 그 길을 걸어갈지는 여전히 우리의 선택이라는 것이다. 사랑에 빠지는 순간은 뇌의 작용이지만, 그 사랑을 이어갈지, 멈출지, 혹은 다른 방식으로 표현할지는 우리의 의지에 달려 있다. 가다머가 말한 전이해처럼, 우리는 언제나 과거의 경험과 맥락 속에서 해석을 하지만, 동시에 그 해석을 다시 쓰고 갱신할 수도 있다. 결국 자유의지는 준비된 무대 위에서 어떤 연기를 할 것인가의 문제다. 반대로 자유의지를 회의하는 쪽은 이렇게 말한다. 우리의 선택이라고 믿는 순간조차, 이미 뇌의 신경회로가 만들어 낸 해석의 결과일 수 있다는 것이다. 좋아하는 감정이든, 미워하는 감정이든, 그것을 거슬러 의지로 바꿔 보려 해도 잘 되지 않는다. 미운 사람을 억지로 사랑하려 해도 마음이 움직이지 않는 이유가 바로 여기에 있다. 자유의지란 결국 뇌가 이미 결정한 것에 대해 우리가 붙여 놓은 이름일 뿐일지도 모른다.

사유하는 물질

자유는 단순히 원하는 대로 의지하는 것이 아니라, 자신의 의
지를 실행할 수 있는 힘에 있다.

-존 로크-

자유의지는 오랜 세월 동안 인간이 가장 깊이 탐구해 온 주제 가운데
하나였다. 수많은 철학자와 사상가, 과학자들이 자유의지가 과연 존재하
는지, 존재한다면 어떤 성격을 지니는지에 대해 논쟁을 이어 왔다. 그러
나 긴 탐구의 역사에도 불구하고 자유의지는 여전히 명확히 규명되지 못
한 미지의 영역으로 남아 있다. 그렇다면 왜 자유의지는 그렇게 오랫동
안 논란의 대상이 되었을까? 왜 인간은 이토록 집요하게 자유의지를 확
인하고자 했을까? 지금부터 그 역사적 맥락을 살펴보며, 자유의지가 어
떻게 탐구의 대상이 되었는지, 그리고 왜 여전히 풀리지 않는 수수께끼로
남아 있는지를 살펴보고자 한다.

생각은 어디에서 오는가, 이 물음은 인간이 가장 오래된 시절부터 품
어 온 질문이다. 오늘날 우리는 생각과 의식을 뇌와 신경세포의 작용으
로 이해하지만, 인류가 처음부터 그리 알았던 것은 아니다. 오히려 17세
기까지도 많은 사람들은 생각과 감정의 근원을 뇌가 아닌 심장에서 찾았
다. 심장은 단순히 생명을 유지하는 기관이 아니라, 인간의 감정과 지각
을 이끌어 내는 원천으로 여겨졌다. 그 뿌리는 선사시대 신화와 고대 문
헌 속에서 확인된다. 4000년 전 길가메시 서사시에는 심장이 인간의 의
지를 담는 그릇으로 묘사되고, 인도의 성전 베다 찬가에서는 심장이 인간

존재의 중심이라 노래한다. 이집트 신화에서는 사후 심장을 저울에 올려 영혼의 무게를 가늠했고, 마야 문명에서는 제물의 심장을 신에게 바치는 의식이 있었다. 그만큼 심장은 생명과 의지, 그리고 인간의 가장 깊은 본질을 상징했다. 이런 생각에는 경험적 근거가 있었다. 우리는 두려움에 사로잡힐 때 심장이 내려앉는 듯한 감각을 느끼고, 분노할 때 심장이 두근거리며, 사랑에 빠질 때 가슴이 벅차오른다. 감정은 늘 심장 박동과 체온의 변화를 동반했고, 인간은 그 체험을 통해 심장이야말로 생각과 감정의 자리라는 믿음을 키워왔다. 그래서 오랜 세월 동안 심장은 의심할 여지없는 진리처럼 받아들여졌다. 아리스토텔레스조차도 심장이 인간의 감각과 정서를 지배한다고 보았으며, 뇌는 거의 역할을 하지 않는다고 생각했다.

하지만 이러한 믿음은 인체를 직접 해부하기 시작하면서 흔들리기 시작했다. 알렉산드리아에서 활동했던 의사 헤로필로스*는 뇌와 신경계를 정밀하게 관찰했다. 그는 척수가 어디서부터 이어지는지, 감각을 전달하는 신경과 움직임을 유도하는 신경이 서로 다르다는 사실을 구분해냈다. 감각기관과 연결된 신경, 그리고 행동을 이끄는 운동신경을 분리해 설명하면서, 그는 감각이 단순히 심장에서 비롯되는 것이 아님을 처음으로 드러냈다. 에라시스트라토스** 역시 해부와 비교 연구를 통해 인간

---

* 헤로필로스(Herophilos, 기원전 약 335~280)는 고대 그리스의 의사로, 알렉산드리아에서 활동하며 인체 해부를 본격적으로 실시한 최초의 의사로 알려져 있다. 그는 뇌가 지능과 사고의 중심이라는 점을 주장했는데, 이는 당시 심장을 정신의 중심으로 본 아리스토텔레스의 견해와 달랐다. 또한 신경과 혈관을 구분하고, 맥박이 심장 박동과 관련되어 있다는 사실을 밝히는 등 해부학과 생리학 발전에 큰 기여를 했다. 그의 연구는 후대 갈레노스와 근대 의학 발전에까지 영향을 주었다.

** 에라시스트라토스(Erasistratos, 기원전 약 304~250)는 고대 그리스의 해부학자이자 의사

의 뇌가 다른 동물보다 훨씬 복잡한 구조를 지니고 있으며, 그 주름의 정교함이 인간 지능의 원천일 것이라 추측했다. 그러나 이 역시 뇌의 복잡성을 관찰한 것일 뿐, 생각의 근원이 뇌라는 확실한 결론에는 이르지 못했다. 결국 인류는 오랜 세월 동안 심장과 뇌 사이에서 방황하며, 생각의 근원을 탐색해 왔다. 심장중심의 직관과 뇌중심의 해부학적 관찰은 서로 충돌하면서도 인간이 무엇으로 사유하는 존재인가라는 물음을 심화시켰다. 이 첫걸음이 바로 자유의지 논쟁으로 이어지는 길의 출발점이었다.

17세기에 들어서면서 인간은 뇌를 단순한 기관이 아닌 사유의 중심으로 보기 시작했다. 데카르트가 직접 뇌를 해부하며 제시한 관점은 당대 학문 세계에 큰 반향을 일으켰다. 그는 기계론적 세계관을 주장하며 인간 신체와 자연 현상을 거대한 기계 장치로 보았지만, 인간의 사유만큼은 기계적 법칙으로 설명할 수 없다고 보았다. 물질적인 세계와 정신적인 세계를 구분하는 이원론이 그의 대답이었다. 그러나 이원론은 곧 새로운 논쟁을 불러왔다. 토머스 홉스는 데카르트와 달리 정신의 세계도 물질로 구성되어 있다고 보았다. 정신이 사고할 수 있다면 그것 역시 물질의 한 속성이며, 따라서 사유하는 물질로 이해해야 한다는 주장이었다. 이와 달리 스피노자는 마음과 몸을 분리하지 않았다. 그는 두 세계가 사실상 하나의 동일한 실체이며, 단지 두 가지 다른 방식으로 표현될 뿐이라고

로, 헤로필로스와 함께 알렉산드리아 학파를 대표하는 인물이다. 그는 인체 해부를 통해 신경, 혈관, 소화기관 등의 구조를 체계적으로 기록했으며, 특히 신경을 감각과 운동을 담당하는 두 종류로 구분한 최초의 인물로 알려져 있다. 또한 심장이 공기를 순환시키는 펌프가 아니라 혈액을 순환시키는 기관이라는 점을 주장해, 후대 윌리엄 하비의 혈액순환 이론으로 이어지는 기초를 마련했다. 에라시스트라토스는 인간의 생리 현상을 자연적 원리로 설명하려 했다는 점에서 신화적·종교적 설명에서 벗어난 초기 과학적 의학의 중요한 전환점을 이끌었다.

보았다. 마음과 몸을 구분하는 것이 아니라 하나의 세계로 묶어 내는 일원론적 시각이었다. 또 다른 철학자 라이프니츠는 달랐다. 그는 정신을 물질에 환원하는 것 자체가 무리라고 보았다. 우리는 어떤 원리로 정신이 이루어져 있는지조차 알 수 없으므로 사유하는 물질이라는 개념은 성립할 수 없다고 비판했다. 결국 정신이 물질인가 아닌가라는 질문은 당대 철학자들을 둘러싼 가장 치열한 논쟁이 되었다. 이처럼 사유하는 물질을 둘러싼 논의는 데카르트의 이원론에서 시작해 홉스의 유물론, 스피노자의 일원론, 라이프니츠의 비판으로 이어지며 철학사의 중요한 분기점이 되었다. 그리고 시간이 지나면서 우주는 입자들로 이루어져 있다는 과학적 세계관이 확산되었다. 그에 따라 모든 물질이 사유할 수 있다는 급진적 이론과, 반대로 어떤 물질도 결코 사유할 수 없다는 회의적 이론이 나란히 퍼져 나갔다. 정신과 물질의 관계를 둘러싼 이 끝없는 논쟁은 단순히 철학적 사유에 머무르지 않고, 오늘날 뇌과학과 인공지능 연구의 밑거름이 되었다.

이후 세기가 바뀌면서 자유의지와 정신과 물질의 논의는 새로운 지평을 맞이했다. 데카르트의 이원론과 스피노자의 일원론이라는 대립 구도만으로는 설명되지 않는 영역이 드러났기 때문이다. 20세기에 이르러 칼 포퍼는 이를 넘어서는 삼원론을 제시했다. 그는 세계를 세 가지 차원으로 구분했다. 첫째는 물리적 사물과 사건이 존재하는 세계 1, 둘째는 인간의 의식과 정신 작용이 일어나는 세계 2, 셋째는 언어, 이론, 문화와 같은 지식의 산물이 독자적으로 존재하는 세계 3이다. 포퍼는 자유의지를 이 세 가지 세계의 상호작용 속에서 파악하려 했다. 단순히 물질과 정신의 대립에 갇히는 대신, 지식과 문화가 인간의 행동을 되돌아보게 하고 새로운 선택을 가능하게 만든다는 점에서 자유의지가 발현된다고 본 것이다.

존 로크의 시각은 이와는 또 다르게 조건적 성격을 강조한다. 그는 자유를 의지 자체의 속성이 아니라, 의지를 실행할 수 있는 조건에서 찾았다. 의지는 선택하는 능력이고, 자유는 그것을 실현할 수 있는 상태다. 감옥에 갇힌 자가 나가고자 하는 의지를 품더라도 행동의 자유는 없듯이, 인간의 자유는 항상 외부 환경과 조건에 의해 규정된다. 하지만 로크는 인간이 단순히 조건에 휘둘리는 수동적 존재라고 보지 않았다. 인간은 욕망을 숙고하고 반성하며 더 큰 선을 위해 자기 의지를 조절할 수 있는 능력을 갖췄다고 믿었다. 이런 점에서 그의 자유 개념은 행동의 조건과 도덕적 책임을 동시에 담아낸 것이었다.[*]

이렇게 보면, 자유의지를 둘러싼 논의는 단순한 철학적 개념을 넘어서, 인간이 어떤 존재로 살아가고 있는지에 대한 문제다. 이원론은 정신의 독립을 강조했고, 일원론은 세계의 통합성을 주장했으며, 삼원론은 지식과 문화라는 제3의 세계를 통해 인간 자유를 새롭게 해석했다. 로크의 관점은 자유가 허공에 떠 있는 추상이 아니라 구체적 조건 속에서 실현되는 능력임을 일깨웠다. 결국 자유의지란 단일한 답으로 환원될 수 없는 문제이며, 인간이라는 존재가 가진 복합성과 그 역사적 맥락 속에서 이해해야 한다.

---

[*] 그의 자유 개념은 당대의 정치적 격변과 종교적 갈등, 그리고 개인의 도덕적 책임에 대한 고민 속에서 형성되었다. 그는 청교도 혁명과 명예혁명을 겪으며 절대왕정과 신의 예정설을 비판하고, 개인의 권리와 합리적 판단을 강조했다. 로크에게 자유란 단순히 '하고 싶은 것을 하는 상태'가 아니라, 의지를 실행할 수 있는 조건 속에서 성립하는 것이었다. 이는 인간이 외부 조건에 제약 받더라도, 내적 숙고와 자기조절을 통해 도덕적 책임을 질 수 있다는 관점을 낳았다. 즉, 로크의 자유 개념은 경험론적 인식론(빈서판)과 정치철학(자연권과 사회계약론)이 결합된 산물로, 환경과 조건 속에서도 인간은 반성과 선택을 통해 자유를 행사할 수 있다는 믿음을 담고 있다.

기계론적 세계관에서의 자유의지

자유의지라는 주제를 책의 마지막에 둔 것은 결코 우연이 아니다. 사실 인간에게 자유의지가 없다고 단정하는 일은 매우 어렵다. 우리는 매일 아침 눈을 뜨는 순간부터 수많은 선택을 한다. 커피를 마실지 말지, 어떤 옷을 입을지, 차를 몰고 갈지 대중교통을 탈지, 점심 메뉴를 무엇으로 정할지, 저녁에 누구를 만날지. 이렇게 끊임없이 선택과 결정을 반복하는 우리가 자유의지가 없다고 말한다면 쉽게 수긍하기 어렵다. 그러나 이 책이 이어 온 맥락을 다시 떠올려 보자. 나는 줄곧 생각의 주권, 즉 소버린 마인드를 강조해 왔다. 전이해를 이해하고, 편견을 경계하며, 대중과 다른 길을 걷고자 노력했다. 나의 사고가 어디서 비롯되는지 되짚고, 역사를 통해 군중이 어떻게 이용당했는지를 기억하며, 그 전철을 밟지 않고자 했다. 세계관을 이해하는 것은 거대한 흐름 속에서도 나의 생각을 지켜 내는 방법이다. 그래야만 우리는 기계론적 세계관의 틀에서 벗어날 수 있다. 그러나 여기서 역설이 드러난다. 아이러니하게도 내가 대안으로 제시한 회의주의, 행동경제학, 뇌과학조차도 정밀하게 따지고 보면 기계론적 세계관에 기대고 있다. 인간의 편향과 의사결정을 수학적 모델로 환원하고, 신경세포의 전기적 신호로 감정을 설명하려는 시도는 결국 인간을 정교한 기계처럼 다루는 방식이다. 자유의지를 마지막에 배치한 이유는 바로 여기에 있다. 기계론적 설명을 통해 인간의 한계를 인정하면서도, 동시에 그 틀을 넘어설 수 있는 가능성을 질문하기 위해서다. 자유의지는 단순히 있는가 없는가의 문제가 아니라, 인간이 기계적 세계관에서 어떤 역할을 할 수 있는지에 대한 물음이다.

기존 경제학은 기계론적 세계관에서 파생되었다. 인간은 합리적 계산 기계, 즉 호모 이코노미쿠스로 정의되었고, 그의 행동은 마치 방정식처럼 A라는 자극이 주어지면 B라는 결과로 귀결된다고 여겨졌다. 하지만 현실의 인간은 그만큼 단순하지 않았다. 주식시장에서 투자자들은 불안과 탐욕에 흔들렸고, 일상 속 소비자들은 일관되지 못한 선택을 반복했다. 이 간극을 메우기 위해 등장한 것이 행동경제학이다. 카너먼과 트버스키는 인간이 합리적 계산자가 아니라 수많은 인지적 편향과 감정적 요소에 좌우된다는 사실을 실험적으로 증명했다. 손실회피, 현재편향, 확증편향 등은 경제학의 합리적 모델이 설명하지 못했던 영역을 드러냈다. 겉으로 보기에는 행동경제학이 고전적 기계론을 무너뜨린 듯 보인다. 그러나 조금 더 들여다보면 이야기는 달라진다. 행동경제학은 인간을 자유로운 존재로 그리지 않는다. 오히려 인간이 어떤 조건에서 어떻게 비합리적인 선택을 하는가를 분석한다. 예컨대 동일한 정보라도 프레이밍* 방식에 따라 정반대의 결정을 내리거나, 시간의 지연에 따라 미래의 보상보다 현재의 만족을 과대평가한다는 사실은 여전히 조건에 맞춰 행동으로 나타난다는 기계적 연결 속에서 설명된다.

이 점에서 존 로크의 자유 개념이 떠오른다. 로크는 자유를 의지 자체의 속성이 아니라, 실행할 수 있는 조건으로 이해했다. 인간은 원하는 것

---

* 프레이밍 효과는 똑같은 사실이나 선택지가 어떻게 제시되느냐에 따라 사람들의 판단과 행동이 달라지는 심리적 편향을 뜻한다. 예를 들어 "수술 후 생존율이 90%입니다"라고 말할 때와 "사망 확률이 10%입니다"라고 말할 때, 수치상으로는 동일하지만 사람들은 전자를 훨씬 긍정적으로 받아들이는 경향이 있다. 대니얼 카너먼과 아모스 트버스키의 연구로 널리 알려진 이 효과는, 인간의 의사결정이 순수한 합리성보다 표현 방식에 강하게 영향을 받는다는 것을 보여 준다.

을 선택할 수 있지만, 그것이 실현되느냐는 외부 환경과 제약에 달려 있다. 행동경제학도 바로 이 조건부 자유의 시각을 따른다. 인간의 선택은 자유로운 듯 보이지만 사실상 맥락과 환경에 의해 구조적으로 제한된다. 따라서 행동경제학은 기계론적 세계관을 넘어선 것이 아니라, 그 내부에서 확장된 또 다른 기계론일 뿐이다. 고전 경제학이 인간을 합리적 기계로 단순화했다면, 행동경제학은 인간을 편향에 취약한 기계로 정교화했을 뿐이다. 자유의지가 인간을 완전히 설명할 수 없는 것처럼, 행동경제학 역시 인간을 조건의 함수로 환원하는 한계를 지닌다. 결국 행동경제학은 기계론적 세계관을 비판하는 척하면서도 그 울타리 안을 벗어나지 못한다. 인간을 자유로운 주체가 아니라, 조건에 반응하는 예측 가능한 실험 대상, 즉 복잡해진 기계로 다시 정의하기 때문이다. 이는 인간을 기계처럼 이해하려는 오랜 시도가 여전히 계속되고 있음을 보여 준다. 행동경제학의 혁신은 기계론의 해체가 아니라, 기계론의 재구성일지도 모른다.

17세기 이후 기계론적 세계관은 인간의 뇌를 이해하는 방식에 깊은 흔적을 남겼다. 데카르트는 뇌와 신체를 정교한 기계로 간주하며, 신경 자극과 반응을 톱니바퀴의 맞물림처럼 설명했다. 그는 정신만큼은 기계적 환원으로 설명할 수 없다고 주장했지만, 뇌 자체는 물리 법칙이 지배하는 기계로 보았다. 이로써 뇌는 철학적 사유의 대상에서 벗어나 해부와 분석을 통해 탐구할 수 있는 실체로 자리 잡았다. 니콜라스 스테노 같은 해부학자들은 실제로 뇌를 해부하고 구조를 관찰하며 부분적 기능을 추적했다. 전체를 쪼개어 기능을 밝히고 다시 합쳐 전체 원리를 파악하는 방식은 전형적인 기계론적 방법론이었다. 현대 뇌과학 역시 이 전통을 잇는다. 뉴런의 전기 신호, 시냅스의 화학적 전달, 특정 회로와 인지 기능의 연결은 모두 뇌를 복잡하지만 해명 가능한 기계로 간주하는 시각에 기반한다. 그러나 여기서 역설이 드러난다. 내가 말하는 소버린 철학, 즉 자기 생각의 주권을 지키려는 노력은 인간을 조건과 자극의 산물로 환원하는 기계론을 넘어서는 시도다. 하지만 정작 그 주권을 지키기 위해 의지하는 뇌과학은 바로 그 기계론적 세계관 위에서 발전했다. 뇌과학의 설명을 받아들일수록 사고와 판단은 신경 회로의 전기적, 화학적 과정으로 축소되는 듯 보인다. 이 모순을 직시하는 것이 중요하다. 뇌과학은 인간을 설명하는 강력한 도구이지만, 동시에 자유의지와 주체적 사고를 기계적 인과로 환원하려는 경향을 지닌다. 따라서 뇌과학을 이해한다는 것은 단순히 기계론을 수용하는 것이 아니라, 그 한계를 인식하고 넘어서는 과정이어야 한다. 소버린 철학은 바로 이 지점에서 의미를 갖는다. 인간을 기계로 환원하는 설명을 이해하면서도, 그 설명이 담아내지 못하는 주체적 사고의 여지를 붙잡는 것, 그것이 곧 자기 생각의 주권을 지키는 길이 된다.

철학적 좀비

철학적 좀비란 정상적으로 행동하고 말하는 것처럼 보이지만
실제로는 의식적 경험이 결여된 존재다.

-대니얼 웨그너-

우리는 타인의 마음을 결코 알 수 없다. 가족, 친구, 지인, 혹은 길에서
마주치는 낯선 사람까지, 그들의 내면이 실제로 어떤 상태인지 직접 확인
할 방법은 없다. 우리가 알 수 있는 것은 오직 그들의 언어, 표정, 몸짓 같
은 외부적으로 드러나는 것뿐이다. 그리고 타인의 마음을 오직 나의 관점
과 기준, 즉 내가 가진 틀 속에서 재구성된 해석일 뿐, 그 자체를 확인할 길
은 없다. 미국의 사회 심리학자 대니얼 웨그너[*]가 제시한 철학적 좀비 개
념은 중요한 문제를 제기한다.[42] 철학적 좀비란 인간과 똑같이 말하고 행
동하지만 의식이 전혀 없는 존재다. 만약 옆에 있는 누군가가 철학적 좀비
라면? 우리는 그것을 절대로 판별할 수 없다. 그가 웃는 이유가 진짜 감정
때문인지, 아니면 단순히 조건화된 반응인지는 결코 알 수 없다. 그렇기
때문에 우리가 만나는 모든 사람이 실제로 자유의지를 지닌 존재인지, 아
니면 좀비와 같은 기계적 반응을 하는 존재인지는 영원히 불확실하다.

---

[*] 대니얼 웨그너(Daniel Wegner, 1948~2013)는 미국의 사회심리학자로, 인간 의식과 자유의
지에 관한 독창적인 연구로 잘 알려져 있다. 그는 생각 억제의 역설 연구에서, 어떤 생각을
의식적으로 억누르려 할수록 오히려 더 강하게 떠오른다는 사실을 입증했다. 또한 우리가 어
떤 행동을 의식적으로 통제한다고 느끼는 경험은 실제로는 뇌가 이미 일으킨 행동을 나중에
내가 선택했다고 해석하는 착각일 수 있다고 주장했다. 웨그너의 연구는 자유의지가 과연 실
재하는가, 아니면 인간이 만들어 낸 심리적 환상인가라는 논쟁에 중요한 근거를 제공했다.

철학적 좀비는 우리가 생각하는 인공지능과 다르지 않을 수도 있다. 앨런 튜링[*]은 기계가 인간처럼 사고할 수 있는가라는 문제를 직접적으로 묻는 대신, '인간과 구분할 수 없는 방식으로 대화할 수 있는가?'라는 기준을 제시했다. 이것이 바로 튜링 테스트다. 만약 인간 심판자가 대화 상대가 사람인지 기계인지 구분하지 못한다면, 그 기계는 지능을 가진 것으로 간주된다. 이 테스트는 단순히 기술적 성능의 검증이 아니라, 지능이란 무엇인가라는 철학적 질문에 대한 답변일 수 있다. 그러면 우리가 AI와 대화를 나누고 있다는 사실을 잊은 채 오직 대화만으로 상대를 판단한다면, 우리는 그 AI에게 자유의지가 있다고 말할 수 있을까? 우리는 보통 AI는 자유의지가 없다고 생각한다. AI는 정해진 조건과 알고리즘, 데이터와 환경의 범위 속에서만 반응할 수 있기 때문이다. 그러나 인간은 정말로 AI와 다를까? 인간 역시 유전자, 환경, 사회적 조건 속에서 생각하고 행동한다. 만약 우리가 이러한 조건과 제약을 완전히 벗어날 수 없다면, 인간의 자유의지도 본질적으로 AI의 반응과 크게 다르지 않은 것 아닐까? 문제는 타인이 조건을 넘어 자유롭게 사고하는 존재인지 확인할 방법이 없다는 것이다. 오직 나 자신에 대해서만 나는 자유롭게 결정한다고 믿을 뿐이다. 하지만 그 믿음조차 환상일 수 있다.

1980년대 벤저민 리벳은 인간의 의식적 결심과 뇌의 무의식적 활동을

_* 앨런 튜링(Alan Mathison Turing, 1912~1954)은 영국의 수학자이자 컴퓨터 과학의 선구자로, 현대 인공지능 개념의 기초를 놓은 인물이다. 제2차 세계대전 중에는 독일군의 암호기 '에니그마'를 해독하는 데 핵심적인 역할을 해 전쟁의 판도를 바꿨다. 그는 또한 튜링 기계라는 개념을 통해 오늘날 컴퓨터 이론의 토대를 세웠으며, 1950년 논문 계산 기계와 지능에서는 "기계가 생각할 수 있는가?"라는 질문을 던지며 튜링 테스트라는 아이디어를 제안했다. 튜링의 연구는 수학·암호학·인공지능뿐 아니라 자유의지와 사고의 본질을 묻는 철학적 논의에도 깊은 영향을 주었다.

비교하는 실험을 진행했다. 참가자들은 단순히 손목을 움직이도록 지시 받았다. 중요한 것은 그 순간을 완전히 자유롭게 스스로 정해야 한다는 조건이었다. 리벳은 세 가지를 동시에 기록했다. 첫째 EEG를 통해 뇌에서 발생하는 준비전위, 둘째 실제로 손목이 움직인 시점, 셋째 참가자가 지금 움직이기로 마음먹었다고 보고한 순간이다. 실험 결과는 놀라웠다. 참가자가 의식적으로 결심했다고 보고한 시점은 실제 행동 약 200밀리초 전이었다. 그러나 그보다 앞서 약 500밀리초 전부터 뇌에서는 이미 준비전위가 발생하고 있었다. 다시 말해, 뇌는 의식적 결심보다 먼저 행동을 준비하고 있었던 것이다. 우리가 자유의지라고 믿는 의식은 이미 시작된 무의식적 과정을 내가 결정했다고 정당화하는 착각일 뿐이다. 이 사실은 자유의지의 존재를 뿌리부터 흔든다. * 우리가 자유롭게 선택한다고 믿는 순간조차 무의식이 먼저 결정을 내리고, 의식은 그저 결과를 해석하는 기능에 불과하다면, 인간은 철학적 좀비와 얼마나 다를까? AI와 어떤 점이 다를까? 기계적 신호에 따라 움직이면서도 자신이 주체라고 믿는 환상 속에 사는 것일지도 모른다. 물론 리벳은 완전히 비관적인 결론을 내리지 않았다. 그는 의식이 무의식적 결정을 거부할 수 있다고 보았다. 자유롭게 결정을 만들어 내는 힘은 없을지 몰라도 이미 시작된 결정을 멈추

---

* 엘프리드 밀리는 뇌과학자 벤저민 리벳의 실험이 자유의지를 부정한다고 단정하기엔 한계가 많다고 비판했다. 리벳은 참가자가 손가락을 움직이기로 의식적으로 결정하기 수백 밀리초 전에 이미 뇌의 준비전위가 나타난다는 사실을 근거로, 뇌가 먼저 결정을 내리고 의식은 뒤따른다고 주장했다. 그러나 밀리는 이 실험이 지나치게 단순한 상황(손가락 움직이기 같은 사소한 행동)만을 다뤘고, 장기적이고 복잡한 의사결정에는 그대로 적용하기 어렵다고 지적했다. 또한 준비전위 자체가 행동을 반드시 일으킬 의도를 의미하는지 불분명하므로, 자유의지 전체를 부정하는 근거로 삼는 것은 과도하다고 보았다. 그는 자유의지가 전적으로 환상이라는 결론 대신, 아직 충분히 해명되지 않은 영역이 많다고 강조했다.

거나 지연시키는 힘은 의식에 남아 있다는 믿었다. 그는 자유의지가 아니라 자유지연이라고 불렀다. 이 개념은 인간이 단순한 좀비적 존재와 다르다고 믿을 수 있는 마지막 여지를 제공한다. 조건 속에서라도 멈추고 성찰할 수 있는 능력, 바로 그것이 자유의지의 새로운 정의일 수 있다.

하지만 리벳의 이런 생각에도 의문점이 든다. 완벽한 자유의지가 없는 인간이 AI와 도대체 무엇이 다르고, 철학적 좀비가 아니라고 말할 수 있을까? 혹은 인공지능이 조건 속에서만 사고한다고 해서 그것이 자유의지가 없다고 단정할 수 있는가? 인간 또한 조건의 산물이라는 점에서 본질적으로 다르지 않다면, 결국 자유의지란 절대적 자율성이 아니라, 제약을 자각하고 다른 길을 열어 가는 가능성에 불과할지도 모른다. 우리는 타인이 철학적 좀비인지 아닌지 알 수 없고, AI가 의식을 가졌는지 아닌지 판별할 방법도 없다. 그럼에도 불구하고 우리를 인간 답게 만드는 것은 바로 조건 속에서 조건을 넘어설 수 있다고 믿는 힘일지 모른다.

자유의지와 투자

자유의지가 있느냐 없느냐를 두고 인류는 오랜 세월 논쟁을 거듭해 왔다. 그러나 결론은 여전히 없다. 자유의지가 실재하는지, 아니면 단지 착각인지에 대한 답은 지금도 미지의 영역이다. 하지만 투자라는 현실의 장에서는 이 논쟁이 크게 의미를 갖지 못한다. 중요한 것은 자유의지가 존재하는가가 아니라, 자유의지가 없다고 가정한 조건 속에서도 어떻게 자유를 행사할 수 있는가이다. 뇌가 기계처럼 조건과 자극에 반응한다 하더라도, 인간은 그 조건을 인식하고 다르게 반응할 수 있는 가능성을 스스로에게 열어 둔다.

6장에서 살펴본 자연인의 특성에 머무르지 않으려면, 어떤 현상을 있는 그대로 받아들이지 않고 그 맥락을 살펴야 한다. 그래서 자유의지가 무엇인지, 그리고 역사적으로 수많은 철학자와 과학자들이 이 주제를 두고 어떤 논쟁을 벌여 왔는지를 살펴볼 필요가 있었다. 결론부터 말하자면, 나는 자유의지가 존재하기를 바라는 편에 서있다. 우리가 단순히 호르몬의 노예로 살지도, 무의식의 지배만 받지도 않기를 바란다. 또한 우리의 삶이 유전자의 전달을 위해 태어나고 사는 존재도 아니기를 바란다. 언젠가 죽음이라는 필연을 맞이하더라도, 그 시간 동안 무언가를 이루고 성찰하며 흔적을 남길 수 있는 삶을 원한다. 자유의지를 부정하는 것은 곧 생각과 판단, 행동에 대한 책임을 부정하는 것과 다르지 않다고 생각한다.

부모가 되고 나서 나는 이전에는 느낄 수 없었던 감정을 종종 경험한다. 결혼 전에는 어린아이를 봤을 때 그저 귀엽다거나 나와 상관없는 존재쯤으로 여겼다. 그러나 아버지가 된 뒤, 조건 없는 사랑이 가능하다는 것을 알게 되었고, 그것이 아이를 위한 동시에 나 자신을 위한 일이기도 하다는 것을 깨달았다. 아이 영상을 보고 눈물이 핑 돌고, 예전에는 무심히 지나쳤던 영화가 전혀 다르게 다가오기도 했다.* 그런데 이 부성애라는 것이 뇌의 호르몬과 신경회로에 의한 산물이라면 어떨까? 실제로 옥시토신은 부모가 될 때 분비가 증가하고, 아이를 안거나 교감할 때 크게 늘어난다. 또 도파민은 아이 양육의 스트레스 속에서도 만족감과 보상을 제공한다. 출산과 양육이 본능적으로 힘든 일임에도 인류가 지금까지 살아남을 수 있었던 것은, 뇌가 이런 보상 체계를 진화시켰기 때문이다. 모성애와 부성애가 생존 목적에 부합한다는 점에서 진화론적으로도 타당하다. 그러나 모든 부모가 동일하게 느끼는 것은 아니다. 때로는 호르몬 분비가 원활하지 않아 아이를 방치하거나 학대하는 경우도 있다. 그렇다면 그들에게 동일한 처벌의 잣대를 들이대는 것은 공정할까? 자유의지가 없다면, 호르몬이 분비되지 않았다는 이유로 처벌받는 것은 불합리하지 않을까? 하지만 사회화라는 이름으로 교화가 가능하다면, 그것이야말로 자유의지의 증거 아닐까? 결국 중요한 것은 설령 인간이 호르몬의 작용에 의해 행동한다 해도, 그것을 인식하고 통제할 수 있다면 그것만으로 충분하다는 점이다.

엘프리드 밀리**는 자유의지에 대한 확신이 약해질수록 우리가 행동에 책임을 느끼는 힘 또한 약화된다고 지적한다.[43] 설사 자유의지가 실제로

---

* 고레에다 히로카즈의 영화 《그렇게 아버지가 된다》를 아이가 태어나기 전에 세 번이나 볼 만큼 좋아했다. 그런데 실제로 아버지가 된 후 다시 보니, 이전에는 느끼지 못했던 복잡한 감정이 밀려왔고, 마치 전혀 다른 영화처럼 다가왔다.
** 엘프리드 밀리(Alfred R. Mele, 1951~)는 미국 플로리다주립대학교의 철학자로, 자유의지

존재하지 않는다고 하더라도, 스스로 자유의지를 부정해 버리면 그 순간부터 책임으로부터 도망칠 명분이 생기고 만다. 만약 내가 저지른 행동을 단순히 호르몬이나 신경회로 탓으로 돌린다면 충동을 제어하기 더 어려워지고, 결국 자기 행동을 정당화하지 못하는 좌절 속에 빠질 수 있다. 스스로를 통제할 수 없다는 무력감은 결코 긍정적인 결과로 이어지지 않는다. 특히 투자라는 환경에서는 그 파괴력이 훨씬 더 크다. 앞서 살펴본 스토아 학파의 철학이 말하듯 우리는 오직 통제할 수 있는 것에만 힘을 쏟아야 한다. 외부 세계는 우리의 의지로 바꿀 수 없지만, 나의 생각과 판단, 그리고 편향으로 빚어지는 오류만큼은 다스릴 수 있다. 자유의지가 전혀 없다면 이러한 통제의 시도조차 불가능하겠지만, 현실 속 우리는 분명히 생각을 바꾸고 행동을 조정할 수 있다. 이는 네트워크 과학이 강조하는 문제의식과도 맞닿아 있다. 즉 나의 견해가 어디서 비롯되는지를 추적하고, 그것이 형성된 근본적인 출처를 되묻는 과정이 곧 자기 통제의 시작이자 자유의지의 존재를 확인하는 과정이다.

무엇을 먹을지, 어떤 길로 갈지 같은 사소한 선택에서부터, 눈을 깜빡이거나 숨을 쉬는 것처럼 의식하지 않아도 자동으로 일어나는 수많은 무의식적 반응까지, 우리는 하루에도 끝없이 판단을 내린다. 이처럼 일상에 스며든 대부분의 결정은 깊은 사고의 결과라기보다는 대니얼 카너먼이 말한 시스템 1, 즉 빠르고 직관적인 무의식의 작동에 의해 처리된다. 눈을 깜빡이거나 숨을 쉬는 것처럼 자동화된 생리적 반응뿐 아니라, 투자

와 도덕적 책임 문제를 집중적으로 연구해 온 학자다. 그는 복잡한 선택이나 장기적 계획에는 숙고와 자기통제가 개입하며, 이는 단순한 준비전위 신호로 환원될 수 없다고 말한다. 따라서 자유의지가 환상이라는 결론은 섣부르며, 오히려 인간은 환경 속에서 도덕적 책임을 지는 존재로 이해해야 한다고 주장한다.

뉴스의 제목 하나, 주가의 순간적 변동 같은 자극도 뇌 속에서 무의식적 판단을 촉발한다. 자유의지에 회의적인 학자들은 이 점을 강하게 지적한다. 우리의 의식적 사고가 실제로는 무의식의 결과를 합리화하는 과정에 불과하며, 따라서 우리가 자유롭게 결정한다는 믿음 자체가 착각일 수 있다는 것이다. 그러나 여기서 중요한 사실은 무의식이 모든 영역에서 전능하지 않다는 점이다. 완벽히 통제할 수는 없지만, 특정한 맥락과 환경에서는 의식이 개입할 여지가 생긴다. 특히 투자와 같이 불확실성과 위험이 공존하는 상황에서는 무심코 내리는 결론을 그대로 따르지 않고 의식적으로 재검토하는 행위가 큰 차이를 만든다. 예를 들어 시장이 갑작스럽게 하락할 때, 대부분의 투자자는 무의식적으로 공포에 반응하여 매도 버튼을 누른다. 하지만 의식적으로 개입하는 투자자는 지금의 두려움이 편도체의 자동 반응인지, 아니면 합리적 근거가 있는 판단인지를 스스로 점검한다. 이렇게 무의식을 거르지 않고 그대로 행동하면 군중과 똑같이 움직일 수밖에 없지만, 무심코 내린 판단을 검토하고 섣부른 결정을 경계하는 습관은 투자자의 자유의지를 발휘할 수 있는 실질적인 통로가 된다. 판단의 방지턱을 만들어 두는 것이 자유의지의 존재를 확인하는 하나의 의식이 된다.

투자자는 매 순간 조건의 제약 속에 놓인다. 금리, 유동성, 정치적 사건, 군중심리, 그리고 두려움과 탐욕 같은 정서적 반응이 우리의 판단을 압도한다. 시장이 급락하면 뇌의 편도체가 활성화되어 위협에 대한 즉각적 반응을 일으키고, 이는 손실을 피하려는 충동으로 이어진다. 투자자는 하락장에서 합리적 분석보다 손실 회피 본능에 따라 의사결정을 내리는 경향을 보인다. 결국 자유의지를 있는 그대로 행사한다는 말은 과장이다. 중요한 것은 조건을 벗어나는 것이 아니라, 내가 어떤 조건 속에서 반응하고 있는지를 자각하는 능력이다. 이 자각이 개입하는 순간, 자유의지는 투자자에게 새로운 의미를 얻는다. 주가가 폭락할 때 단순히 본능에 따라 매도하는 대신, "나는 지금 두려움이라는 조건에 반응하고 있다"는 사실을 인식하고, 그 인식을 토대로 사전에 정의한 행동 규칙(예를 들면 기업의 가치가 변하지 않았다면 시장의 변동성에 휘둘려 매도하지 않는다)을 실행하는 것이다. 이는 로크가 말한 조건부 자유와 일맥상통한다. 환경이 인간의 행동을 제약하지만, 그 제약을 어떻게 인식하고 다루느냐에 따라 자유의 폭은 달라진다. 여기서 훈련이 중요하다. 신경과학 연구에 따르면 운동과 명상은 전전두엽의 조절 능력을 강화해 충동적 반응을 억제하는 효과가 있다. 투자 일지 작성 또한 같은 효과를 준다.[44] 매일 시장 상황과 자신의 감정을 기록하면, 무의식적 반응을 의식적 단계로 끌어올릴 수 있다. 이렇게 훈련된 투자자는 단순한 조건 반응의 기계에서 벗어나, 조건을 인식하고 다른 선택지를 열어갈 수 있는 주체가 된다. 찰리멍거가 말하는 체크리스트 활용도 좋은 훈련이 된다. 결국 투자에서 자유의지란, 본능적으로 주어진 선택을 넘어서 남들과 다른 길을 택할 수 있는 용기를 내는 것이다. 자유의지가 실제로 존재하는가의 여부는 중요하지 않다. 중요한 것은 우리가 조건을 자각하고 그 조건을 넘어설 수 있도록 스스로를 훈련하는 것이다. 철학적 논쟁은 끝나지 않았지만, 투자라는 현실의 장에서는 명확하다. 자유의지는 믿음이 아니라 기술이다. 그것은 본능적 반응과 이성적 규칙 사이에 개입할 수 있는 훈련된 능력이다.

마치며

    나는 스스로를 게으른 완벽주의자라고 생각한다. 어떤 일을 실행하려면 완벽한 조건이 갖추어져야 한다는 핑계를 댔고, 그 핑계는 사실 게으름을 정당화하는 도구였다. 어린 시절부터 작가가 되고 싶었지만 글을 끝까지 완성한 적은 없었다. 몇 번 쓰다가는 자료조사가 부족하다며 덮어 버렸고, 그렇게 쌓인 수많은 조각들은 아직도 미완으로 남아 있다.

    무라카미 하루키는 매일 새벽 네 시에 일어나 다섯 시간을 글쓰기에 쓴다고 한다. 아이디어가 떠올라서 쓰는 것이 아니라, 쓸 내용이 없어도 같은 시간에 책상 앞에 앉아 무언가를 적는다. '아이디어가 떠올라야 쓴다'는 말은 회피의 핑계일 뿐이라는 사실을 하루키의 루틴은 보여 준다. 이 습관은 게으른 완벽주의자였던 내게 큰 울림을 줬다. 그동안 얼마나 많은 일을 중간에 포기했는가, 또 얼마나 많은 일을 시작조차 하지 못했는가… 책을 쓰기 시작할 때도 마음 한 켠에는 완성하지 못할지도 모른다는 의심이 있었다. 그러나 글이 차곡차곡 쌓이고 구조가 조금씩 만들어지자, 글쓰기는 탄력을 받았다. 지금은 출근하자마자 가장 집중력이 좋은 시간에 원고부터 붙잡는다. 머릿속에만 있던 것보다 훨씬 많은 이야기가 튀어나왔고, 덕분에 산만해지고 주제를 벗어나기도 했지만, 그 모든 과정이 책을 완성하는 데 도움이 되었다. 처음 300페이지를 목표로 했지만 결국 두 배가 넘는 분량이 되었고, 여전히 다 담지 못한 이야기가 남아 있다. 그러나 완성한 순간, 어떤 것도 끝낼 수 있다는 자신감이 생겼다. 투자도 마찬가지였다.

　나의 직업은 전업투자다. '전업'이라는 단어가 붙는 직업은 흔치 않다. 통계에 따르면 대한민국 성인 인구 중 약 35%가 주식 계좌를 가지고 있고, 전업투자로 분류되는 사람도 수십만 명에 이른다. 하지만 실제로 가족을 부양할 만큼 투자를 직업으로 삼는 사람은 극히 드물다. 그렇기에 나는 늘 투자와 관련된 질문을 받지만, 정작 대답은 잘 하지 않는다. 할 말이 없어서가 아니라, 할 말이 너무 많아서다. 그래서 이 책을 썼다. 몇 마디로 정리할 수 없는 투자에 대한 긴 대답을 책 속에 담고 싶었다.

　게으른 완벽주의자이자 전업투자자인 내게 이 책은 큰 의미를 지닌다. 단순히 원고를 끝냈다는 성취감뿐 아니라, 투자자로서의 태도에도 영향을 주었다. 본격적으로 집필한 3년 동안은 시장의 변동성에도 흔들리지 않는 원칙을 지켰다. 머릿속으로 아는 것과 글로 쓰는 것은 확실히 달랐다. 그래서 이 책은 내 투자와 삶에 동시에 중요한 전환점이 되었다.

　책에도 나는 만족한다. 책을 평가할 재능은 없지만, 그동안 많은 독서를 통해 좋은 책의 기준은 나름 정리해 왔다. 그것은 문장력이나 지식의 양이 아니라, 작가가 무슨 말을 하고 싶은지가 분명히 드러나는가 하는 점이다. 그런 의미에서 이 책은 나름대로 잘 쓰였다고 생각한다. 너무 많은 주제를 다룬 것은 아닐까 걱정했지만, 전하고 싶은 메시지는 흔들리지 않았다. 그래서 나는 만족한다. 물론 재미의 측면은 부족할 수 있겠지만, 하고 싶은 말을 분명히 전하는 데에는 성공했다고 믿는다. 내가 이 책을 통해 진짜로 전하고 싶었던 건, 독자들이 내 생각에 동의하길 바라는 게 아니라, 나처럼 각자의 생각을 갖게 되길 바란다는 것이다. 바로 그것이

'소버린 마인드'다.

　마지막으로, 지금까지 부족한 책을 끝까지 읽어 주신 모든 분께 깊이 감사드린다. 이 책은 완벽하지 않다. 어쩌면 지나치게 많은 주제를 담으려 했고, 때로는 산만하게 흘러갔을지도 모른다. 그러나 그럼에도 불구하고 내 안에서 오랫동안 다듬어 온 생각과 성찰을 담으려 최선을 다했다. 부족하지만 하나라도 공감을 해 주셨다면 그것만으로도 이 책의 역할을 다한 것이라고 생각한다.

미주

1   20세기 경제사, 브래드퍼드 들롱, 홍기빈 역, 김두얼 감수, 생각의 힘, 2024-07-19, 159p

2   20세기 경제사, 브래드퍼드 들롱, 홍기빈 역, 김두얼 감수, 생각의 힘, 2024-07-19, 5장 1차세계대전 중

3   20세기 경제사, 브래드퍼드 들롱, 홍기빈 역, 김두얼 감수, 생각의 힘, 2024-07-19, 9장 파시즘과 나치즘 중

4   불황의 경제학, 폴 크루그먼, 안진환 역, 세종서적, 2015-01-15, 23p

5   금융투기의 역사, 에드워드 챈슬러, 강남규 역, 국일증권경제연구소, 2021-10-25, 235p

6   인구 대역전, 찰스 굿하트, 마노스 프라난, 백우진 역, 생각의 힘, 2021-04-22

7   크리슈나무르티, 교육을 말하다, 지두 크리슈나무르티, 캐서린 한 역, 한국 NVC 출판사, 2016-07-11, 21~27P

8   엔트로피와 경제, 니콜라스 게오르게스쿠-뢰겐, 김학진, 유종일 역, 한울아카데미, 2017-03-06 1장 지식체계 중

9   군중심리, 귀스타브 르 봉, 강주헌 역, 현대지성, 2021-10-08, 1장 군중의 일반적 특성

10 크리슈나무르티, 교육을 말하다, 지두 크리슈나무르티, 캐서린 한 역, 한국NVC 출판사, 2016-07-11, 16P

11 나는 세상을 어떻게 보는가, 알베르트 아인슈타인, 강승희 역, 호메로스, 2024-02-20, 1장 아널드 베를리너의 70세 생일을 축하하며 中

12 링크, 앨버트 라슬로 바라바시, 강병남 김기훈 역, 동아시아, 2002-10-24, 19p

13 투자도 인생도 복리처럼, 가우탐 바이드, 김상우 역, 부크온, 2023-06-30, 69p

14 투자도 인생도 복리처럼, 가우탐 바이드, 김상우 역, 부크온, 2023-06-30, 155p

15 방법서설, 르네 데카르트, 이현복 역, 문예출판사, 2022-05-30 제1부

16 돈의 심리학, 모건 하우절, 이지연 역, 인플루엔셜㈜, 2021-01-13, 1장

17 서사의 위기, 한병철, 최지수 역, 다산초당, 2023-09-15, 7p

18 투자의 비밀, 제이슨 츠바이크, 김성일 역, 에이지21, 2021-01-20, 67장 이건 내가 통제할 수 있어

19 우발과 패턴, 마크 뷰캐넌, 김희봉 역, 시공사, 2014-08-20, 1장 제일원인

20 불황의 경제학, 폴 크루그먼, 안진환 역, 세종서적, 2015-01-15, 그린스펀의 거품 중

21 벤 버냉키의 21세기 통화정책, 벤 S. 버냉키, 김동규 역, 상상스퀘어, 2023-06-07, 3장 그린스펀과 90년대의 대호황 중

22 블러프, 마리아 코니코바, 김태훈 역, 한국경제신문, 2021-09-06, 10장 우리의 선택은 룰렛보다 복잡하다 중

23 블러프, 마리아 코니코바, 김태훈 역, 한국경제신문, 2021-09-06, 4장 실패로부터 배우는 법 중

24 투자 진화를 만나다, 폴락 프라사드, 안세민 역, 워터베어프레스, 2025-02-10, 호박벌, 생존을 말하다 중

25 돈의 심리학, 모건 하우절, 이지연 역, 인플루엔셜㈜, 2021-01-13, 13장 안전마진

26 스킨인더게임, 나심 니콜라스 탈레브, 김원호 역, 비즈니스북스, 2019-04-29, 2장 은율과 황금률의 차이 중

27 부득탐승, 이창호, 라이프맵, 2011-08-24, 25~30p

28 부득탐승, 이창호, 라이프맵, 2011-08-24, 57p

29 부득탐승, 이창호, 라이프맵, 2011-08-24, 81p~84

30 자기로부터의 혁명1, 지두 크리슈나무르티, 범우사, 1992-10-10,

31 쇼펜하우어의 인생 수업, 아르투어 쇼펜하우어, 강현규, 이상희 역, 메이트북스, 2023-11-24, 6장 독서와 책에 대하여

32 쇼펜하우어의 인생 수업, 아르투어 쇼펜하우어, 강현규, 이상희 역, 메이트북스, 2023-11-24, 6장 독서와 책에 대하여

33 신호와 소음, 네이트 실버, 이경식 역, 더퀘스트. 2021-01-05, 211p

34 투자자의 적, 주닝, 임보영 역, 이콘, 2018-06-12, 31P

35 주식하는 마음, 홍진채, 유영, 2020-10-28, 챕터1 중에서

36 Broadbent, D. E. (1958). *Perception and Communication*. Oxford: Pergamon Press.

37 삶은 문제해결의 연속, 칼 포퍼, 허형은 역, 포레스트북스, 2023-03-03, 36-40P

38 Rubinstein, J. S., Meyer, D. E., & Evans, J. E. (2001). Executive Control of Cognitive Processes in Task Switching. *Journal of Experimental Psychology: Human Perception and Performance*, 27(4), 763-797.

39 평행우주, 미치오 카쿠, 박병철 역, 김영사, 2006-03-09, 88-91p

40 평행우주, 미치오 카쿠, 박병철 역, 김영사, 2006-03-09, 63-80p

41 평행우주, 미치오 카쿠, 박병철 역, 김영사, 2006-03-09, 101p

42 신과 개와 인간의 마음, 대니얼 웨그너, 커트 그레이, 최호영 역, 추수밭(청림출판), 2017-10-30, 1장 웰컴 투 더 마인드 클럽 중에서

43 자유의지와 과학, 앨프리드 R. 밀리, 이풍실 역, 필로소픽, 2022-04-29, 19p

44 운동의 뇌과학, 제니퍼 헤이스, 이영래 역, 현대지성, 2023-08-04